─────── **21세기 공산주의 선언**

완전히 자동화된
화려한 공산주의

21세기 공산주의 선언

완전히 자동화된
화려한 공산주의

FULLY
AUTOMATED
LUXURY
COMMUNISM

아론 바스타니Aaron Bastani 지음　　김민수·윤종은 옮김

황소걸음
Slow & Steady

일러두기

1. 단행본과 잡지는 《 》로, 논문과 신문은 〈 〉로 표기했습니다.
2. 국내에 번역·출간된 단행본이나 논문은 번역 제목에 원제를 병기하고,
   출간되지 않은 단행본이나 논문은 원제에 번역 제목을 병기했습니다.
3. 지은이 주는 각주*로, 옮긴이 주는 각주¹로 처리했습니다.

인간은 다채롭고 다양하며 끊임없이 변화하는
본성이 있는 생명체다.

피코 델라미란돌라Giovanni Pico della Mirandola[1]

나는 힘들 때 도시를 포기하지 않았고,
행복할 때 사욕을 품지 않았으며,
절박할 때는 아무것도 두렵지 않았다.

레츠 추기경Cardinal de Retz[2]

---

1 르네상스 시대 이탈리아 사상가 · 인문주의자(1463~1494).
2 파리 대주교(1614~1679).

차례

약어 목록

AI   Artificial Intelligence 인공지능

BFR   Big Falcon Rocket

ECB   European Central Bank 유럽중앙은행

EU   European Union 유럽연합

FALC Fully Automated Luxury Communism 완전히 자동화된 화려한 공산주의

FDA   Food and Drug Administration 미국식품의약국

FRB   Federal Reserve Board 연방준비제도이사회

GDP   Gross Domestic Product 국내총생산

GES   Global Exploration Strategy 국제우주탐사전략

HDV   Haringey Development Vehicle 해링게이개발계획

IEA   International Energy Agency 국제에너지기구

IGP   Institute for Global Prosperity 세계번영연구소

IRRI International Rice Research Institute 국제미작연구소

ITS   Interplanetary Transport System 행성 간 운송 시스템

MRI   Magnetic Resonance Imaging 자기공명영상

NASA National Aeronautics and Space Administration 미국항공우주국

NEAs near-Earth asteroids 근지구소행성

NEIB National Energy Investment Bank 국립에너지투자은행

NHS   National Health Service 영국 국민건강보험

SLS   Space Launch System 우주 발사 시스템

UBI   Universal Basic Income 보편적기본소득

UBS   Universal Basic Services 보편적기본서비스

서론

미래를 찾는 사람들

삶은 이상한 부조리로 가득하다.
기이하게도 그 부조리는 그럴듯해 보일 필요조차 없다.
그것은 사실이니까.

루이지 피란델로Luigi Pirandello[3]

양

양은 중국 허난성에 있는 도시 정저우에서 일하는 공장 노동자다. 그녀는 중국 서부의 한 마을에서 태어났다. 양의 직장 생활은 중국이 세계의 공장이 돼가는 시점과 맞물린다. 그녀는 10년 전 정저우에 도착한 이래, 자기 힘으로 잘 살고 있다. 하루 11~13시간씩 교대로 돌아가는 일이 고되지만, 양은

---

3   이탈리아 극작가 · 소설가(1867~1936). 1934년 노벨 문학상 수상.

자신이 운이 좋다고 생각한다. 그녀는 경제적으로 독립했으며, 고향에 계신 부모님께 돈을 부쳐드린다.

친구나 공장 동료들이 대부분 그렇듯 양도 외둥이다. 공장에서 일하는 자신은 운이 좋은 편이라고 생각하면서도 한편으로 늙어가는 부모님 건강이 갈수록 걱정이다. 연로한 부모님을 돌보는 일은 머지않아 그녀의 책임이 될 것이기 때문이다. 그런 걱정과 덧없이 끝날 도시 생활을 생각하면 양에게 가정을 꾸리는 건 먼 나라 이야기처럼 들린다. 그녀가 해야 할 일은 다른 곳에 있다. 양은 결국 고향으로 돌아갈 수밖에 없을 것이다.

다행히 지금 당장 그런 일이 일어나지는 않을 것이다. 최근에 양을 괴롭히는 걱정거리는 따로 있다. 오래전 시골에서 갓 올라온 그녀가 첫 월급을 받은 10대 때는 상상도 할 수 없는 일이 벌어진다. 일자리가 줄어드는 것이다.

유럽이나 북아메리카에서 일하는 또래 노동자들과 달리, 정저우에 온 뒤 양의 월급은 해마다 올랐다. 그러나 공장장은 앞으로 로봇들이 그녀의 일을 대신할 거라며 짓궂은 농담을 던진다. 한 귀로 듣고 한 귀로 흘려보지만, 양의 공장에서 활동 중인 비합법적 노조원들마저 공장장과 비슷한 말을 한다. 그들에 따르면, 이제 그녀의 임금은 경쟁력이 없다. 바다 건너 외국인들이 예전보다 낮아진 임금에 적응하기 때문이다. 중국이 산업 분야에서 명성을 잃을 가능성은 거의 없다는 게 노조원들의 생각이지만, 그 명성을 유지하려면 일자리가 일부는 해외로 나가고 일부는 자동화되는 것이 불가피하다. 물론 많은 일자리가 중국에 남을 것이다. 다시 말해 일자리는 늘 있을 것이다. 하지만 노동 여건은 지금 같지 않을 것이다. 양은 자신이 일하는 회사 폭스콘이 미국에 공장을 짓기 시작했다는 기사를 인터넷에서 읽었다.

크리스

2015년 오바마 대통령이 스페이스SPACE 법안에 서명한 때는 역사적인 순간이었다. 적어도 크리스에게는 그랬다. 비록 언론의 큰 관심을 끌지 못했지만, 이 법안은 민간 기업이 우주에서 이윤을 추구할 권리를 인정했다. 미국의 자본주의가 새로운 영역을 개척한 것이다.

오늘은 그 역사적 법안의 기념일이며, 크리스는 이보다 행복할 수가 없다. 자신의 아파트에서 팰컨 헤비Falcon Heavy라는 보조 추진 로켓이 대서양 한복판 어디쯤엔가 내려앉는 장면을 보고 있다. 이 로켓이 착륙에 성공함으로써 유인 화성 탐사 가능성이 높아졌다. 로켓을 만든 회사 스페이스X의 무결점 안전 비행 기록도 3년째 이어진다. 오랫동안 정부의 계약과 몇몇 자본가의 강력한 자금력에 의존해온 민간 우주산업은 이제 공상과학소설이 아니다. 팰컨 헤비 같은 로켓이 보잉 737처럼 친숙해질 날도 머지않았다.

한 소행성 채굴 기업의 초기 단계 투자자이기도 한 크리스는 왓츠앱WhatsApp 그룹 대화방을 통해 비슷한 생각을 하는 투자자들과 트위터로 보던 로켓 착륙 장면을 공유한다. 투자자 중에는 고액 연봉을 받는 NBA 농구팀 감독과 할리우드 영화감독도 있다. 그 장면에 크리스는 슬쩍 비꼬는 말투로 이런 글귀를 첨부한다. '돈 좀 만지게 해줘.'

댓글 하나가 즉각 올라온다. '너무 멀리 가시는군요.' 크리스는 그룹 대화방의 나머지 회원들도 로켓 착륙 장면을 지켜보고 있을 거라 생각한다. 몇몇은 집에서, 몇몇은 고객이나 친구와 함께, 가족과 저녁을 먹으며, 누구는 연인과 침대에 누워서. 어디에 있든 그들은 하나같이 자기 손바닥에 놓인 OLED 화면으로 역사적인 순간을 지켜볼 것이다. 값은 어느 때보다 싸면서 해상도는 끊임없이 향상되는 카메라, 과학기술의 이런 경향 덕분에 무인 로켓의 착륙은 완벽하게 자동화될 수 있었다.

크리스가 야구 경기 스코어를 확인하러 간 사이, 맨해튼에서 변호사로 일하는 오랜 친구 산드라가 대화에 끼어든다. '우리 문제는 돈이 너무 많다는 거야. 앞으론 화성에 가기 위해 누구나 쉽게 로켓을 쏘아 올릴 거야.'

아무도 반응하지 않았지만, 갑자기 광물이 무한 공급되면 값이 곤두박질치리라는 건 누구나 아는 사실이다. 지금 당장이야 문제 되지 않는다. 적어도 앞으로 10년은 문제없을 것이다. 소행성 채굴이 역사상 가장 빠르게 성장하는 산업이 되면 그 대열의 맨 앞자리는 이 소수 집단이 차지할 것이다. 요즘은 오래 가는 게 별로 없으니 그것도 지속되진 않겠지만.

레이아

레이아는 암호를 입력한 뒤 문을 열고 들어가 오전 근무를 시작한다. 그녀는 곧장 음향 장비 쪽으로 걸어가 휴대폰에 오디오 잭을 꽂고 스포티파이Spotify 아이콘을 누른다. 레이아는 '디스커버 위클리Discover Weekly' 재생 목록*을 선택한 다음 유리그릇 세척기와 커피 머신, 전등, 에어컨 등 매장에 있는 다양한 장치의 전원을 켠다.

하늘에서 해를 볼 수 있는 건 몇 시간에 불과하지만, 와이파이 장치부터 매장 CCTV, 주방의 냉장고까지 레이아가 일하는 건물의 에너지 수요는 태양광발전으로 충족된다. 태양광 일부는 매장 지붕에 붙여놓은 광전지 패널에서 만들어진다. 그러나 대부분은 몇 km 떨어진 곳에 있는 13MW(메가와트, 1MW=100만 W) 태양광발전소에서 만든다. 그녀가 태어난 하와이 카우아이섬에서 그런 식으로 전력이 만들어진다.

레이아가 탁자를 닦기 시작할 즈음, 재생 목록 두 번째 곡

---

* 처음 몇 글자를 입력하면 그다음 내용을 예측하는 자동 완성 기능이 있는 알고리즘으로 선별된 곡.

이 끝나간다. 그때 캘리포니아에서 공부하는 여동생 카이가 보낸 문자메시지가 날아온다.

레이아가 주말 근무할 때 카이가 문자메시지를 보내는 건 일상이 됐다. 카이는 파티를 즐기는 사진을 페이스북에 올린다. 그러면 레이아를 비롯해 여러 시간대에 사는 수많은 가족이 카이의 사진을 공유한다. 방금 미국과 멕시코 국경에서 찍은 사진 하단에 카이가 쓴 글이 달렸다. '모두 보고 싶어요.'

한편 실리콘 패널 5만 5000개와 기술자 3명, 경비원 2명으로 구성된 태양광발전소도 레이아처럼 일과를 시작한다. 이 태양광발전소를 건설해 현재 카우아이섬의 에너지 협동조합에 임대 중인 솔라시티Solar City[4]는 머지않아 이와 유사한 시설을 유지 · 보수하는 일이 완전히 자동화될 것이라고 확신한다. 레이아는 아직 모르지만, 10년 뒤에는 비슷한 운명이 소프트웨어 개발자로 일하는 그녀의 아버지를 기다린다.

카우아이섬에서 탈脫화석연료와 실시간으로 진행되는 글로벌 커뮤니케이션은 10대 소녀 레이아의 관심을 끌지 못한다. 2가지 모두 이 세계의 일상적인 일이며, 그녀는 이런 세상을 당연하게 받아들인다. 아버지의 직업이 서서히 사라지는 것도 당연하다고 느낄 것이다.

---

4 테슬라의 자회사이자 미국의 태양광발전 업체.

피터

피터는 샌안토니오에서 열리는 대규모 산업 행사에서 강연하고 있다. 올해 예순 살인 그는 자기보다 훨씬 젊은 사람들 못지않게 활력 있고 패기가 넘친다. 인간 성장호르몬 주사를 정기적으로 맞는 덕분이다. 요즘 피터는 2가지에 대단한 자부심을 느낀다. 하나는 자신이 소유한 야구팀이고, 다른 하나는 과학기술의 미래에 늘 희망에 찬 주장을 한다는 것이다.

피터가 설립한 회사는 20세기 말에 거대 디지털 기업에 합병됐다. 과학기술 분야에서 그의 전문성과 그가 펴는 주장의 타당성은 이런 이력에서 나온다. 오늘 그는 친구의 부탁으로 강연하고 있다. 피터는 재빨리 자신이 좋아하는 주제로 화제를 바꾼다. 인공지능Artificial Intelligence, AI과 미래의 일자리다.

"첫 2조 달러 기업은 아마존이 될 겁니다. 의심할 여지가 없습니다. 베조스Jeff Bezos[5]가 최초의 조만장자가 되지는 않겠지만, 잘할 겁니다. 그다음은 어딜까요? 스페이스X? 글쎄요, 우리가 그 기술을 보유한 지 70년이 됐습니다. 머지않아 누구나 로켓을 쏘아 올릴 겁니다. 하지만 일론Elon Musk[6]의 행운을 빕니다. 아닙니다, 최초의 조만장자는 AI를 만드는 사람 중에서 나올 겁니다. 상상해보세요. 당신은 빅토리아시대 영국

5 아마존 CEO.
6 스페이스X와 테슬라 CEO, 솔라시티 회장.

에서 일하는 회계사입니다. 그런데 갑자기 쿼드 코어 프로세서가 탑재된 노트북을 든 경쟁자가 등장합니다. 당신은 그들의 상대가 되지 않습니다. 일자리요? 이런 얘기를 하는 게 기분 좋은 일은 아니지만, 쿼드 코어 프로세서가 탑재된 노트북이 출시되는 순간 대다수 사람은 불필요한 존재가 될 겁니다. 쓸모가 없어지겠죠."

피터와 함께 강연하는 스웨덴에서 온 젊은 CEO 아냐가 말한다. "피터, 한마디 해도 될까요? 동의해요, AI가 많은 것을 바꾸고 있어요. AI는 가치와 일, 심지어 우리가 이해하는 자본주의까지 도전장을 내밀었습니다. 제 생각에 미래에는 하층계급이 시장성 있는 기술을 덜 갖추거나, 열등한 기술을 갖추는 일은 없을 거예요. 그들에게 부족한 건 개인용 AI에 접근할 능력이 될 겁니다. 그런 상황이 벌어지면 공정한 노동시장이 만들어질 수 있을까요? 저는 불가능하다고 봅니다."

"내 말이 바로 그 말이에요." 피터가 불쑥 끼어든다. 대규모 청중 앞에서 이야기한다는 사실을 전혀 의식하지 않는 듯한 말투다. "AI를 만든 최초의 멍청이가 조만장자가 되겠죠." 의자 뒤로 편안히 몸을 기대고 독백처럼 덧붙이는 그의 말투에 아쉬움이 묻어난다. "조만장자 아니면 멍청이, 둘 중 하나겠지."

페데리카

페데리카는 깜빡한 게 있다는 사실을 알아차렸다. 조카에게 생일 선물로 축구 유니폼을 사주겠다고 약속했는데 주문하지 않았다. 이제 생각난 일을 처리할 차례. 그녀는 선물을 사러 런던 웨스트엔드의 옥스퍼드 광장으로 간다.

페데리카는 매장 안으로 들어가면서 얼굴 앞으로 손을 움직인다. 그러자 망막의 디스플레이가 작동하면서 디지털 개인 비서 알렉스를 호출한다. 블루투스 이어폰으로 듣고 있던 그녀가 가장 좋아하는 팟캐스트가 끊기더니 알렉스의 목소리가 들린다. "안녕하세요, 페데. 뭘 도와드릴까요?"

그녀가 대답한다. "안녕, 알렉스. 톰한테 아스널 축구팀 티셔츠를 사주기로 했는데, 어디 있을까?"

알렉스는 거대 첨단 기술 회사 가운데 한 곳에서 개발한 제법 강력한 AI다. 그는 페데리카의 말이 떨어지기 무섭게 대답한다. "톰의 사이즈는 재고가 있네요. 그러니까 유니폼이 프린트될 때까지 기다릴 필요가 없어요. 1층 오른쪽 뒤에 있어요. 보여드릴게요." 페데리카의 왼쪽 눈앞에 획, 지도 한 장이 나타난다. 그녀는 이제 어느 것이 지도인지 식별할 수 없지만, 알렉스는 계속 설명한다. "톰이 검은색과 금색이 들어간 원정 경기용 유니폼을 갖고 싶다고 말한 적이 몇 번 있어요. 그걸로 할까요?"

"멋져. 그렇게 해, 알렉스. 덕분에 살았어." 페데리카는 진열된 성인 남자 운동복을 보다가 뭔가 떠오른다. "알렉스, 조지는 다이어트 잘하고 있어?" 조지는 그녀의 애인이다.

알렉스가 대답한다. "썩 잘되는 편은 아니에요. 하지만 조지는 다이어트 얘기를 페데리카와 둘이서 하고 싶어 할 것 같은데요." 페데리카는 절로 미소가 흘러나온다. 지금까지 이토록 '정서적으로 총명한' 디지털 개인 비서는 없었다.

페데리카는 유니폼을 찾아 가방에 넣고 매장을 나서기 시작한다. 그때 다른 인물이 디스플레이 화면에 등장한다. 아니, 그녀 앞으로 걸어온다고 해야 하나. "안토니에타 씨, 더 필요한 건 없나요? 2월에 구입한 트레이닝복은 마음에 들었나요? 비슷한 트레이닝복이 겨울용으로 나왔는데, 알렉스한테 보내놓을 테니 나중에 검토해보시겠어요?"

"그럼 정말 좋겠네요. 늦어서 이만." 페데리카가 대답하고 매장을 나설 때, 유니폼에 달린 무선 식별 시스템Radio-Frequency Identification, RFID[7] 태그를 통해 그녀의 계좌에서 돈이 자동으로 빠져나간다. 그 유니폼을 생산하고 창고에 보관하고 유통·판매하는 과정에서 인간은 한 명도 고용되지 않았다. 이 매장에서는 드론으로 유니폼을 조카에게 배송해줄 수도 있지만, 페데리카는 옛날식으로 직접 전해주고 싶었다. 그 유니폼은 톰이 가장 좋아하는 이모가 주는 선물이니까.

---

7 무선 주파수를 이용해 태그, 라벨, 카드 등에 저장된 데이터를 식별하는 기술.

더그

더그는 이런 일이 일어날 줄 알았다. 그러면서도 이런 일이 일어나지 않기를 기도했다. 그는 개와 산책하고 싶었을 뿐이다. 이제 그 시도가 무참히 짓밟힐 참이었다.

"선생님, 그 동물은 제가 데려가야겠습니다."

더그가 묻는다. "왜요? 저는 개 면허증이 있어요. 제가 뭘 잘못했죠?"

"그 개는 모조품입니다, 선생님. 면허증은 위조된 걸 테고요. 선생님은 불법적으로 유전자가 조작된 제품을 구입했습니다. 그게 아니면 선생님이 직접 유전자를 조작하셨겠죠."

누들은 더그가 업그레이드된 동물을 취급하는 것으로 평판이 높은 사육자한테 산 닥스훈트다. 그런 위험을 감수한 이유는 몇 년 뒤에 혹시 개가 뒷다리를 쓰지 못하는 상황이 벌어지는 것을 원치 않았기 때문이다. 예전에 더그는 자식처럼 아끼고 사랑하는 퍼그가 한 마리 있었는데, 녀석은 밤에 거의 숨을 쉬지 못했다. 더그는 보통 크기 개 한 마리를 키우기 힘들 정도로 비좁은 아파트에서 또다시 아픈 동물과 지내고 싶은 마음이 눈곱만큼도 없었다. "잠깐, 이 동물들을 제멋대로 교배해서 망쳐놓은 건 인간이에요. 우리가 이렇게 만든 거라고요. 그런데 이 동물들의 건강을 되찾게 해주는 게 불법이란 말이오?"

"그러니까 선생님은 이 개의 유전자가 조작된 걸 아시는군요?" 경찰관이 이렇게 물으면서 유전자 추적기를 집어넣고 태블릿 PC를 두드리기 시작한다.

"아뇨, 몰랐어요. 그리고 당신은 아직 일어나지도 않은 일을 입증할 수 없어요. '유전자 변형' 동물과 농작물, 인간을 찾아내겠다고 이러는데, 다 말도 안 되는 짓이에요. 정말 웃기지도 않는다고."

"그게 법이니까요, 선생님. 이런 법이 제대로 작동하지 않는다면 새로운 해법을 찾으려는 사람들은 어디서 동기부여를 얻겠습니까? 사람들은 하고 싶은 대로 두면 별별 걸 다 만들지도 모릅니다."

"아니면 어떤 병이든 치료할 수 있겠지." 더그가 작은 소리로 투덜거렸다.

경찰관은 끝까지 냉철함을 유지했다. "선생님, 성함과 주소를 말씀해주세요. 그리고 망막 사진 한 장 찍겠습니다. 움직이지 마세요. 1초도 안 걸립니다."

위의 이야기는 사실에 근거해서 곧 다가올 우리의 미래를 합리적으로 추측해본 것이다. 2015년 미국 대통령 버락 오바마는 스페이스 법안에 서명했다. 2년이 지나지 않아 하와이에서 네 번째로 큰 카우아이섬은 솔라시티와 계약을 마무리했다. 이 계약으로 섬의 모든 전력 수요를 태양광발전으로 충족할 길이 열렸다. 비슷한 시기에 과학기술 사업가 마크 큐반 Mark Cuban은 AI 분야에서 세계 최초로 조만장자가 나올 거라고 단언했다.

한편 아마존은 시애틀에서 '그냥 걸어 나가는 기술just walk out technology'을 이용해 최초로 계산대 없는 매장을 시험했다. 거의 같은 시기에 폭스콘 CEO 테리 궈Terry Gou는 폭스콘이 위스콘신에 주요 시설을 건설한다고 발표했다. 미시시피주 남쪽으로 1300km 떨어진 곳에 사는 개 사육자이자 아마추어 유전학자 데이비드 이시David Ishee는 개에게 나타나는 일반적인 질환을 없애기 위해 자신이 기르는 개의 게놈 배열을 바꾸겠다고 신청했으나, 미국식품의약국Food and Drug Administration, FDA은 이를 승인하지 않았다. 그는 시민 불복종 행위 차원에서 결국 게놈 배열을 바꿀지도 모른다. FDA의 판결이 있고 1년 뒤인 2018년 2월, 스페이스X는 팰컨 헤비가 성공적으로 발사되고 대기권에 다시 진입한 뒤 착륙하는 것을 감독했다. 팰컨 헤비는 스페이스X가 2020년 화성에 유인 탐사선을 보낼 때 사용하려는 BFRBig Falcon Rocket의 이전 모델이다.

이 모든 사건은 하나같이 미래의 이미지를 풍긴다. 재생에너지, 소행성 채굴, 여러 번 재사용이 가능하며 화성까지 보낼 수 있는 로켓, AI의 영향에 대해 공개적으로 토론하는 업계의 지도자들, 저예산 실험에 몰두하는 열광적인 아마추어 유전공학자들. 그럼에도 미래는 이곳에 와 있다. 너무나 복잡해서 의미 있는 정치를 펼 수 없는 세상은 내일이 아니라 바로 오늘의 세상이라는 사실이 드러난다.

현실에 맞는 진보적인 정치를 펼치려고 할 때 문제가 발생한다. 이런 사건이 어딘가 공상과학소설 같지만, 불가피한 일로 느껴질 수도 있기 때문이다. 어떤 의미에서 미래는 이미 쓰인 것 같고, 너도나도 과학기술 혁명이 임박했다고 말하지만, 그토록 급격한 변화를 떠받치는 것은 실제로 아무것도 변하지 않는 세계에 속한 정체된 세계관이다.

하지만 모든 것이 바뀔 수 있다면 어떻게 될까? 기후변화에서 불평등, 노화까지 우리 시대의 큰 숙제에 대처하는 수준을 뛰어넘어, 우리가 과거에 엄청나게 덩치 큰 포식자들과 질병을 극복했듯이 오늘날의 문제를 머나먼 과거의 일처럼 해결한다면? 정해진 미래를 받아들이는 대신 진정한 새 역사의 시작을 우리 손으로 결정할 수 있다면 어떻겠는가?

우리는 현재 엄청난 변화에 직면했다. 그런데 이에 못지않게 중요한 변화가 과거에 두 차례 있었다. 첫 번째는 약 1만 2000년 전 우리 조상 호모사피엔스가 처음으로 농업을 시작한 것이다. 농업의 기반은 가축화와 작물화였으며, 인간은 종種과 종을 넘나들며 번식시키는 생물학적 특성을 알아냈다. 머지않아 인류는 농사를 짓고, 동물을 노동에 이용하며, 비교적 풍부한 식량을 누리게 됐다. 그 결과 정주 사회로 이행하는 데 필요한 사회적 잉여가 창출됐고, 이는 도시와 문자, 문화의 탄생으로 이어졌다. 요컨대 삶은 이제 전과 같을 수 없었다. 수십만 년 동안 이어온 '선사시대'가 막을 내린 동시에 새 시대가 시작됐다.

이것이 1차 대변혁이다.

이후 수천 년 동안 크게 변한 것이 없었다. 물론 발전은 있었다. 문명이 생겨나고 제국들이 세워졌다. 하지만 빛과 에너지, 온기의 원천은 5000년 전이나 500년 전이나 근본적으로 똑같았다. 과학기술보다 지리 조건과 사회적 지위, 전쟁이 기대 수명을 결정했으며, 불과 몇 세기 전만 해도 대다수 사람의 '직업'은 생계형 농업과 관련된 것이다.

그러다가 18세기 중반 무렵, 새로운 변화가 시작됐다. 증기기관과 석탄은 산업혁명의 토대가 됐고, 인류는 기계시대에 접어들었다. 유사 이래 느릿느릿 증가하던 세계 인구는 19세기가 시작될 무렵에야 10억 명에 이르렀지만, 거기서 다시 2배가 되는 데는 불과 100년 남짓 걸렸다. 이제 풍요에 대한 새로운 전망이 열렸다. 기대 수명이 늘었고, 대다수 사람이 글을 읽고 쓰게 됐으며, 거의 모든 것의 생산량이 증가했다. 19세기 중반이 되자 다시 한 번 인류의 삶에 일대 변동이 일어났으며, 좋든 싫든 이전으로 되돌아갈 방법은 없다는 사실이 분명해졌다.

이것이 2차 대변혁이다.

지금 우리는 두 차례 대변혁만큼이나 폭발력이 엄청난 새 국면, 즉 3차 대변혁을 맞이하고 있다. 2차 대변혁이 그랬듯, 인류는 3차 대변혁을 통해 핵심 영역의 희소성[8]이라는 제약

---

8 인간의 욕구는 무한한 데 비해 이를 충족할 자원은 부족한 상태.

에서 한층 자유로워질 것이다. 그 핵심 영역이란 산업혁명이 제공한 기계 동력을 넘어 에너지와 인지 노동, 정보까지 아우른다. 1차 대변혁이 그랬듯, 3차 대변혁은 지나간 모든 역사와 단절을 뜻하며, 종착지가 아니라 새 시작을 알리는 신호탄이 될 것이다.

3차 대변혁은 이제 막 시작 단계에 접어들었을 뿐 여전히 논쟁의 여지가 있으며, 어떤 결과를 낳을지도 불확실하다. 변화를 뒷받침하는 원동력은 이미 드러났지만(이어지는 장에서 그 요소를 자세히 볼 것이다), 그에 걸맞은 정치가 무엇인지 확실치 않다. 하지만 그보다 중요한 사실은 3차 대변혁이 현대 사회와 경제체제의 기본 전제를 뒤흔들 만큼 어마어마한 가능성이 있다는 점이다. 지금은 변화와 정체 가운데 하나를 선택할 수 있는 상황이 아니다. 오늘날과 전적으로 다른 세계는 눈앞에 닥친, 피할 수 없는 현실이다. 따라서 우리가 던져야 할 핵심 질문은 '새로운 세상은 과연 누구에게 이익을 가져다줄 것인가'이다.

이제부터 생태계와 경제, 사회를 위협하는 위기와 더불어 새롭게 떠오르는 대안이 가져올 잠재적인 풍요를 살펴보고, 변화하기 시작한 세계를 개괄할 것이다. 나아가 우리가 직면한 도전과 우리 손에 쥐어진 도구의 잠재력을 바탕으로 정치의 길잡이가 될 지도를 그리는 것이 이 책의 목적이다. 이 지도의 이름은 '완전히 자동화된 화려한 공산주의Fully Automated

Luxury Communism, FALC'다.

미래를 추측하기 위해서는 먼저 있는 그대로의 세계, 더 정확히 말하면 변해가는 세계를 파악해야 한다. 이어지는 장에서는 얼핏 무관해 보이는 자동화 · 에너지 · 자원 · 건강과 음식 분야의 기술을 다루며, 우리는 이를 통해 희소성과 노동을 넘어선 사회의 토대가 형성되고 있다는 결론에 이를 것이다. 새로운 기술이 어떤 결과를 낳을지, 누구의 이익에 봉사할지 아직 알 수 없다. 그러나 집단의 연대와 개인의 행복을 추구하는 정치적 기획이 동반된다면 새 기술이 하나의 경향성을 갖추도록 이끌 수 있다는 것만은 분명하다.

따라서 FALC는 저절로 찾아올 미래가 아니라 정치적 문제일 수밖에 없다. FALC를 실현하기 위해서는 현시대에 걸맞은 전략과 더불어, 세계가 어떻게 변할 수 있으며 그 변화는 어디서 시작해야 하는지 보여줌으로써 우리를 유토피아로 이끌 새로운 선수상船首像[9]이 필요하다.

그럼 이제 미래가 결정됐다는 낯선 주장과 함께 역사가 종언에 이르렀다는 믿음이 널리 퍼지던 때로 돌아가 본격적인 이야기를 시작해보자.

---

9 뱃머리에 붙이는 여러 가지 장식물.

1

하늘 아래서 벌어지는 혼란

1

거대한 무질서

"어쩌다 알거지가 됐소?" 빌이 물었다.

"두 단계를 거쳤어요. 서서히, 그러다가 한순간에." 마이크가 말했다.

어니스트 헤밍웨이Ernest Hemingway,[10]

《해는 또다시 떠오른다The Sun Also Rises》

　냉전의 승자가 미국과 동맹국이라는 사실이 점점 더 분명해지던 1989년 여름, 프랜시스 후쿠야마Francis Fukuyama가 미국의 군사·외교 전문지 《내셔널 인터레스트The National Interest》에 〈역사의 종말?The End of History?〉이라는 논문을 기고했다.

　핵심 논지는 도발적이지만 간단했다. 무명에 가깝던 이 학자는 소련(소비에트사회주의공화국연방)의 몰락이 단순히 군사 경쟁국의 종말이 아니라 그 이상의 의미가 있다고 주장했다.

---

10 미국 소설가(1899~1961).

"우리가 목격하는 것은 단순히 냉전의 종식이나 전후 역사에서 특정 시기의 경과가 아니라, 엄밀한 의미에서 역사의 종말인지도 모른다. 달리 말해 우리는 인류 이념의 진화가 다다른 종착점과 서구 자유민주주의가 인간이 만든 정부의 최종 형태로 보편화하는 모습을 목격하는 것인지도 모른다."

즉 시계는 여전히 째깍거리고 세월은 계속 흘러가겠지만, 적어도 현재 상황에 저항할 만한 힘이 있는 새로운 사상은 나타나지 않으리라는 것이다. 후쿠야마는 이런 보기 드문 주장을 하면서 뜻밖에도 카를 마르크스Karl Marx와 게오르크 빌헬름 헤겔Georg Wilhelm Hegel을 언급했다. 마르크스와 헤겔은 각기 다른 방식으로 역사에는 종착지가 있다고 주장했다. 냉전이 막을 내리면서 그들의 주장이 옳았음이 드러났다. 이데올로기의 황혼을 장식한 것이 프로이센 국가나 자본주의의 몰락이 아니라 빅맥과 코카콜라였지만.

후쿠야마는 일약 학계 슈퍼스타로 떠올랐고, 이 논문을 바탕으로 1992년에 첫 번째 책 《역사의 종말The End of History and the Last Man》을 발표했다. 그는 이 책에서 자신이 3년 전에 제시한 핵심 가설을 확장하며 역사란 본래 끊임없이 경쟁하는 사상에 따라 움직이는 것임을 보여줬다. 결과적으로 1990년대에 이르러 자유민주주의, 더 나아가 시장 자본주의가 대권을 장악했다. 실행 가능한 대안이 전혀 남지 않았기 때문이다. 소련이 막 해체된 참이니 어떤 의미에서 사실이었다. 그러나 후쿠야마는 왜 가장 심각한 사회적 도전은 합의의 부재보다 내부의 모순이나 외부의 예상치 못한 충격 때문에 발생할 가능성이 큰지 설명하지 못했다.

후쿠야마에게 역사의 종말은 경제적 계산에 따라 규정되는 세계, '기술적인 문제를 끊임없이 해결하고 환경에 관심을 기울이며 복잡한 소비자의 수요를 충족하는' 것이 중요해지는 세계가 온다는 신호였다. 그럼에도 지구온난화, 기술혁신이 초래한 실업, 소득 불평등, 사회의 고령화 같은 문제(몇 가지 예를 들었을 뿐이다)로 규정되는 지금 이 순간은 기술적인 능력을 넘어선 문제를 제기한다. 후쿠야마의 주장은 1992년에 순진하게 들렸다면, 2008년 금융 위기 이후 10년 동안은 완전히 정신 나간 소리처럼 들렸다. 실제로 후쿠야마는 2018년에 출간한 정체성에 관한 책에서 이 사실을 인정했다.

문제는 단순히 학문적인 세부 사항의 옳고 그름이 아니다. 순진한 믿음이나 역사의 순간이 영구불변하리라는 오해보다 큰 문제는 권력을 쥔 사람들이 여전히 후쿠야마의 가설을 신성불가침으로 여긴다는 점이다. 냉전이 종식된 지 30년이 지났지만, 그의 책에 담긴 유산은 정치적 '상식'이 돼서 우리가 직면한 심각한 도전을 다루지 못하도록 적극적으로 방해한다. 정말로 아무것도 변하지 않는다면 단호한 조치(특히 그 조치가 사업상 이익과 이윤에 해가 된다면)가 왜 필요하겠는가?

이제 그 스스로 어느 정도 폐기를 선언했다 해도, 한 세대 전에 나온 후쿠야마의 승리주의자식 사고는 여전히 문제가 된다. 냉전 종식이 시장 자본주의의 우월성과 스스로 통치하는 민족국가의 필연적 소멸을 의미하는 것으로 받아들여, 폭 넓은 민중 정치folk politics에 영향을 미치기 때문이다.

장벽 없이 평평하며 붐비고 연결된 세계에서 모든 것은 갈 수록 빠르게 변할 수밖에 없다. 예외가 있다면 경기 규칙이 다. 실제로 많은 사람은 경기 규칙을 현실 그 자체로 여겼다. 그들은 대안적인 정치체제를 효과가 없거나 이해할 수 없는 체제라고 봤다. 그러자 일시적인 프로젝트이던 자유주의적 자본주의가 현실의 원칙이 됐다. 바야흐로 자본주의 리얼리 즘의 세계가 활짝 열린 것이다. 자본주의라는 지도와 현실이 라는 영토 사이의 구분이 사라지고, 진정으로 문제 될 것은 하나도 없는 세계가.

자본주의 리얼리즘

"자본주의의 종말보다 세계의 종말을 상상하는 편이 쉽 다."* 자본주의 리얼리즘을 가장 잘 요약한 문장이다.

자본주의 리얼리즘이라는 말을 만든 영국 이론가 마크 피 셔Mark Fisher는 이 문장이 우리 시대의 정수를 포착했다고 봤 다. 자본주의는 배타적으로 '독자 생존이 가능한 정치·경제

---

* 이 문장은 프레더릭 제임슨(Fredric Jameson)과 슬라보예 지젝(Slavoj Žižek)이 쓴 것으로 알려졌는데, 정작 제임슨은 이 문장이 처음에 어디서 나왔는지 잘 모르겠다 고 말한다.

체제'일 뿐만 아니라 그것의 '일관성 있는 대안을 상상하는 것조차 불가능한' 체제처럼 보인다. 어쨌거나 자본주의가 현실 그 자체로 여겨진다면 무슨 수로 대안을 마련하겠는가?

피셔는 2006년 영화 〈칠드런 오브 맨Children of Men〉에 주목하면서, 영화의 초현실적인 정상 상태를 우리 시대에 어울리는 디스토피아로 분석한다. 영화 속 세계는 "우리 시대의 대안이라기보다 우리 시대에 대한 추정 혹은 우리 시대가 악화한 모습을 보여주는 듯하다. 영화 속 세계에서는 우리가 사는 세계와 마찬가지로 극단적 권위주의와 자본가의 공존이 불가능하지 않다. 예컨대 포로수용소와 프랜차이즈 커피 전문점이 공존한다".

피셔의 분석은 알랭 바디우Alain Badiou의 생각과 일치한다. 바디우는 다음과 같이 썼다.

우리는 모순 속에 산다. 모순의 세계에서 모든 것은 이상적인 것으로 우리에게 제시된다. 종전 체제의 열렬한 지지자들은 자신의 보수성을 정당화하기 위해 이 모순을 이상적이거나 훌륭하다고 말할 수 없다. 그래서 그들은 나머지 모든 것이 소름 끼치도록 무시무시하다고 말하기로 했다. …우리 민주주의는 완벽하지 않다. 하지만 피비린내 나는 독재정치보다 낫다. 자본주의는 불공평하다. 그러나 스탈린주의 같은 범죄를 저지르진 않는다. 우리는 아프리카인 수백만 명이 에이즈로 죽어가게 두지만, 밀로셰비치처럼 인종차별적이고 국수주의적인 선언을 하진 않는다.

자본주의 리얼리즘이 더 나은 미래를 전혀 제시하지 않기 때문에(특히 지난 10년 동안 그랬다), 자본주의 리얼리즘의 기본 논리는 반反유토피아주의 논리다. 저임금과 떨어지는 주택 보유율, 지구온난화는 심각한 문제일 수 있다. 인정한다. 하지만 적어도 우리에겐 아이폰이 있다. 맞다, 당신은 값이 적당한 집과 무상 고등교육처럼 부모님이 당연하게 여기며 누리던 것을 누리지 못할 수 있다. 그래도 당신은 감사해야 한다. 적어도 지금이 16세기가 아니라는 사실에.

21세기 처음 몇 년 동안 매력적으로 다가온 이런 주장은 시간이 흐르면서 터무니없는 것으로 판명되고 있다. 자본주의 리얼리즘, 진정으로 변하는 것은 하나도 없는 그 세계는 위기로 규정되는 역사적 순간 앞에서 무너지고 있다. 우리가 미래에 대한 인식을 바꾸지 않는 한, 지나간 세기에 등장한 최악의 악령들이 승리를 맛볼 역사적 순간이 다가오고 있다.

위기의 시작

현시대를 위기의 시대라고 말하는 것은 진부한 표현에 가깝다. 점점 더 습관적으로 변하고 익숙해졌지만, 이번 위기는 조지 오웰George Orwell이나 올더스 헉슬리Aldous Huxley의 디스토피아와 다르며, 히에로니무스 보스Hieronymus Bosch의 그림에 등장하는 지옥이나 〈요한계시록〉에서 말하는 지상 최후의 날

과도 다르다. 이 위기는 흑사병이 덮친 시기의 유럽이나 급속히 퍼져가는 황금 군단과 맞닥뜨린 중앙아시아와도 닮지 않았다. 우리는 지금 자유낙하 중인 세계에 산다. 그런데 아무도 이 자유낙하에서 발을 빼지 않는다.

이 위기의 어떤 측면은 유럽의 이민 위기에서 보듯이 미디어가 폭넓고 심층적으로 다루며, 매우 공개적이다. 전쟁이나 사회가 붕괴해 추방된 사람들은 이주하는데, 그 대가로 종종 적대감에 부닥친다. 베를린장벽은 이전 세대에게 분열의 상징이었지만, 그 장벽을 넘으려다 목숨을 잃은 사람은 235명이다. 반면 유럽 땅에 발을 딛기 위해 안간힘을 쓰다가 지중해에서 목숨을 잃거나 실종된 사람은 2015년 한 해만 3770명에 이른다. 설령 운이 좋아서 지중해를 무사히 건너 밀입국에 성공했거나, 미국과 멕시코의 국경을 넘었거나, 헝가리와 불가리아 사이의 울타리와 숲을 넘었다 해도 문제는 이제 시작일 뿐이다.

부서진 우리 세계를 설명하는 다른 표현도 있다. 비록 즉각적으로 와 닿는 느낌은 덜하지만, 이 표현에도 심오한 의미가 있다. 그중 하나가 정신 건강의 위기다. 50세 미만 영국 남성이 사망하는 가장 큰 원인은 자살이며, 2030년에 세계적으로 가장 많은 사람이 걸리는 병은 우울증이 될 것으로 보인다.

그러나 다른 위기는 개인의 문제로 받아들이기 더 어렵다. 한 인간의 차원에선 이해하기 힘들기 때문이다. 그중 하나가 국가의 위기다. 시장에서 정부의 영향력은 줄어들고, 갈수록 세계화되는 경제는 국가가 단호하게 행동할 수 있는 능력을 약화한다. 상품이 어느 때보다 매끄럽게 이동하면서 이처럼 시장과 자본이 통합되는 과정은 난민과 불법 이민자들이 장벽과 감시, 어느 때보다 경비가 강화된 국경에 맞닥뜨릴 때의 경험과는 백팔십도 다르다.

이런 과정은 국가가 시장에 굴복하면서 막연한 상실감을 동반한다. 대의제의 위기로 민주적인 기관의 권위가 사라지고, 시민은 그런 기관을 부패한 엘리트의 이익을 대변하는 집단에 불과하다고 보기 때문이다. 비록 완벽하지 않지만 그나마 이전에 있던 책임의 보관소, 다시 말해 국가의 정부가 그들이 대변하는 국민의 동의를 잃는 동안 세계화 추세는 단단히 자리 잡는다. 흔히 호시절이라고 하는 시기에 뭔가 크게 잘못됐다. 하지만 그것은 여전히 표면에 드러나지 않았다.

2008년 : 역사가 돌아왔다

결정적인 변화는 2008년 가을 이후 시작됐다. 2008년 가을 이후 금융 위기와 부채 위기와 적자 위기가 잇따랐으며, 그리스에서 캘리포니아까지 긴축 경제 정책을 도입하기에 이르렀다. 조지아에서는 전쟁이 터졌고, 아랍의 봄이 시작됐으며, 우크라이나에서는 봉기가, 시리아에서는 내란에 이어 가장 피비린내 나는 내전이 일어났다. 그밖에도 이라크와 아프가

니스탄에서는 낮은 수준으로 벌어지던 분쟁이 격화됐고, 곧이어 리비아와 예멘에서도 낮은 수준의 분쟁같이 애매한 충돌이 잇따랐다. 2014년 초에 러시아연방은 주민 투표를 거쳐 크림반도를 합병해 처음으로 새 영토를 추가했다. 몇 달 뒤, 시리아와 이라크에 걸쳐 있는 영국 크기만 한 지역에서 반란을 일으킨 무장 세력은 칼리프가 다스리는 지역, 이른바 이슬람 국가를 선포했다.

그중에서 가장 놀라운 사건은 자본주의 리얼리즘의 심장부인 서유럽에서 일어난 일이다. 2010년 이후 잉글랜드에서 시위와 폭동이 잦아지더니, 4년 뒤 스코틀랜드의 독립을 묻는 국민투표를 실시했다. 투표는 부결됐지만 놀랍게도 찬성과 반대 표차가 크지 않았다. 이보다 놀라운 사건은 2016년 영국이 유럽연합European Union, EU 탈퇴 여부를 묻는 국민투표를 거쳐 EU를 탈퇴한 첫 회원국이 된 것이다.

'브렉시트Brexit'는 한 세대 동안 유럽에서 벌어진 가장 중요한 정치적 순간이나, 곧 대서양 건너편에서 그것을 능가하는 사건이 벌어졌다. 몇 달 뒤, 도널드 트럼프가 45대 미국 대통령에 당선된 것이다. 지상에서 가장 막강한 그 자리를 러시아의 팽창주의와 영국의 고립주의, 고장 난 경제 모델을 모두 밀어내고 리얼리티 TV 프로그램의 스타가 차지했다. 역사가 돌아왔다.

전임 대통령 버락 오바마가 8년 전 취임할 때 의기양양하게 쏟아낸 미사여구와 대조적으로, 트럼프의 취임 연설은 거만하고 공격적이었다. 트럼프는 시스템이 미국의 평범한 시민에게 실망감을 안겨준다고 주장했다. 사회의 쇠퇴와 불만에 찬 애국심에 대한 트럼프의 노골적인 메시지는 취임하자마자 그의 트레이드마크가 됐다.

그러나 오바마와 트럼프는 연설 방식이 극명하게 다른데도 해결책을 찾는 독특한 힘이 시장에 있다고 믿는 점은 이상하게 비슷했다. 자본주의의 종말보다 세상의 종말이 그럴듯하게 들리는 자본주의 리얼리즘 세상에서 시장 이외 것은 이단이나 다름없다.

이 같은 상황이 역사상 가장 긴급한 위기를 야기한다고 해도 과언이 아니다. 그 위기란 집단적인 상상력의 부재다. 마치 인류가 정신적인 강박관념, 다시 말해 우리의 능력으로는 현재보다 나은 세계를 만들 수 없다는 믿음을 강요하는 자본주의 리얼리즘에 시달리는 듯하다. 자본주의 리얼리즘은 지금 우리 앞에 있는 세계를 만든 것이 우리 선조가 아니며, 인간의 본질이 있다 해도 끊임없이 새로운 세계를 건설하는 것과는 관계가 없다고 강요하는 듯하다.

자본주의를 옹호하는 쪽에서는 적어도 지금까지 자본주의가 거둔 인상적인 성과를 가리킬 수 있다. 두 세기 동안 거의 10년마다 위기에 직면하고, 갈수록 맹렬한 속도로 끊임없이 변화하는 중에도 자본주의는 항상 이윤을 남기는 방법을 찾았고, 결국 생활수준을 향상했다. 자본주의는 산업혁명, 대공황, 보호무역주의, 두 차례 세계대전, 금본위제 종말과 브레턴우즈협정 폐지를 거치면서 살아남고 진화하고 번성했다. 한 세대보다 조금 전에 세계는 대부분 소련의 정치적 영향 아래 있었고, 소련과 미국은 핵무기를 가지고 맞붙을 운명처럼 보였다. 그러나 그런 일은 일어나지 않았고, 뒷날 후쿠야마가 쓴 것처럼 양 진영으로 갈라진 세계는 사라지고 시장이 지배하고 자유민주주의가 대권을 장악하는 세계가 들어섰다.

이것이 바로 뚜렷한 위기가 있음에도 현재 상황을 옹호하는 사람들이 자신감에 찬 이유다. 우리는 성장이 둔화하고 생활수준이 떨어지고 지정학적 긴장이 고조된 세계에 살지만, 자본주의의 가장 충실한 지지자들은 과거에 유사한 문제를 극복했다는 사실에서 힘을 얻는다.

하지만 그런 문제 외에도 극복하기 힘들어 보이는 문제가 있다. 개별적으로 보면 하나하나가 역사적으로 중요한 문제지만, 합쳐놓고 보면 문명에 위협이 되는 문제로 보일 수도 있다. 이 위협은 무한한 성장, 이윤을 위한 생산, 임금노동에 기초한 시스템인 자본주의가 스스로 재생산하는 능력을 약화할 잠재력이 있다.

그런 위기는 5가지인데, 때로 겹치기도 한다. 첫째, 기후변화와 지구온난화의 결과다. 둘째, 자원 부족이다. 특히 에너지와 광물, 신선한 물 부족이 큰 문제다. 셋째, 사회의 고령화다. 수명이 느는데 출생률은 떨어진다. 넷째, 세계적으로 넘쳐나고 갈수록 늘어나는 빈곤층이다. 이들은 어느 때보다 많은 '잉여 계층unnecessariat'[11]을 형성한다. 다섯째, 새로운 기계의 시대가 오고 있다는 사실이다. 이것이야말로 가장 중요한 위기일지 모른다. 새로운 기계의 시대는 역사상 가장 규모가 큰 기술적 실업의 시대를 예고한다. 갈수록 인간보다 기계가 많은 육체노동과 인지 노동을 수행하기 때문이다.

이런 위기에 정면으로 맞서는 것이 FALC의 기반이다. 적어도 우리가 아는 자본주의는 곧 끝날 것이다. 자본주의 다음에 무엇이 올지가 중요하다.

'자본주의는 끝날 것이다'라는 주장은 자본주의 리얼리즘 입장에서 볼 때 삼각형에 세 변이 없거나, 사과가 나무에서 떨어질 때 중력의 법칙이 적용되지 않는다고 말하는 것과 같다. 자본주의 리얼리즘은 현시대를 빅토리아시대 영국이나 로마공화정 같은 역사의 한 페이지로 보기보다 역사가 종언을 고하고 자본주의만 살아남았다고 본다. 그런 생각에는 오늘날 사회체제가 우주를 관장하는 물리법칙처럼 불변하리라는 믿음이 깔려 있다.

그럼에도 진실을 말하자면, 자본주의 리얼리즘은 해체되고 있다. 당신이 지금 이런 글을 읽는다는 자체가 자본주의 리얼리즘이 해체되고 있다는 증거다.

---

11 기계로 대체해도 별문제가 없는, 기업에 불필요한 프롤레타리아 계층을 뜻하는 신조어.

프랜시스 후쿠야마와 그를 지지하는 사람들의 주장에도 세계경제 시스템이 무너진 2008년 9월 15일에 역사가 돌아왔다. 몇 주 지나지 않아 그동안 국가 개입의 최소화를 열렬히 지지하던 세계 경제 강국들이 저마다 자국의 국내 은행에 긴급 재정을 지원하는 외에 다른 방법이 없는 상황에 몰렸고, 더 나아가 일부 은행을 국영화했다. 이로써 그동안 보여준 자유 시장에 대한 그들의 열정은 거짓임이 드러났다. 즉 국가의 개입은 부자에게 사회주의였고, 나머지 사람에게는 시장 자본주의였다. 비평가들은 항상 그렇게 주장해왔고, 이제 아무도 부인할 수 없는 사실이 됐다.

그러나 이 역사적 순간을 통해 그동안 상식으로 통한 것이 사실은 정치적 기획이었음이 드러났다. 그뿐 아니라 이를 계기로 그동안 금융 서비스와 부동산이 경제생활의 중심이 될 수 있도록 동력을 공급해온 글로벌 확장의 시기(특히 영국과 미국에서)도 막을 내렸다. 앞선 20년 동안 금융과 부동산은 경제성장과 조세의 기반이었고, 소유 자산이 어느 정도는 분배되도록 뒷받침해왔다. 상황은 2008년 이후 확연히 달라졌다. 많은 나라에서 빈곤층은 늘고, 임금은 오르지 않으며, 중요한 모든 의미에서 성장은 사라졌다.

일명 '푸드스탬프food stamp'로 알려진 미국의 영양 지원 프로그램은 연방 차원에서 저소득계층의 음식 구입을 지원하는 사업이다. 목적이 그렇다 보니 이 프로그램은 미국의 빈곤을 보여주는 정확한 지표 중 하나다. 금융 위기 직전인 2007년에

푸드스탬프를 받은 미국인이 2600만 명이었는데, 오늘날 일각에서 '대불황the Great Recession'이라고 부르는 2012년 말에 그 수는 2배에 가까운 4600만 명으로 늘었다. 이후 몇 년간 미국의 경제 사정이 호전됐다지만 푸드스탬프를 받는 사람의 수는 거의 변동이 없었고, 트럼프는 2016년 선거 유세 기간에 틈만 나면 미국인 4300만 명이 푸드스탬프를 어떻게 이용하는지 강조했다. 그가 대선에서 승리한 건 '가짜 뉴스' 덕분이라는 말이 많지만, 4300만이라는 숫자는 정확했다.

미국에서 푸드스탬프 사용자가 급증했듯이, 영국에서는 푸드뱅크 이용자 수가 비약적으로 늘었다. 영국 최대 푸드뱅크 네트워크를 운영하는 트러셀트러스트The Trussell Trust에 따르면, 2010년 도시락 4만 1000개를 배달했다. 푸드뱅크 수요는 7년 연속 증가세를 보여, 2017년 배달 도시락 수가 120만 개로 늘었다. 영국에서 푸드뱅크 이용자가 증가한 건 형편없는 복지 개혁 탓도 있지만, 영국과 미국에서 관찰할 수 있는 현상을 반영한다. 즉 이제 일을 해도 빈곤층에서 벗어난다는 보장이 없다. 오히려 그 반대 현상이 벌어진다.

영국에서 찾을 수 있는 가장 세부적인 자료만 봐도 지난 10년에 걸쳐 역사적인 변화가 일어나고 있음이 확인된다. 예컨대 상대적 빈곤층 가구는 십중팔구 일한다. 가장 큰 문제는 이런 빈곤층이 빠르게 늘어난다는 점이다. 2016년 빈곤층의 55%는 가족 구성원 중 누가 일했다. 다시 말해 무려 740만 명이 일하는데도 빈곤층에서 벗어나지 못했다. 불과 6개월 뒤에는 일하는데도 가난한 빈곤층이 60%로 늘었다.

상황이 갈수록 나빠지는 까닭은 임금이 줄었기 때문이다. 2008년 이후 영국에서 실질임금은 인플레이션을 감안할 때 10% 이상 줄었다. 상황이 이렇다 보니 경제활동이 가능한 연령대 영국인 1700만 명의 개인저축이 100파운드가 안 되는 것도 전혀 놀랍지 않다. 사정은 미국도 비슷하다. 저축한 돈이 500달러 혹은 그 이하라고 하는 미국인이 63%다.

20세기 자본주의에 대한 사회적 동의를 지탱하던 또 하나의 기둥이자 민주주의의 보완책인 재산 소유권도 후퇴하고 있다. 영국은 1923년에 보수당원 노엘 스켈턴Noel Skelton이 '재산 소유 민주주의property-owning democracy'라는 용어를 만든 나라지만, 현재 주택 보유율은 1985년 이후 최저 수준이며 계속 떨어지고 있다. 미국의 사정은 훨씬 더 나쁘다. 물가는 높고 임금은 적은데 예금 잔고는 거의 바닥이나 보니, 평균적인 미국인이 자기 집을 마련할 가능성은 린든 존슨이 대통령이던 1965년 이후 어느 때보다 낮은 상황이다.

무력감 측정하기

평범한 사람들은 살기 위해 발버둥 친다. 이는 푸드뱅크와 푸드스탬프 이용은 늘고 임금 수준은 낮아지며, 내 집 마련의 가능성이 적어지는 상황을 통해 판단할 수 있다. 엘리트 계층이 성장과 생산성을 척도로 제시하는 관념적인 경제 전망도 혼란스럽기는 마찬가지다. 경제 발전을 평가하기 위한 가장 유용한 척도는 노동시간당 생산량일 텐데, 2017년 영국의 노동시간당 생산량은 이전 10년보다 줄었다. 이는 현대사에서 전례 없는 일이다.

비슷한 문제가 전 세계 곳곳에서 두드러진다. '잃어버린 10년'은 과거 이탈리아와 일본 같은 국가의 이례적인 경제 상황을 설명할 때 사용한 표현이지만, 이제는 점점 더 많은 국가에 적용되는 말이다. 2008년 위기 이후 그리스와 스페인은 실업률이 25%가 넘었고, 청년 실업률은 그 2배에 달했다. 다른 곳은 어떤가. 헝가리, 오스트리아, 포르투갈, 라트비아는 국민 1인당 생산량을 기준으로 볼 때 2008년보다 조금도 나아지지 못했다.

이런 추세는 제삼세계 신흥 국가에서도 뚜렷이 나타난다. 21세기 초반 중국과 인도의 경제를 얘기할 때 빠지지 않던 10% 성장은 옛말이 됐다. 브라질과 러시아도 유럽 못지않은 불황의 늪에 빠졌다. 유일한 차이점이라면 브라질과 러시아는 상대적으로 유럽보다 훨씬 낮은 발전 단계에서 경제 불안이 시작됐다는 점이다. 이와 같은 경제 불안은 독재정치를 강화하는 데 기여했다.

우리가 사는 세계는 점점 더 저성장, 저생산성, 저임금으로 정의되는 세계가 돼간다. 이 위기가 일어나기 전에 대다수 정책 입안자들은 적절한 대응책 마련은 고사하고 이런 사건이 일어나는 것조차 불가능하다고 생각했을 것이다. 2008년 앨런 그린스펀Alan Greenspan이 미 하원에서 한 발언이 이와 같은 사실을 잘 말해준다. 금융 위기는 연방준비제도이사회Federal Reserve Board, FRB 전 의장을 '도저히 믿을 수 없는 일이 일어났다는 충격'과 '괴로움'에 빠뜨렸다.

　신자유주의는 대처와 레이건 정부 때 등장해 실업률을 높이고, 임금 상승률을 낮추는 결과를 초래했다. 이런 현상은 한 세대가 넘는 기간에 걸쳐 급하지 않게 진행됐다. 생산 시설을 저임금 국가로 이전함에 따라 값싼 제품과 서비스를 이용할 수 있고, 자산 가격(특히 집값)이 상승했으며, 저렴한 담보대출과 소비자 부채를 이용할 수 있었기 때문이다. 이런 과정을 통해 많은 사람이 느끼는 생활수준의 물질적 향상을 위한 기반이 형성됐을 뿐만 아니라, 다른 대안이 전혀 없는 세계를 위한 경제적 토대까지 마련됐다. 당신에겐 신용카드가 있고 어느 때보다 저렴한 소비재가 있는데, 과연 당신이 무엇에 진짜로 화낼 수 있겠는가? 설령 화가 난다고 해도, 일단 이 체제에서 집을 소유해 자신의 지분을 확보했다면 당신은 어떤 선택을 하겠는가? 하지만 변치 않을 것만 같던 현실이 이제 무너지고 있으며, 엘리트들은 미래에 대한 긍정적인 전망을 내놓지 못하는 상황이다. 우리가 확실히 아는 것은 현재 상태가 유지될 수 없다는 사실이다. 거의 모든 면에서 퇴보하는 체제에 동의할 사람은 아무도 없다.

이 모든 것이 최근 몇 년 새 좌우 진영에서 급진적인 정치가 부활한 까닭을 말해준다. 2008년에 벌어진 사건은 체제의 주변부까지 엄청난 충격으로 다가왔기 때문에, 그와 같은 역사적 기회를 즉각적으로 이용할 수 있음을 입증해 보인 사람은 아무도 없었다. 그러나 상황은 점차 바뀌었고, 예전에는 상상조차 할 수 없던 일이 점점 더 흔한 일이 됐다. 2009년 유럽 의회 선거에서 유럽 대륙 전역에 걸쳐 영국독립당UKIP과 프랑스의 민족주의 극우 정당인 국민전선Front National, 영국국민당British National Party 같은 극우 진영이 폭넓은 지지를 받으면서 괄목할 만한 득표수를 기록했다. 특히 영국국민당의 득표 결과는 충격으로 다가왔다. 역사적으로 영국의 신나치 운동과 관련 있는 이 정당이 거의 100만 표를 얻어 유럽 의회에서 2석을 차지했기 때문이다. 수년 동안 좌파 진영의 비슷한 에너지는 2010년 영국의 학생운동이나 스페인의 '분노' 시위 같은 거리의 운동을 벗어나지 못했다. 하지만 이 거리의 운동은 선거에서 성공으로 바뀌었다. 가장 확실한 성공을 보여준 건 스페인이다. 신생 정당 포데모스Podemos는 창당한 지 불과 몇 달 만인 2014년에 유럽 의회에서 5석을 얻었고, 이듬해 스페인 총선에서 3위를 차지했다.

그보다 앞선 2015년 1월, 그리스의 시리자Syriza는 그리스 총선에서 가장 많은 의석을 차지했다. 이전에 세력이 미미하던 군소 좌파 정당의 연합인 시리자는 좀 더 광범위한 연정에서 1정당이 되기로 합의한 뒤 정부를 구성했다. 이로써 그

들은 2차 세계대전 이후 서구 민주주의 사회에서 최초로 1정
당에 오른 급진 좌파 정당이 됐다. 시리자의 성공은 그리스
가 '삼두마차', 즉 EU 집행위원회, 유럽중앙은행European Central
Bank, ECB, 국제통화기금International Monetary Fund, IMF과 마주 앉
아 그해 여름 긴급 구제 조치의 조건을 두고 벌일 협상에 희
망을 불어넣었다. 시리자는 적절한 시기에 '오히Oxi'(no를 뜻하
는 그리스어)에 투표할 것을 독려하는 캠페인을 펼치며 삼두
마차가 제안한 조건에 저항했다. '오히' 캠페인은 많은 사람
의 예상을 뒤엎고 압승을 거뒀다. 비록 후속 협상에서 삼두마
차가 자신들이 내건 조건을 고수하고 그리스 정부는 굴복했
지만, 현실은 새로운 국면을 맞았다. 권력의 회랑과 대규모
거리 시위가 줄어든 것이다.

한편 영국에서는 우파인 영국독립당이 거의 400만 표를 끌
어모아 보수당이 1992년 이후 처음으로 과반 의석을 차지했
고, 스코틀랜드에서는 놀랍게도 스코틀랜드국민당이 노동당
에게서 40석을 빼앗았다. 몇 달 뒤 제러미 코빈Jeremy Corbyn은
이길 확률 200 : 1인 승산 없는 싸움에 뛰어들어 노동당 당수
가 됐다. 지지자들은 시리자와 포데모스를 그 짧은 시간에 그
토록 멀리 데려간 것과 똑같은 파도가 코빈도 밀어줄 거라고
확신했다.

2008년에 시작된 위기의 정치적 잠재력이 가장 강력하게
분출된 결정적인 해는 2016년이다. 6월 영국에서 EU 탈퇴를

위한 국민투표를 실시했는데, 이 '브렉시트' 투표에 영국 투표 역사상 가장 많은 유권자가 참여했다. 그것은 결정적인 전환점처럼 보였다. 우파의 포퓰리즘은 갈수록 통치 엘리트를 향한 적대감에 사로잡힌 듯했다. 브렉시트 운동의 수장 나이절 패라지Nigel Farage는 그날 밤 승리에 도취해 의기양양하게 외쳤다. "이는 보통 사람, 선량한 사람, 품위 있는 사람들의 승리입니다. …투자금융 회사 간부들에게 신물이 난 사람들의 승리입니다."

하지만 브렉시트의 충격도 몇 달 뒤 일어난 사건에 비하면 별거 아니었다. 유명한 사업가이자 리얼리티 TV 스타 도널드 트럼프가 미국 대통령으로 선출된 것이다. 충격은 그해 초반 트럼프가 공화당 예비선거에서 승리한 때부터 시작됐다. 민주당 대선 후보 경선에서 버니 샌더스가 힐러리 클린턴을 턱밑까지 추격했을 때, 예상을 뒤엎고 승리할 조짐이 보였다. 뒤이어 정확히 그 일이 일어났다. 트럼프는 민주당의 텃밭이던 미국 중서부 '러스트 벨트Rust Belt'[12]에 있는 주에서 표를 끌어모아 백악관에 입성했다. 대통령 당선자의 승리 연설에서 패라지가 떠올랐다. 트럼프는 '우리 나라에서 잊힌 남자와 여자들'을 향해 당신들은 '이제 잊히지 않을' 거라고 말했다.

4월이 되자 영국의 테레사 메이 신임 총리는 시대정신이 자신에게 유리하게 돌아간다고 판단하고, 들뜬 나머지 당에

---

12 경기 침체에 빠져 사양길을 걷는 공업지대.

대한 지배력을 굳히기 위해 총선을 요구했다. 대다수 사람이 보수당이 지금보다 많은 의석을 차지할 것을 기정사실로 여겼다. 관심은 과연 얼마나 압도적인 승리를 거둘 수 있느냐였다. 그러나 트럼프와 브렉시트가 모두의 예상을 깼듯이, 이번에는 현재 상황을 거부한다는 분명한 메시지를 들고나온 노동당이 예상을 뒤집었다. 노동당은 정부를 구성하지 않았지만, 총선에서 이전보다 350만 표를 더 얻어 보수당의 과반 의석을 허용하지 않았다. 노동당은 1945년 이후 모든 정당 가운데 득표율이 가장 많이 증가한 정당이 됐다. 최근 몇 년간 눈에 띄게 오른쪽으로 치우친 선거운동을 펼치는 토리당도 1987년 이후 가장 높은 득표율을 올리며 선전했다. 이로써 영국은 새로운 정치적 풍토의 핵심적인 2가지 특징을 모두 드러냈다. 하나는 엄청나게 심해진 양극화고, 다른 하나는 궁극적으로 좌파 혹은 우파의 정치가 승리할지 아닌지 불확실하다는 점이다.

정치적으로 공통점이 많지 않을지 몰라도 트럼프와 코빈, 브렉시트와 포데모스의 등장, 버니 샌더스와 시리자는 하나같이 자본주의 리얼리즘의 시대가 끝났음을 말해준다.

많은 사람이 아직 눈치채지 못하지만, 더 깊은 곳에서 진행 중인 이야기도 있다. 지난 수년간 일어난 사건은 역사적이고 예상 밖의 일이지만, 2008년에 시작된 경제 위기에 대한 응답이며, 2008년 경제 위기는 장기간 전 세계에 일어날 혼란의 첫 단계에 불과하다는 사실이다. 우리는 앞으로 다가올 수십 년 동안 생활수준을 향상하는 데 실패한 이 경제 모델의 여파를 견뎌야 할 뿐만 아니라, 앞서 언급한 5가지 위기가 불러올 엄청난 결과도 견뎌야 한다. 5가지 위기는 그 하나하나가 우리 삶의 방식에 실존적 위협을 제기하며, 5가지 위기가 하나로 뭉쳤을 때는 지난 250년의 사회적 · 경제적 토대를 단번에 날려버릴 수 있다.

그러나 여전히 더 깊은 층層이 있다. 우리가 서 있는 곳은 벼랑 끝이면서 갈림길이기 때문이다. 우리는 이런 도전과 더불어 새로운 무엇의 윤곽도 볼 수 있다. 이 새로운 무엇은 우리가 사는 사회와 확연히 다른 어떤 사회로, 두 사회의 차이는 20세기 사회와 봉건주의 사회, 혹은 도시 문명과 수렵 · 채집인의 삶이 아주 다른 것에 견줄 수 있을 정도다. 이 새로운 사회는 수십 년 동안 점점 더 빠른 속도로 발전하는 과학기술을 기반으로 한다. 이 과학기술은 이제부터 우리가 희소성만큼이나 변치 않으리라 여겨온 모든 것의 주요 특징을 약화할 것이다.

이 사회의 이름은? FALC다.

2

세 차례 대변혁

과학기술은 신의 선물이다.
아마도 생명 다음으로 신이 주신 선물일 것이다.

프리먼 다이슨Freeman Dyson[13]

농업 : 1차 대변혁

역사에서 유일하게 변치 않는 사실이 있다면 역사는 변한다는 것이다. 어떤 변화는 다른 변화보다 중요하다. 실제로 어떤 변화는 인간에 대한 근본적인 정의마저 바꿔놓을 정도로 강력하다. 그 변화는 너무나 깊이 각인돼 우리는 결코 예전의 삶으로 돌아가지 못한다.

---

13 영국 출신 미국 물리학자 · 수학자(1923~2020). 양자전기역학 · 고체물리학 · 천문학 · 원자력공학 분야에서 중대한 업적을 남겼다.

이런 점에서 볼 때 2가지 변화가 특히 눈에 띈다. 이제부터 이를 대변혁이라고 부르자.

1차 대변혁은 약 1만 2000년 전에 일어났다. 당시 우리 조상은 유목하면서 수렵과 채집을 하던 생활을 버리고, 한곳에 정착해서 농사짓는 생활을 시작했다. 신석기 혁명이라고 불리는 이 변화는 동물 사육과 식물 재배라는 혁신적인 방법 덕분에 가능했다. 이 변화를 통해 이전에는 전혀 모르던 것이 등장했다. 바로 잉여 식량과 에너지다. 인간은 존재한 뒤 처음으로 미래에 대해 생각하고, 그들 주변의 세계와 달라 보이는 세계에 대비해 계획을 세울 수 있었다. 관념적 사고와 현실적 행동의 영역이 갈수록 겹쳐졌다.

세대를 거듭하고 끊임없이 자연환경을 바꾸면서 훨씬 더 많은 사람이 정착 생활을 하고, 높은 인구밀도가 유지될 수 있었다. 우리가 알아볼 수 있는 세계가 서서히 모습을 드러냈다. 즉 노동이 전문화되기 시작됐으며, 그에 따라 무역을 하고, 예술과 중앙집권식 행정, 문자와 수학 같은 성문화한 지식 체계, 다양한 재산이 발달했다. 인간이라는 동물이 다른 동물보다 우월하다고 확신하고, 인간의 존재가 점점 더 복잡한 기술과 정교한 사회제도를 활용할 능력에 따라 규정된 것도 바로 이 시기다. 이 모든 변화의 토대는 농업으로 전환이다. 그리고 농업이 1차 대변혁의 토대가 됐다.

산업 : 2차 대변혁

두 번째 변화는 좀 더 최근에 일어났고, 변화가 일어난 위치를 찾아내기도 쉽다. 약 250년 전에 시작된 이른바 '제1기계시대'는 세계에 산업혁명을 선사했다. 초창기 농업의 발달이 인간 사회를 탈바꿈했듯이, 산업혁명은 그전까지 상상도할 수 없던 창조와 파괴의 위업을 이룩했다.

2차 대변혁을 일으킨 토대는 생산과 에너지의 변화다. 아이작 뉴턴과 갈릴레오의 세기인 1600년대까지 주요 동력원은 여전히 물과 바람, 동물과 사람이었다. 즉 아주 오래전부터쓰던 동력원에서 크게 벗어나지 못했다. 중세 유럽에서 수직풍차를 중심으로 에너지 혁명이 일어났지만, 이 혁명은 고르게 퍼지지 않아 전 세계는 고사하고 지역적인 영향도 미치지못했다.

이후 150년 동안 모든 것이 바뀌었다. 갈수록 화석연료를동력으로 하는 효율적인 기계장치가 사람과 동물의 노동, 신뢰할 수 없는 물과 바람 같은 재생에너지에 의존하던 경제 생산방식을 바꿨다. 다목적 과학기술의 토대는 증기력이다. 증기력을 처음 상업적으로 적용한 것은 1712년 토머스 뉴커먼Thomas Newcomen의 대기압기관atmospheric engine이지만, 증기의힘으로 혁신적인 변화를 일으킬 수 있다는 사실이 입증된 것은 18세기를 마무리 짓는 몇십 년 동안이다. 증기기관은 새로운 발명품이 아니나, 제임스 와트James Watt가 개선된 버전을 내놓으면서 그전에 별로 중요하게 사용되지 않던 증기기관이 산업혁명의 중심이 됐다. 1만 2000년 전에 농업이 그랬듯이, 산업혁명은 후진 기어가 없는 너무나 거대한 변화다.

이 모든 변화의 결과는 놀라웠다. 증기력과 화석연료가 결합하면서 생산방식이 공장 체계에 맞춰 바뀌었고, 철도망과 원양 증기선 덕분에 국가와 세계의 기반 시설이 건설됐다. 기관차가 제작되고 20년도 지나지 않은 1830년에 세계 최초로 리버풀과 맨체스터를 잇는 도시 간 노선이 개통했다. 20년이 더 흐른 뒤에 영국은 1만 1000km가 넘는 철도를 보유한 나라가 됐고, 철도 이용객은 연간 4800만 명 이상이었다.

변화의 선두에 영국이 있었지만, 이런 추세는 빠르게 전 세계로 퍼졌다. 따라서 쥘 베른Jules Verne의 소설《80일간의 세계 일주Le Tour du monde en quatre-vingts jours》에서 주인공 필리어스 포그가 석 달도 안 되는 동안 세계를 일주한다는 것이 1873년에는 결코 터무니없는 상상이 아니었다. 한 세대 전만 해도 세계 일주를 하려면 1년 이상 걸렸다. 전례 없는 시간과 공간의 단축은 특히 떠오르는 경제 초강대국 미국에 큰 영향을 미쳤을 것이다. 1847년에 뉴욕에서 시카고까지 가려면 마차로 최소한 3주가 걸렸다. 10년 뒤에는 같은 거리를 기차로 사흘이면 갔다.

전 세계를 잇는 수송망 발전에 힘입어 국가 간 실시간 통신이 가능해졌다. 1865년 영국과 미국 사이에 대서양을 횡단하는 첫 전신케이블이 깔렸다. 1870년대 초반에는 같은 기술이 런던과 지구 반대편에 있는 애들레이드[14]를 이었다. 1871년에는 유명한 경마 대회인 더비의 결과가 런던에서 인도 콜카타로 5분 만에 전송돼, 세계 일주를 하는 데 80일이나 걸린 베른의 소설 속 여행자를 부끄럽게 만들었다. 한 세기 전에 와트가 매튜 볼턴Matthew Boulton과 함께 첫 번째 증기기관의 특허를 받을 때 국제 수송, 전기, 신속한 통신이 등장하리라고 예상한 사람은 아무도 없었을 것이다.

자본주의 비평가들

새로운 수송 형태와 통신수단을 바탕으로 세계경제가 출현한데다, 2차 대변혁의 과학기술을 통해 노동의 분업화가 자리 잡으면서 새로운 풍요가 가능해졌다. 갈수록 기계의 힘이 자연적인 힘을 대체하고, 공개 시장이 열리고, 국가 간에 경쟁이 벌어지면서 수공업에 종사하는 사람이 크게 줄었다. 인간의 경험에서 중심부를 차지하던 숙련공의 기술은 주변부로 밀려났다. 그러다 보니 역설적으로 예전에는 상상조차 할 수 없던 기발하고 독창적인 기술이 인생에서 흔히 등장했다. 탁월한 통찰력으로 새로운 시스템을 비판한 마르크스조차

---

14 오스트레일리아 남부의 도시.

1848년에 쓴 글에서 경이로움을 금치 못했다.

부르주아지는… 인간의 활동이 초래할 수 있는 것이 무엇인지 최초로 보여주고 있다. 부르주아지는 이집트의 피라미드와 로마의 송수로, 고딕 성당을 훌쩍 뛰어넘는 경이로운 성취를 얻었다. 부르주아지가 떠난 원정은 민족이동이나 십자군 같은 이전의 모든 원정을 무색하게 만들었다.

마르크스가 보기에 이 새로운 산업적 위업은 빙산의 일각에 불과했다. 그는 기술, 생산, 사회생활에서 일어나는 이와 같은 변화를 토대로 완전히 새로운 사회가 등장하리라고 생각했다. 이런 믿음에는 과학기술뿐 아니라 정치, 세계와 인간에 대한 각종 이념과 견해가 하나로 맞물리며 역사를 움직인다고 보는 마르크스의 역사관이 반영됐다. 1만 2000년 전 1차 대변혁 때처럼 과학기술은 이번에도 인류를 새로운 패러다임으로 안내했으나, 우리는 여전히 이 새로운 시대에 적합한 제도와 사상을 만들지 못하고 있었다. 그것을 성취하는 것이 마르크스가 평생을 바칠 과제였다.

비평가들이 묘사한 것과 대조적으로, 마르크스는 종종 자본주의에 대해 열정적으로 이야기했다. 자본주의는 착취할 능력이 있지만, 세계시장의 창출과 더불어 혁신하고자 하는 충동이 사회의 변화를 위한 조건을 만든다는 게 그의 신념이었다.

부르주아지는 생산도구를 끊임없이 혁신하지 않고는 존재할 수 없다. 그리하여 생산관계relations of production와 그에 따른 사회의 전체적인 관계… 지속적인 생산 혁명, 모든 사회적 상황의 끊임없는 교란, 영원한 불확실성, 소요. 이것이 부르주아 시대가 이전의 모든 시대와 다른 점이다.

자본주의가 필연적으로 '자기 무덤을 파는 자를 만들었다'는 게 마르크스의 결론이다.

자본을 위한 조건은 임금노동이다. 임금노동은 오로지 노동자의 경쟁에 기초한다. 부르주아지는 부지불식간에 산업의 발전을 촉진할 수밖에 없는데, 그 결과 경쟁에 따른 노동자의 소외는 유대에서 비롯된 혁명적인 결합으로 뒤바뀐다.

그런 일은 일어나지 않았다. 시스템을 전복한 노동자의 혁명 같은 건 없었다. 적어도 세계적인 차원에서는 없었다. 마르크스의 예상과 달리 자본주의 때문에 생긴 문제점을 공간적·기술적으로 자본주의 스스로 '해결'할 수 있었기 때문이다. '공간적 해결'은 세계적 분배와 생산의 재배치가 특징인 현대의 세계화를 뒷받침한다. 공간적 해결은 1960년대 말 이후 유럽과 북아메리카에서 점점 격심해지던 노동자의 투쟁성에 맞서기 위해 부르주아지가 채택한 해결책 가운데 하나며, '하향식 경쟁'을 향해 치닫는 세계에서 '경쟁적인' 노동시장에 대한 현대의 담론을 위한 배경이 되고 있다. 이는 프랑스, 이탈리아, 영국처럼 과거 자동차 산업을 지배하던 나라보다 멕시코, 태국, 브라질에서 자동차가 많이 생산되는 까닭이기도 하다. 물론 공간적 해결은 언제나 임시방편에 불과하며, 최근 중국에서 임금 상승과 관련해 다시 이 문제가 대두된다. 우리는 임금이 싸고 이익을 내기 쉬운 곳으로 생산이 재배치되는 상황을 또다시 목격하고 있다.

'기술적 해결'은 공간적 해결과 다르다. 마르크스는 기술혁신이 자본주의에 내재한 특징이라고 일관되고 분명하게 주장했다. 그는 뒷날 밀턴 프리드먼Milton Friedman과 조지프 슘페터Joseph Schumpeter가 말했듯이, 기술혁신이 자본가의 경쟁으로 추진된다고 설명했다. 경쟁이 필수라는 사실은 자본가에게 항상 더 저렴하고 효율적으로(종종 인간의 노동을 기계로 대체하면서) 상품을 생산하는 방식을 찾아야 하는 동시에, 소비자가 사용하는 상품과 서비스를 개선해야 한다는 의미다. 철도의 어마어마한 확장과 공장 시스템의 출현을 좌지우지하고 오늘날까지 지속적인 혁신을 이끈 건 이와 같은 경쟁의 필요성이다. 경쟁의 필요성은 2차 대변혁 기간에 널리 퍼진 경제모델, 즉 시장 자본주의의 철칙이 됐다.

정보의 해방 : 3차 대변혁

경쟁의 결과 나타난 끊임없이 혁신하려는 경향, 인간의 노동을 부단히 대체하고 생산성을 최대화하려는 경향은 결국 3차 대변혁으로 이어졌다. 3차 대변혁이 최대한으로 보여줄 수 있는 결론은 1·2차 대변혁이 보여준 결론 못지않게 아찔하다.

3차 대변혁은 시작됐고, 그 증거는 우리 주변 어디서나 볼 수 있다. 3차 대변혁도 2차 대변혁과 마찬가지로 토대는 다목적 과학기술이다. 다시 말해 트랜지스터라디오와 집적회로는 두 세기 전으로 치면 와트의 증기기관이다.

2차 대변혁의 특징이 동력의 희소성에서 벗어나 상대적인 자유(바퀴, 도르래, 배, 사람, 화물을 움직이는 석탄과 기름)를 얻은 것이라면, 3차 대변혁의 특징은 점점 더 많아지는 정보의 풍요다. 이를 산업혁명의 완결이라고 보는 사람도 있다. 기계의 능력이 물리적 업무를 넘어 점점 더 인지 업무까지 수행할 수 있는 시대가 왔다는 것이다.

탈脫희소성이라는 새로운 상황이 만드는 현상은 '무한 공급'이다. 디지털화 때문에 정보뿐만 아니라 노동도 무한히 공급된다. 컴퓨터 프로세서의 성능이 지속적으로 개선되고 그 밖에 다양한 과학기술이 발전한다는 것은 지금까지 인간만 할 수 있던 일을 점점 더 기계가 대체한다는 의미다.

이 변화는 1·2차 대변혁과 마찬가지로 노동의 변화를 의미하지만, 그에 못지않게 에너지의 변화도 의미한다. 1차 대변혁이 가축과 인간, 비바람의 힘에 의존했고, 2차 대변혁이 화석연료라는 응축된 태양에너지를 동력으로 삼았듯이, 3차 대변혁 때는 탄화수소에서 벗어나 재생에너지, 특히 태양광으로 회귀하는 상황이 펼쳐진다. 이는 일면 기후변화의 위험에 맞선 대응이겠지만, 3차 대변혁의 다른 특징과 마찬가지로 재생에너지도 무한히 공급되는 경향을 띠어 단순히 지속가능성을 추구하는 수준을 뛰어넘는다. 3차 대변혁은 에너지의 희소성을 완전히 해소할 것이다. 어느 때보다 똑똑한 기계와 저렴하고 깨끗한 에너지가 결합한 이른바 새로운 기술과 에너지가 기반이 돼서 우리는 이 세계의 한도를 뛰어넘어 자원을 채굴할 테고, 이는 원자재의 무한 공급으로 이어질 것이다. 이렇게 되면 현재 우리의 한계를 인류가 완전히 초과하도록 허용하는 사슬이 완성된다.

어떤 면에서 보면 이런 풍요는 자연과 우리 태양계에 어울린다. 우리는 일이 불가피하고 에너지는 희소한 자원이라는 사고방식에 익숙한데, 우리 태양계에서 그야말로 태양의 힘만큼 차고 넘치는 것도 없다. 현재 우리에게 1년 동안 필요한 태양광이 90분이면 지표면에 도달한다. 우리는 석탄, 석유, 천연가스, 채굴한 우라늄 등 재생이 안 되는 지구의 자원을 모두 합친 데서 얻는 것보다 2배나 많은 에너지를 1년 내내 태양에서 얻는다. 세계적으로 에너지 수요가 늘어나는 것은 심각한 문제처럼 보이지만, 거의 1억 4900만 km 떨어진 곳에 있는 거대한 원자로에서 제공할 수 있는 에너지에 비하면 아무것도 아니다.

이처럼 비현실적인 풍요로움과 어깨를 겨눌 수 있는 것은 우리 행성 너머, 특히 지구에 근접한 소행성에 있는 광물자원이 유일하다. 화성과 목성 사이 소행성대에 있는 16프시케Psyche를 예로 들어보자. 지름이 200km가 넘는 16프시케는 우리 태양계에서 큰 소행성 가운데 하나다. 철과 니켈, 구리, 금, 백금 같은 희귀 금속으로 구성된 이 행성의 철만 해도 1000만조 달러 가치가 있다. 이는 지구 경제의 1년 국내총생산Gross Domestic Product, GDP 규모를 80조 달러로 볼 때 나쁘지 않은 액수다. 16프시케는 독특한 소행성이지만, 한 가지 중요한 사실을 알려준다. 기술적 장벽을 극복한다면 지구 밖에서 채굴할 기회는 어떤 일이든 수행할 수 있는 기계만큼이나, 현재 우리 숲과 밭을 유지함으로써 우리 도시를 지탱해주는 태양만큼이나 엄청난 것이다.

정보가 된 생물학

정보의 무한 공급은 단순한 자동화 너머까지 영향을 미친다. 우리는 궁극적으로 우리 몸을 먹여 살리고 치료하는 과정뿐만 아니라 우리가 사는 행성의 생물학적 체계를 유지하는 과정에도 새로운 가능성과 맞닥뜨릴 것이다. 왜 아니겠는가. 설령 조금 더 복잡할지 몰라도 결국 생명체는 암호화된 정보에 불과하다. 즉 생명체는 디지털 정보처럼 0과 1로 구성된 2진 부호가 아니라 이중 가닥 DNA 안에 있는 4가지 핵염기(C, G, A, T)다.

생물학적 체계는 어떤 디지털 체계보다 훨씬 복잡하다. 그러나 우리는 디지털 체계의 기하급수적 경향을 바탕으로 생물학적 체계를 더 잘 이해하고, 생물학적 체계는 점점 더 정보재를 닮아갈 것이다. 이런 현상은 우리가 음식과 자연, 인간을 대하는 방식은 물론, 우리의 건강과 수명도 바꿔놓을 것이다. 음식, 자연, 건강, 수명이 '비물질화됐다'고 여길 것이라는 얘기가 아니다. 그보다 우리는 이 모든 것의 바탕에 깔린 정보의 흐름을 마침내 이해해서 수많은 질병을 극복하고, 지구의 생태 용량bio-capacity[15]을 덜 사용하면서 전 세계 100억 인구를 먹여 살릴 수 있을 것이다.

기하급수적 여행 : 3차 대변혁 이해하기

1차 대변혁에서 2차 대변혁까지 약 1만 2000년이 걸린 점을 감안하면, 와트의 증기기관과 시장 자본주의가 등장한 뒤

---

15 생태계가 자원을 제공하고 폐기물을 흡수하는 능력.

3차 대변혁이 이처럼 빨리 온 것은 주목할 만하다. 원인은 역사의 변화 속도가 점점 더 빨라지기 때문이다. 최근 수십 년간 역사의 변화가 갈수록 빨라지는 주원인은 디지털 정보를 취합·가공·저장·배포하는 비용에서 드러나는, 선형적 경향과 대조되는 다수의 기하급수적 경향 때문이다. 정보와 디지털화의 무한 공급을 뒷받침하면서 3차 대변혁을 가능하게 만드는 것이 바로 기하급수적 경향이다.

디지털화란 글, 사진, 영화, 음악 같은 것에 적용되는 단순한 과정 이상이다. 글, 사진, 영화, 음악이 이제는 물리적 객체라기보다 디지털 객체라는 사실은 중요하지만, 이 점이 실제보다 과장돼선 안 된다. 디지털화가 어떻게 점점 더 많은 인지와 기억이 0과 1로 수행될 수 있게 하느냐가 그보다 중요하다. 지난 수십 년간 디지털화된 모든 제품의 가격 대비 성능은 해마다 증가하고 있다. 현대의 카메라 기술이 로켓을 착륙시키고 자율 주행 자동차를 몰 수 있는 것은 바로 디지털 기술 덕분이다. 디지털화는 인간에 버금가는 운동 협응 능력과 재주를 로봇에게 제공할 것이다. 우리가 만든 환경은 어떤 면에서 우리가 자신에 대해 아는 것보다 많이 알 것이며, 이것도 디지털화 때문이다. 심지어 우리는 디지털화를 통해 생명의 기본단위인 DNA를 편집해서 유전병을 제거하고, 저렴한 비용으로 그리고 정기적으로 유전체의 배열을 정리해서 암이 1기로 접어들기도 전에 치료할 수 있을 것이다.

기하급수적 발전 : 이븐 할리칸에서 코닥까지

디지털화가 우리에게 어떤 미래를 가져다줄지 더 잘 이해하려면 사진술이 어떻게 플라스틱 필름에서 0과 1의 문제로 바뀌었는지 그 이야기로 시작해보는 게 좋을 듯싶다.

첫 대량생산 카메라인 코닥의 1900 '브라우니'가 등장하면서 사진술이 주류가 됐지만, 같은 회사에서 디지털카메라가 출시되기까지 세계는 거의 한 세기를 기다려야 했다. 1991년에 출시된 DCS100은 최대 해상도 130만 화소를 자랑했고, 값은 1만 3000달러였다(현재 가치로 환산하면 2만 3000달러에 이른다). 엄청나게 비싸서 엘리트 기관과 부유한 개인이나 사용할 수 있었는데도 디지털로 변화는 결정적이었다. 이로써 사진술은 정보재가 됐으며, 컴퓨터 분야에 적용되는 무어의 법칙(값은 떨어지고 가격 대비 성능은 향상하는 것)과 비슷한 경향을 보이기 시작했다. 그 결과 상업용 디지털카메라의 달러당 화소 수는 해마다 배로 뛰었다. 디지털 영상 기술과 관련된 기하급수적 경향은 컴퓨터와 마찬가지로 갈수록 심해졌고, 3세대 아이패드의 카메라는 이전 모델인 아이패드2보다 해상도가 7배 높았다. 이런 변화가 주는 이점은 소비자들이 부담 없이 카메라를 구입하게 된 데서 그치지 않는다. 어디서나 흔히 볼 수 있는 저렴한 카메라는 자동화와 데이터를 기반으로 건설되는 사회를 향해 나가기 위한 모든 노력의 주춧돌이 되는 기술이다.

기하급수적 성장이 현실적으로 드물다는 점을 감안할 때, 그 개념을 단번에 파악하기는 어렵다. 기하급수적 성장을 가장 명쾌하게 설명하는 것은 '밀과 체스판 문제'이며, 13세기 사람 이븐 할리칸Ibn Khallikān이 이 문제의 핵심 내용을 처음으로 정리했다. 어떤 사람들은 이 '문제'가 사실은 굽타 제국의 황제와 체스나 그와 비슷한 게임 설계자가 우연히 만난 역사적 사건과 관련 있다고 주장한다.

체스를 구경한 황제는 고도의 지적 능력이 필요한 게임에 감명 받았는지 체스를 만든 자에게 어떤 보상을 원하는지 물었다. 대답은 아주 간단했다. "체스판 첫 번째 칸에 쌀을 한 톨 놓아주십시오. 두 번째 칸에는 두 톨, 세 번째 칸에는 네 톨, 이런 식으로 놓아주십시오." 그는 체스판 마지막 칸에 이를 때까지 칸마다 쌀알의 숫자를 배(1, 2, 4, 8, 16, 32)로 늘려달라고 했다. 황제는 너무나 소박한 요구에 놀라며 흔쾌히 동의했다.

머지않아 그 상금은 황제가 예상한 것보다 훨씬 많다는 사실이 확실해졌다. 체스판 절반에 불과한 32칸을 채웠을 때, 이 게임 설계자는 쌀알 40억 개를 얻었다. 큰 숫자지만 그래봐야 넓은 논 한 곳에서 생산된 쌀에 상응하는 양이며, 이는 게임 설계자를 더 존경스러운 인물로 만드는 데 기여하는 정도였다. 어찌 됐든 논 한두 곳은 이토록 흥미진진한 게임을 만든 사람에게 더할 나위 없이 만족스러운 보상이었다. 그러나 마지막 칸까지 왔을 때 상황은 달라졌다. 누적된 쌀알이

1800경 개에 달했다. 쌓으면 에베레스트산보다 높고, 역사상 그때까지 생산된 쌀보다 많은 양이다. 황제는 자신이 감당할 수 있는 것보다 많은 부를 요구한 만용에 대로해 게임을 만든 자를 처형하라고 명령했다.

이 우화는 기하급수적 성장에 따라 상금이 눈 깜짝할 사이에 불어나고, 예상을 뒤엎을 때가 많다는 사실을 보여준다. 직선형 진전과 비교할 때 더한데, 인간의 마음은 직선형 진전을 예상하려는 경향이 훨씬 더 강하다. 인간사에서 이런 엄청난 성장이 발생하면 어떤 일이 벌어질까? 답은 지난 반세기에 걸친 컴퓨터 기술의 역사에서 찾을 수 있다.

나중에 인텔 공동 창업자가 되는 고든 무어Gordon Moore는 1965년 《Electronics일렉트로닉스》에 기고한 글에서 최근 컴퓨터 칩의 성능 향상에 대해 자세히 설명했다. 당시에 가장 복잡한 회로라고 해봐야 부품이 30개 남짓한 수준이었지만, 발전 속도는 마치 가속도가 붙은 것 같았다. 무어는 발전 속도가 하도 빨라서 회로 하나에 끼울 수 있는 트랜지스터 수가 1959년 이후 해마다 배로 늘어나고 있다는 사실을 발견했다. 이에 무어는 한 가지 의문에 사로잡혔다. 해마다 트랜지스터 수가 배로 늘어나는 추세가 계속되면 10년 뒤에는 어떻게 될까?

재빨리 계산해본 무어는 답이 나온 순간 충격을 받았다. 1975년 끝 무렵이면 평균 30개에 불과하던 회로 하나당 트랜지스터 수가 6만 5000개로 나온 것이다. 무어는 혼을 빼놓을 정도로 빠른 발전이 불러올 과학기술은 어떤 것일지 곰곰이 생각해봤다. 미래에는 '휴대용 통신기계'와 '가정용 컴퓨터', 어쩌면 '자동제어 기능을 갖춘 자동차'까지 나올 수 있겠다고 생각했다. 무어에게는 안된 일이지만, 그의 예측은 크게 빗나 갔다. 그가 파악한 추세는 그다음 10년이 아니라 반세기 동안 지속되며, 지금도 증가하는 중이다.

무어가 이 중요한 발견을 발표할 당시, 트랜지스터의 너비 는 무명 섬유 한 올의 너비 정도고, 현 시세로 치면 8달러쯤 됐다. 지금은 수십억 개 트랜지스터를 손톱만 한 칩 하나에 압축해서 넣을 수 있으며, 인텔의 차세대 제품은 사람의 머 리카락 한 올보다 1만 배나 가늘다. 개당 값은? 1센트에 훨씬 못 미칠 정도로 뚝 떨어졌다. 당신은 미국항공우주국National Aeronautics and Space Administration, NASA의 아폴로 우주선에 사용된 컴퓨터 성능보다 오늘날 스마트폰이 강력하다는 얘기를 종종 듣겠지만, 그런 얘기조차 지난 수십 년간 트랜지스터가 얼마 나 극적으로 변했는지 제대로 설명하지 못한다.

더 유용한 비교는 슈퍼컴퓨터 ASCI레드와 플레이스테이션 게임기에서 볼 수 있다. 미국 정부가 1996년에 만든 슈퍼컴퓨 터 ASCI레드는 처음으로 테라플롭스(초당 1조 부동소수점연산) 처리 능력을 갖춘 기계다. 테니스 코트만 한 5500만 달러짜 리 컴퓨터의 목적은 핵폭발을 예측하고 핵폭발 모형을 만드 는 것이었다. 슈퍼컴퓨터는 이 일을 어렵지 않게 해냈고, 세기가 바뀔 동안 세계에서 가장 빠른 컴퓨터의 자리를 지켰으며, 2005년까지 사용됐다.

그러나 1년 뒤, 소비자는 슈퍼컴퓨터와 같은 처리 능력을 갖춘 게임기 플레이스테이션3를 600달러에 구입할 수 있었다. 2013년에 출시된 플레이스테이션4는 플레이스테이션3나 ASCI레드보다 성능이 거의 2배나 강력했다. 플레이스테이션4는 400달러로, 불과 20년 전에 세계 최고를 자랑하던 슈퍼컴퓨터 값의 1/10만도 안 됐다.

컴퓨터 기술이 이토록 급속도로 발전한 건 지난 60년 동안 처리 속도가 기하급수적으로 개선됐기 때문이다. 무어가 컴퓨터 분야에서 처음 관찰한 이 특성이야말로 3차 대변혁이 많은 사람의 예상보다 훨씬 빨리 등장하는 동력을 공급했다. 이런 발전은 비디오게임의 수준을 훌쩍 뛰어넘어 더 많은 곳에 영향을 미쳤다.

지난 반세기 동안 이룬 발전은 현기증이 날 지경이고, 체스판의 쌀알 우화는 여전히 새겨들을 만하다. 이런 추세가 앞으로 60년간 더 지속된다면, 그 결과는 에베레스트산보다 높이 쌓인 쌀알처럼 우리가 이해할 수 있는 범위를 넘어선다. 체스판의 칸을 반쯤 채운 논 한 곳이 자율 주행 자동차와 전 세계를 잇는 실시간 통신, 산업 현장의 수많은 로봇에 해당한다면, 에베레스트산은 무엇에 해당할까?

무어의 법칙은 지속될 수 있을까?

무어의 법칙이 지속된다면 그 힘이야 논쟁할 여지가 없다. 그렇다면 무어의 법칙이 얼마나 오랫동안 지속될 수 있느냐는 질문이 남는다. 2015년 인텔 연구원들은 적어도 향후 10년 동안 무어의 법칙이 지배하리라고 예측했다. 50년이 넘는 궤적의 기준에서 10년은 낙관적인 전망이라고 보기 힘들다. 1년 뒤 인텔 CEO 윌리엄 홀트William Holt는 확신이 줄었다. 그는 무어의 법칙이 길어봐야 5년 정도 지속될 것이며, 이후 속도가 현저히 느려질 것이라고 주장했다(그는 다른 분야, 예컨대 에너지 효율 같은 분야의 발전은 가능하리라고 생각했다). 이는 좀 더 낙관적인 전망에 심각한 도전처럼 보였을 것이며, 홀트의 예상이 맞는다면 현재 우리가 가진 논 한 곳은 21세기 중반에 이르면 겨우 5~6곳으로 늘어날 것이다. 엄청난 발전이지만 기하급수적인 발전은 아니다.

수십 년간 무어의 법칙이 막을 내릴 거라고 불길한 예언을 내놓은 비관론자들이 있었다. 지금까지 그들의 예측이 일관되게 빗나간 것으로 드러나고 있다. 성능 향상을 위한 새로운 길은 더 나은 발전에 필요한 모든 희망이 막힌 것처럼 보일 때 열렸다. 2004년까지 칩의 클록 속도clock speed 증가는 성능 향상에 크게 기여했다. 문제는 발열 때문에 클록 속도를 높이는 데 한계가 있다는 것이었다. 제조업체는 이에 대응하기 위해 더 많은 프로세서 '코어'를 동력의 속도를 높이는 주요 수단으로 포함했다. 이제 프로세서는 동시에 다양한 작업을 수행할 수 있다.

무어의 법칙을 유지하려면 그와 유사한 혁신이 필요할 것이다. 속도는 조금씩 느려지겠지만 말이다. 홀트가 억울해할까 봐 말하는데, 이는 그도 인정한 사실이다. 10년 안에 개개의 트랜지스터를 더 작게 만들 순 없을 것이다. 물리적 한계 때문이다. 반면 3D 전기회로와 양자 컴퓨팅quantum computing(둘 다 증명된 개념이다) 같은 응용 분야는 기하급수적 성장이 계속됨을 뜻하는 것일 수 있다. 어쩌면 체스판의 마지막 칸을 훨씬 넘어서까지 계속될 수 있다.

데이터 처리 그 이상

디지털화는 다양한 용도에 적용되는 현상이다. 따라서 디지털화라는 놀라운 변화의 힘에 영향을 받는 것은 컴퓨터 칩뿐만 아니다. 유사한 추세가 인터넷 대역폭에서도 두드러진다. 인터넷 사용자 수용률은 1983년 이후 해마다 25~50% 증가해왔다. 데이터 저장도 용량 대비 비용 측면에서 기하급수적인 기능을 발휘한다. 1GB(기가바이트, 1GB=1024MB)를 저장하는 비용은 1980년 20만 달러에서 2013년 0.03달러로 떨어졌다.

하지만 다른 어떤 분야보다 눈에 띄게 진전이 둔화하기 시작한 분야가 데이터 저장이다. 도시바의 3D 자기 기록Magnetic Recording 기술*은 상업적으로 확장 가능하지만, 드라이브에 최대로 저장할 수 있는 정보는 수백 TB(테라바이트, 1TB＝1024GB)일 것이다. 물론 엄청난 저장 능력이지만, 거듭 말하건대 기하급수적인 발전은 아니다.

이처럼 저장 분야에서 패러다임의 전환이 필요할 수도 있고, 이런 패러다임의 전환이 단기적으로 볼 때 발전 속도를 늦추는 것은 사실이다. 하지만 더 큰 그림에서 보면 별 의미가 없는 일일 수도 있다. 디지털 저장 기술의 발전이 대단하지만, 데이터를 DNA에 저장하는 기술이 이론상 도달 가능한 수준에 비하면 아무것도 아니다.

데이터를 DNA에 저장하는 기술이 조만간 당신의 노트북에서 현실화되지 않을지 몰라도, 그런 기술의 잠재력은 입이 다물어지지 않을 정도다. 인간의 DNA 1g에는 정보를 215PB(페타바이트, 1PB＝1024TB)나 저장할 수 있다. 이는 관념적인 추론이 아니다. 인간은 2012년 이래 데이터를 DNA에 저장할 수 있다. 당시 하버드대학교의 유전학자들은 디지털 파일의 0과 1을 인코딩하기 위해 알파벳 4개(A, T, G, C)로 구성된 DNA 가닥을 이용해 5만 2000단어가 수록된 책 한 권을 인코딩했다.

---

* 극초단파를 이용해 여러 겹으로 쌓인 층 위에 자기(磁氣) 헤드로 데이터를 쓰고 읽는 기술.

이런 진보가 가까운 미래에 앱으로 실현되지 않을 수 있지만, 처리 속도뿐만 아니라 대역폭과 저장 능력에서도 체스판의 마지막 칸을 뛰어넘고 남을 가능성을 또다시 무시하는 처사는 현명해 보이지 않는다. 과학기술의 진보를 가로막는 가장 큰 걸림돌은 물리법칙이라는 추정이 갈수록 그럴듯하게 들리지만, 현재 그 걸림돌은 여전히 먼 곳에 있다.

경험의 힘

3차 대변혁에서는 변화가 꼭 기하급수적일 필요는 없다. 고든 무어가 컴퓨터의 미래에 관해 예측한 것과 비슷한 시기, 보스턴컨설팅그룹 설립자 브루스 헨더슨Bruce Henderson은 헨더슨 곡선(최근에는 경험 곡선으로 더 많이 불린다) 개념을 만들었다. 그가 고객들과 일하는 동안 관측한 사실을 토대로 만든 이 개념은 곧 정교한 예측 모델이 됐다. 이 모델에 따르면, 한 제품의 생산량이 2배가 될 때마다 생산비는 20%까지 떨어진다. 그런 결과를 불러오는 요인은 비교적 단순하다. 더 높은 노동 효율성과 제품의 디자인 개선도 그런 요인 중 하나다. 경험 곡선은 우리가 디지털 기술의 기하급수적 발전에서 목격하는 것과 똑같은 급속한 변화를 제공하지 않지만, 기대보다 큰 이익은 무한 공급에 대단히 중요한 의미가 있다. 특히 재생에너지 분야에서 그렇다.

경험 곡선이 작용하는 분야 중에서 우리가 보는 가장 중요한 분야는 전기를 발생시키는 핵심 소비자 기술인 태양전지의 값이다. 태양전지 값의 추이는 헨더슨이 예상했을 법한 것과 거의 맞아떨어진다. 지난 60년간 태양전지 값은 생산량이 2배가 될 때마다 20%씩 떨어졌다. NASA의 인공위성 뱅가드 1호에 태양전지가 처음 사용된 1958년에는 패널 하나당 최대 0.5W 에너지를 만드는 데 수천 달러가 들었는데, 1970년대 중반에는 그 비용이 1W에 100달러로 뚝 떨어졌다. 화석연료에 비해 여전히 경쟁력이 떨어지지만, 비용 하락 폭은 인상적이다.

태양전지 패널의 가격 대비 성능은 2016년에 완전히 바뀌어, 태양전지 패널 하나로 1W 에너지를 만드는 데 드는 비용이 50센트에 불과했다. 햇살이 풍부한 나라에서는 태양광발전이 화석연료의 진정한 대안이 됐다.

이런 추세가 지속되리라는 사실에 이견은 거의 없다. 태양광 에너지 생산능력이 2년마다 2배로 증가(2004~2014년에는 100배 증가)하면서 태양광 에너지 생산능력과 끊임없이 떨어지는 값에 정확한 주기週期가 확립됐다. 여기서도 무어의 법칙과 마찬가지로 중요한 문제는 이런 추세가 얼마나 오래 지속될까 하는 점이다.

우리가 확실히 아는 건, 이론적으로 태양광이 세계의 팽창하는 에너지 수요를 충족하고도 남는다는 사실이다. 인류가 1년 동안 소비하는 잠재적인 에너지의 양이 지구에 도달하는 데 90분이 걸린다는 점을 감안할 때, 다가오는 수십 년 동안 그 수요가 2배가 된다 해도 태양광은 지구에 전력을 공급하는 가장 친환경적이고 저렴한 수단일 수 있다.

다행히 태양전지의 가격 대비 성능에서 일어나는 것과 똑같은 변화가 재생에너지를 저장하는 주류 기술인 리튬전지에서도 일어나고 있다. 최근에 리튬전지 값이 하락하면서 세계가 재생에너지로 이행하는 것이 '그렇게 된다면'이라는 가능성의 문제라기보다 '언제' 그렇게 되느냐는 시간의 문제라는 결론이 큰 지지를 얻는다.

혼돈에서 유토피아로

우리가 사는 세계는 이런저런 제약으로 한정된 세계다. 대체로 이런 제약은 다가오는 세기의 진로를 근본적으로 결정할 5가지 위기가 무엇인지 분명히 보여준다.

5가지 위기(많은 것을 아우르는 기후변화, 자원 부족, 갈수록 늘어나는 과잉 인구, 고령화, 자동화에 따른 기술적 실업)는 자본주의가 스스로 버틸 능력을 약화한다. 5가지 위기는 끊임없는 확장, 무한한 자원, 이윤을 위한 생산, 자신의 노동력을 팔아야 하는 노동자 등 자본주의의 중요한 특징을 없앨 수도 있기 때문이다.

"정보는 공짜가 되고 싶어 한다." 1984년 미래학자 스튜어트 브랜드Stewart Brand[16]가 한 말이다. 그는 이제 하나의 상징이 된 이 말이 의미하는 바를 뒷날 명확히 밝힌다.

한편 정보는 비싸지고 싶어 한다. 정보는 가치가 어마어마하기 때문이다. 정확한 장소에 있는 정확한 정보는 당신의 인생을 바꾼다. 다른 한편 정보는 공짜가 되고 싶어 한다. 정보를 생산하는 비용이 줄곧 낮아지기 때문이다. 우리가 가진 정보는 두 측면이 싸운다.

앞으로 살펴보겠지만, 현대자본주의에서 정보는 가치의 토대. 우리가 생각하는 것보다 훨씬 그렇다. 그럼에도 바로 그 경제체제에서 과학기술은 정보의 희소성과 가치를 파괴하려는 쪽으로 나가는 경향을 보인다.

1984년에 브랜드는 이 사실을 몰랐겠지만, 마르크스는 한 세기도 더 전에 과잉 공급되는 경향이 있는 정보의 성향에 대해 비슷한 말을 했다.

사회적 개인의 발달에 필요한 두 측면인 생산력과 사회적 관계는 자본에는 단순한 수단으로 보이며, 자본이 그 제한된 토대에서 생산하기 위한 수단에 불과하다. 그러나 생산력과 사회적 관계는 이 토대를 완전히 파괴하기 위한 물질적 조건이다.

---

16 자급자족, 생태학, 대안 교육, DIY 등에 초점을 맞춘 제품을 소개하는 비정기 간행물 《Whole Earth Catalog(전 지구 목록)》의 편집인이자 작가(1938~).

브랜드가 훌륭한 통찰을 발표하고 30년도 더 지난 지금, 우리는 그의 생각이 옳았음을 안다. 즉 정보의 값은 곤두박질치고, 이는 정보가 공짜가 되고 싶어 하는 걸 보여준다. 21세기 중반이 되면 이런 경향이 노동과 에너지, 자원에도 영향을 미친다는 사실이 점점 더 분명해질 것이다. 이는 우리가 주변에서 목격할 수 있는 변화로 입증되는 새롭고 다양한 사회적 요소의 토대다. 그 토대란 일자리를 넘어선 세계, 이윤을 넘어선 세계, 더 나아가 희소성을 넘어선 세계다.

3

완전히 자동화된
화려한 공산주의란 무엇인가?

미래의 목표는 완전한 실직이다.
그래야 놀 수 있으니까.

아서 클라크Arthur C. Clarke[17]

왜 FALC인가?

왜 FALC인가? 왜 하필 저 단어들이며, 왜 저런 순서로 배
열했는가? 어쨌거나 공산주의는 많은 사람이 보기에 20세기
의 실패한 실험이며, 그 실패에서 얻은 교훈을 제외하면 우리
의 관심을 받을 자격이 없지 않은가? 어떤 사람은 자본주의
의 결함이 너무나 많고, 언젠가 자본주의가 끝날지 모른다는

---

17 영국 공상과학소설 작가이자 미래학자(1917~2008).

사실을 인정하겠지만, 자본주의 다음에 공산주의가 온다면 그것을 개선이라고 할 수 없을 것이다.

지난 세기에 여러 정치적 활동에 스스로 공산주의라는 이름을 붙였지만 그들의 열망은 정확하지 않았을뿐더러, 앞으로 살펴보겠지만 기술적으로도 불가능했다. 이 책에서 사용하는 '공산주의'라는 단어의 뜻은 정확히 다음과 같다. 즉 생계를 위한 직업이 사라지고, 풍요가 희소성을 대신하고, 노동과 여가가 하나로 합쳐지는 사회다. 3차 대변혁으로 생길 가능성을 고려하고, 정보와 노동, 에너지와 자원이 무한 공급되는 세상이 다가오는 상황을 감안할 때, FALC는 단지 우리 시대에 적합한 개념일 뿐만 아니라 지금까지 추구할 수 없던 발상으로 봐야 한다. FALC는 3차 대변혁의 경향을 뒷받침하기보다 그 자체로 3차 대변혁의 경향이 도달할 결론이다.

우리가 그것을 원한다면 말이다.

미래 충격 1858년

사람들이 '공산주의'라는 단어에 어떤 반응을 보이든, 이 단어는 특히 한 사람과 연관이 있다. 그는 카를 마르크스다. 산업자본주의가 가장 밝게 타오른 순간에 새로운 세계의 윤곽을 봤다고 주장한 이가 바로 그다.

그렇다고 자본주의는 끝날 것이며 다른 무엇으로 전환되리라고 생각한 사람이 마르크스밖에 없었다는 이야기는 아니다. 실제로 마르크스와 비슷한 생각을 한 사람들이 있었다. 그중에서 20세기의 사상가 존 메이너드 케인스John Maynard Keynes와 피터 드러커Peter Drucker를 꼽을 수 있다. 이들은 마르크스의 사상에 비판적 입장을 취하면서도 자본주의 이후에 올 수 있는 체제에 대해서는 마르크스와 견해가 비슷했다. 마르크스를 두 사상가 옆에 나란히 두고 세 사람이 각자 희소성과 자본주의, 희소성과 유토피아의 관계를 어떻게 생각했는지 살펴보면 그가 말한 공산주의가 무엇을 의미하는지 분명한 윤곽이 잡힐 것이다.

마르크스는 자본주의가 동물의 노동과 인간의 노동, 육체노동과 정신노동을 점차 기계로 대체하는 경향이 있음을 알아챘지만, 그의 사상에서 이 부분은 아직 과소평가되고 있다. 온갖 모순으로 가득한 체제에서 잠재적인 해방의 힘을 제공한 것은 마르크스의 이와 같은 인식이었다. 그의 생각이 가장 명확하게 드러난 글은 〈기계에 관한 단상Fragmente über Maschinen〉이다. 이 짧지만 중요한 글은 《정치경제학 비판 요강Grundrisse der Kritik der politischen Ökonomie》에 실렸다. 그 유명한 《공산당 선언Manifest der Kommunistischen Partei》이나 《자본론Das Kapital, Kritik der politischen Oeconomie》과 달리 《정치경제학 비판 요강》은 들어보지 못했을 수도 있다. 《정치경제학 비판 요강》은 일련의 미완성 유고 상태로 남았다가 1939년 독일에서 출간됐기 때문이다. 설상가상 이 원고가 영어로 번역된 건 한 세대가 지난 1973년이다. 그러다 보니 이 원고에 담긴 선견지명과 통찰은 20세기 공산주의 기획에 거의 아무런 영향력을 미치지 못했다.

그것은 슬픈 일이다. 우리는 《정치경제학 비판 요강》에서 자본주의 아래 과학기술이 이룬 진화에 대한 최초의 분석뿐만 아니라 과학기술의 진화가 창출하는 기회에 대해서도 접하기 때문이다. 마르크스가 〈기계에 관한 단상〉에 쓴 글은 강렬한 인상을 남긴다.

자본은 기계를 사용한다. 다만 노동자가 자기 시간을 상당 부분 자본을 위해 일하게 하고, 상당 부분 자신에게 속하지 않은 시간으로 받아들이게 하며, 다른 사람을 위해 더 오래 일하도록 만드는 데 기계를 사용한다. 이런 과정을 거쳐 특정한 물건 하나를 생산하는 데 필요한 노동의 양은 최소화된다. 그러나 그 물건을 최대한 많이 만들 때는 노동의 양이 최대치가 된다는 사실을 깨닫는다. 첫 번째 측면이 중요한 까닭은, 이 경우 자본이(의도한 바는 아니지만) 인간의 노동을⋯ 최소화하기 때문이다. 이런 상황은 노동이 해방됨으로써 얻는 혜택에 기여할 것이며, 노동 해방을 위한 조건이기도 하다.

마르크스가 하고자 한 말은 명백하다. 경쟁이 치열해지면 자본가도 생산방식을 혁신할 수밖에 없다는 얘기다. 생산방식의 혁신은 작업 속도와 기술에 대한 끝없는 실험으로 이어지며, 이런 혁신과 실험의 목적은 능률의 극대화다. 시장 수요의 논리란 자본가들이 적은 비용으로 상품과 서비스를 최대한 생산해야 한다는 뜻이며, 자본가들은 간접비를 줄일 수밖에 없다. 결국 자동화와 모든 직무, 일자리 전체의 끊임없는 순환이 일어나고, 노동자는 기계로 대체된다. 이런 상황은 자본주의에서 엄청난 고통과 착취를 초래했지만, 다른 체제에서는 획기적인 기회를 의미했다.

미국 국립과학원은 1987년 《Technology and Unemployment 테크놀로지와 실업》이라는 보고서를 발표했다. 마르크스가 자본주의에서 일어나는 기술의 변화에 관해 비판적으로 쓴 글을 거의 단어 하나하나 대응하며 다시 쓴 보고서다. 두 글의 가장 큰 차이점은, 이 보고서의 저자들은 자본주의에서 일어나는 기술의 변화를 완전히 긍정적으로 본다는 점이다.

역사적으로 그리고 우리 생각엔 가까운 미래에도 새로운 공정 기술 덕분에 생산 단위당 노동의 필요성은 줄어들겠지만, 총 생산량의 확대에 따른 유익한 고용 효과는 지금까지 그랬듯 앞으로 더 커질 것이다.

따라서 생산은 갈수록 효율적이 되고 여가는 사회적 공익으로 여겨지지만, 생산성이 높아진다고 자유 시간이 더 많아지는 것은 아니며, 상품과 서비스가 더 많이 생산될 뿐이다. 공평하게 말하면 이런 견해를 옹호하는 사람들의 주장도 경제학의 정설뿐만 아니라 두 세기 동안 자본주의에서 일어난 식별 가능한 변화에 근거를 두고 있었다. 이와 달리《정치경제학 비판 요강》에서 마르크스는 대안이 있다고 주장했다. 마르크스는 그 대안을 추구할 때만 인간이 자유를 성취할 수 있다고 생각했다.

공산주의 : 희소성 너머의 세상

정치 평론가들은 일반적으로 마르크스를 이상주의적 몽상가로 묘사하기 좋아하지만, 마르크스 자신은 공산주의가 어떤 모습으로 펼쳐질지 묘사하는 일을 혐오한다고 거듭 말했다. 마르크스는 그런 일이 '미래의 요리 용품점을 위한 조리법'을 쓰는 것과 같다고 했다. 겸손한 발언이란 점에서 살짝 존경스럽지만, 한편으로 짜증도 난다. 새롭게 모습을 드러내는 체제의 단점을 알려주는 위대한 지성 가운데 한 명으로서 그 체제를 대체할 것이 무엇인지 암시라도 할 수 있는 위치에 있었기 때문이다. 마르크스는 투쟁하는 노동자만 구체적인 해결책에 도달할 위치에 있다고 봤다.

새로운 사회의 몇 가지 특징에 대해서는 마르크스도 확신이 있었다. 그중 하나는 공산주의가 노동과 여가를 가르는 모든 구분을 끝내는 신호탄이 될 것이라는 점이었다. 더 근본적으로 말하면, 공산주의는 인류가 마르크스가 '필요의 영역'이라고 부른 것에서 탈피해 '자유의 영역'으로 진입하는 것을 알리는 신호탄이 된다는 것이었다.

　마르크스에게 필요의 영역이란 우리가 '우리의 필요를 충족하고 삶을 유지하고 자손을 번성하게 하고자 하는 본성과 씨름하는' 장소를 의미했다. 달리 말하면 그 영역은 인류의 조상이 살던 시대 이래 인류와 충돌한 희소성으로 정의되는 세계였다. 마르크스가 살던 시대에 희소성은 고전 정치경제학의 핵심적인 질문이었다. 재원이 제한적인 세계에서 당신은 어떻게 그 재원을 능률적으로, 공정하게 배분하는가?

　마르크스가 볼 때 필요의 영역은 사회주의까지 포함할 정도로 그 영향력이 광범위했다. 사회주의도 자본주의와 마찬가지로 노동과 희소성 같은 특징이 있기 때문이다. 물론 노동과 희소성 같은 특징은 민주적 통제를 받는 체제로서 합리화되고 사회적으로 좀 더 정당성을 띠었다. 마르크스는 자본주의보다 사회주의를 선호하고, 두 팔 걷어붙이고 싸워서 쟁취해야 하는 어떤 것보다 사회주의를 선호했으나, 사회주의를 다른 무엇을 위한 디딤돌로 여겼다. 다른 무엇은 바로 공산주의와 자유의 영역이었다.

　자유의 영역은 필요의 영역과 대조적으로 경제적 갈등과 노동의 부재뿐만 아니라 힘들이지 않고 누릴 수 있는 풍요가 특징이었다. 자유의 영역은 마치 헤시오도스Hesiodos나 텔레클레이데스Telecleides의 황금기 혹은 성서의 에덴동산과 비슷한 세계였다. 그러나 고대 그리스의 시詩나 종교 경전과 달리 마르크스에게 자유의 영역은 전설적인 과거를 숭배하기보다 목표가 돼야 하는 프로젝트였다. 상상을 뛰어넘는 풍요의 영역은 사후 세계에 기억하거나 누려야 할 것이 아니라, 지금 여기서 목표로 삼아야 할 정치적 프로젝트였다. 그것이 마르크스가 생각한 공산주의다.

마르크스가 폭력 혁명을 지지했다고 주장하는 사람들이 있다. 그는 자본주의 너머로 이행하는 과정이 한 지배 집단을 다른 지배 집단으로 교체하면 될 정도로 단순한 정치적 절차에 불과하다고 생각한 적이 한 번도 없었다. 자본주의 너머로 이행하는 과정에서 계급투쟁과 노동계급의 정치권력 장악이 뒤따르는 것은 확실하지만, 새로운 사상과 과학기술, 사회적 관계도 필요했다. 마르크스는 노동계급이 미래 사회로 가는 열쇠라고 생각했다. 노동계급의 혁명만이 노동을 없앨 수 있고, 그렇게 함으로써 모든 계급 차별도 없앨 수 있기 때문이었다.

노동계급이 자신을 해방해야 한다는 요구가 거듭 제기됐지만, 마르크스는 노동이 우리를 자유롭게 한다고 생각하지 않았으며, 노동의 사회가 인간의 가능성을 확장한다고 믿지도 않았다. 반대로 그는 우리가 하는 노동(우리의 정신적·육체적 노력을 세상과 혼합하는 방식)이 생존 수단보다 자기 계발을 위한 길이 될 때 비로소 공산주의가 가능하다고 봤다. 마르크스는 이를 기술의 변화에 따른 부수적인 사건이라고 봤다. 즉 생산력이 발전할수록 노동과 여가가 하나가 되는 새로운 사회가 탄생할 가능성이 커진다는 것이다.

더 높은 단계의 공산주의 사회에서 개인을 분업에 노예처럼 종속시키는 일이 사라지고, 정신노동과 육체노동의 구분도 사라진 뒤, 노동이 생계 수단뿐만 아니라 인생의 주된 욕구가 된 후… 협조적인 부의 모든 원천이 더 풍부하게 흐른 뒤, 부르주아적 권리라는 편협한 한계가 완전히 극복되고, 사회는 다음과 같은 글귀가 쓰인 현수막을 내걸 수 있다. 능력에 따른 개인에서 필요에 따른 개인으로!

공산주의가 오면 정신노동과 육체노동을 가르는 구분은 사라지고, 노동은 좀 더 놀이 같은 것으로 변할 것이다. 이는 공동의 부가 더 많아지는 사회를 뜻하기도 한다. 이 사회에서는 모든 필수적 요구뿐만 아니라 창의적 갈망까지 충족된다. 이 사회는 호화로움이 밀려드는 사회다. 공산주의라는 개념은 희소성을 겪는 상태에서 어느 것이 유용성을 넘어서는지 보여준다. 필요한 것을 뛰어넘는 과잉이 이 개념의 본질이다. 따라서 정보, 노동, 에너지, 자원의 값이 영구적으로 내려가고 일과 낡은 세계의 한계를 넘어서면 우리는 자신에게 필요한 모든 것을 충족하는 데서 그치지 않고, 유용한 것과 아름다운 것을 구분하는 모든 경계를 허문다. 공산주의는 화려하다. 그렇지 않으면 공산주의가 아니다.

공산주의 없는 포스트 자본주의 : 존 메이너드 케인스

자본주의가 자본주의를 뛰어넘는 사회를 위한 환경을 조성한다고 주장한 사람이 마르크스뿐만은 아니다. 실제로 20세기에 가장 영향력 있는 경제학자가 마르크스와 비슷한 주장을 했다. 바로 존 메이너드 케인스다.

케인스는 급진적인 사람과 거리가 멀었다. 혁명가는 더더욱 아니었다. 그럼에도 그는 월스트리트 붕괴 사태의 여파로 대공황이 시작된 1930년에 〈Economic Possibilities for Our Grandchildren 우리 손자 세대의 경제적 가능성〉이라는 글을 썼다. 이는 당대 가장 낙관적인 글이다.

케인스는 이 짧고 확신에 가득 찬 글에서 바람직하지 않지만 불가피해 보이는 새로운 사회의 윤곽을 묘사했다. 마르크스가 《정치경제학 비판 요강》에서 그랬듯이 케인스는 그런 변화가 자신의 시대에는 상상할 수 없는 세계를 예고하고, 자신의 시대가 완벽하게 발전했을 때의 모습을 보여준다고 생각했다.

내 결론은 이렇다. 큰 전쟁이나 폭발적인 인구 증가가 없다고 가정할 때 경제문제는 해결될 것이고, 그렇지 않더라도 최소한 100년 안에 해결 가능성이 보일 것이다. 이 말은 우리가 미래를 주의 깊게 보면 경제문제가 인류의 영구적인 문제가 아니라는 뜻이다. …그리하여 인간은 태어나서 처음으로 자신의 진짜 영구적인 문제와 직면할 것이다. 그 문제는 긴급한 경제적 걱정에서 벗어나면서 얻은 자유를 어떻게 사용하고, 과학과 복리複利가 가져다준 여가를 어떻게 사용해서 현명하고 즐겁게 잘 살 수 있느냐 하는 것이다.

케인스는 마르크스를 공공연히 비판하면서도 정작 자신은 마르크스의 글을 읽어본 적이 없다고 주장했지만, 두 사람 사이에는 놀랄 만한 유사점이 보인다. 마르크스가 생각하는 공산주의는 풍요의 상태였다. 달리 말해 노동과 여가가 하나가 되고, 우리의 본성이 놀이와 일치하는 방식으로 개발되는 사회가 마르크스가 생각하는 공산주의였다. 이 사회에서는 희소성(케인스의 표현에 따르면 '경제문제')이 마침내 정복될 것이었다. 케인스는 1930년에 이와 대단히 비슷한 생각을 했으며, 그처럼 희소성을 극복한 세계가 오는 시점이 2030년이라고 자신 있게 못 박았다.

케인스는 계급을 기반으로 한, '물고기보다 흙탕물을 선호하는' 마르크스의 정치학을 분명히 경멸했다. 두 사람은 이 사실 외에 정확히 어떤 점에서 차이를 보였을까? 답은 발전과 정치의 관계에 있다. 케인스는 마르크스와 달리 자본주의가 필연적으로 더 풍요로운 삶으로 전환이며, 시간이 흐를수록 생산성은 점점 향상하는 반면 노동의 수요는 줄어드는 데서 이 풍요가 비롯될 것이라고 봤다. 케인스는 〈Economic Possibilities for Our Grandchildren〉에서 이런 풍요를 통해 주당 근무시간이 줄고 기술이 발전해 생산성이 향상하면 노동자에게 득이 되리라고 주장했다. 달리 말해 여가는 늘어날 수밖에 없고, 일해야 할 필요성은 서서히 사라진다는 것이다.

마르크스도 케인스와 비슷하게 자본주의가 생산성을 향상하는 능력이 있다고 주장했지만, 다른 사람들에게 이득을 줄 가능성이 있음에도 결국 생산성 향상으로 이득을 보는 것은 현 상황에 있는 부자들뿐이라고 생각했다. 마르크스도 케인스와 마찬가지로 자본주의가 풍요의 잠재력이 있다는 점을 인정했지만, 이 풍요는 정치적으로 논쟁의 여지가 있다고 봤다. 예를 들어 자본주의의 성과가 사회 대다수 사람에게 돌아가려면 그들이 계급투쟁으로 그 성과를 얻기 위해 싸워야 한다고 본 것이다.

20세기 역사는 케인스가 옳았음을 확인하게 해주는 듯했다. 대공황에도 1927년 이후 50년간 미국의 제조업에서 비숙련 노동자의 실질임금은 350% 증가했고, 숙련 노동자의 임금은 4배 상승했다. 우리가 알다시피 이 시기는 자본주의의 황금기로, 생산성 향상과 고성장에 힘입어 임금이 오르고 노동시간이 단축됐다. 종업원이 됐든, 경영주가 됐든 자본주의를 보호하는 것이 합리적으로 이득이었다.

이 황금기는 1970년대 초반, 임금과 생산성 향상의 상관관계가 끊어지면서 하루아침에 막을 내렸다. 그 결과 생산성은 소득이 높은 사람들의 수입만 늘렸다. 이런 현상은 미국에 국한되지 않았다. 2014년 한 보고서는 영국에서 실질임금 증가가 40년 동안 어떻게 하락세를 타는지 보여준다. 이 보고서에 따르면 1970~1980년대에는 임금이 연 2.9% 상승했지만, 1990년대 1.5%, 2000년대 1.2% 상승에 그쳤다. 2008년 금융위기 이후 임금 상승률은 갈수록 떨어지면서 급락세에 접어들었다. 2007~2015년 영국의 실질 가계소득은 10.4% 떨어졌는데, 이런 추락은 전례가 없다.

이런 상황으로도 비참하지만, 이는 시작에 불과하고 상황은 더 악화할 전망이다. 2017년 가을 예산안이 발표된 후, 런던에 본부를 둔 싱크탱크 레절루션파운데이션Resolution Foundation은 영국의 임금 상승과 관련해 2010년대가 18세기 후반 이후 최악의 10년이 될 거라고 예측했다. 다시 말해 영국은 이제 2차 대변혁이 시작된 후 과거에 경험하지 못한 생활수준의 하락에 직면했다. 자본주의가 풍요와 그 풍요를 넘어서는 체제를 낳을 수 있다는 케인스의 지적은 옳았지만, 그는 이런 상황이 벌어지리라고 예상치 못했다.

케인스가 이런 상황을 예상 못 한 이유는 자본주의를 넘어서는 사회, 즉 높은 생산성과 자동화, 여가에 대한 자신의 통찰에 내적 모순이 있다고 생각지 않았기 때문이다. 마르크스는 노동과 시장 배급제에 기반을 둔 체제와 풍요 사이에 다루기 힘든 문제가 있다고 봤지만, 케인스는 한 세계에서 다음 세계로 전진을 쉽게 생각했다.

날이 갈수록, 특히 2008년 금융 위기 이후 마르크스가 옳았음이 어느 때보다 분명해 보인다. 21세기의 5가지 위기는 인류의 존재를 뒤흔드는 위협일 수도, 더 나은 미래로 나아가는 데 따르는 진통일 수도 있다.

케인스의 예상과 달리 둘 중 무엇이 맞을지는 미지수다.

포스트 자본주의와 정보 : 피터 드러커

피터 드러커는 마르크스나 케인스와 달리 정치경제학자가 아니라 경영 이론가다. 그러나 드러커도 마르크스와 케인스가 그랬듯이 자본주의를 분명한 종점이 있는 일시적이고 한정된 체제로 봤다. 드러커는 그 종점을 '포스트 자본주의post-capitalism'라고 불렀으며, 마르크스와 케인스의 사상이 그랬듯이 드러커의 포스트 자본주의도 현대성의 완전한 발전을 의미했다.

드러커는 HTML[18]이 대중에게 공개된 시점과 거의 같은 시기에 정보가 노동, 토지, 자본이라는 역사의 삼총사를 뛰어넘어 어떻게 생산의 주요소가 됐는지 간파했다. 그는 1993년에 다음과 같이 썼다. "지식은 하나의 수단이라기보다 자산이

---

18 HyperText Markup Language의 약어. 인터넷에서 정보란을 마음대로 만들거나 연결하고 정보를 검색할 수 있게 비순차적으로 기억된 텍스트 데이터인 하이퍼텍스트를 표현하기 위한 언어.

됐고, 지식이 우리 사회를 포스트 자본주의로 이끈다. …지식은 새로운 사회의 동력을 만들고, 새로운 경제의 동력을 만들며, 새로운 정치를 만든다."

드러커는 사회가 이런 재정리 과정을 정기적으로 거쳤으며, 그 결과 서양 역사에서 수백 년마다 한 번씩 '급격한 변화'가 일어나는 거라고 생각했다. 달리 말하면 수십 년 내에 "사회가 자신을 재정리한다. 즉 사회는 자신의 세계관, 기본적인 가치관, 사회적·정치적 하부구조, 핵심 제도를 재정리한다. 50년 뒤에는 신세계가 열린다"는 의미다. 드러커에겐 이런 급격한 변화 가운데 하나가 포스트 자본주의로 이동이었다.

드러커의 시대 구분에는 대변혁이 이 책에서 말하는 것보다 자주 일어나는 듯하고, 각각의 대변혁이 미치는 영향도 덜 지대해 보인다. 그럼에도 역사적 변화, 다시 말해 사회의 물질적 관계가 사상과 사회적 현실을 변화시킨다는 점에 대한 그의 견해는 마르크스를 떠올리게 한다. 다음은 19세기 중반에 마르크스가 쓴 글인데, 1990년대 초였다면 드러커가 쓴 글이라 해도 고개가 끄덕여질 법하다.

발전의 어느 단계에 이르면 사회의 물질적 생산력은 종전의 생산관계와 충돌한다. …그때 사회혁명의 시대가 시작된다. 경제적 토대에 이런 변화가 일어나면 조만간 거대한 상부구조도 통째로 바뀐다.

테일러리즘과 생산성 혁명

드러커는 산업혁명과 자본주의가 도입되면서 지식과 그 지식을 적용하는 방식에 큰 변화가 생겼다고 봤다. 즉 산업혁명과 자본주의 이후에는 지식이 사적재에서 공공재로, 존재하기보다 행동하는 것에 적용되는 무엇으로 바뀌었다. 와트가 증기기관을 발명하고, 증기기관을 토대로 발전한 새로운 사회가 등장하면서 지식은 본질적으로 그 의미가 바뀌었다. 일단 지식이 도구와 절차, 제품에 적용되자 테크놀로지라는 개념이 독립된 분야로 떠오르기 시작했다. 1870년대에 정립된 지식과 테크놀로지의 이런 관계는 드러커가 '생산성 혁명 Productivity Revolution'이라고 이름 붙인 현상을 이끌었다.

생산성 혁명의 아버지는 미국의 기계공학자이자 과학적 경영의 선구자 프레더릭 테일러Frederick Taylor다. 그의 경력은 1880년대에 본격적으로 시작됐다. 테일러 이전에는 생산량을 최대화하기 위해 업무를 연구하는 일에 과학적 방법이 적용된 적이 없다. 과학적 경영 기법은 불과 20~30년 만에 하나의 신조가 됐다. 그 결과 생산성은 엄청나게 확대되고, 일반 노동자의 생활수준도 크게 향상했다. '테일러리즘'이 발흥한 뒤에 노동이나 토지, 자본보다 지속적인 개선이나 정보의 적용이 가치 있는 것으로 취급됐다. 적어도 드러커는 그렇게 평가했다.

이 점에서 드러커의 생각은 또 한 번 선배들, 그중에서도 마르크스의 생각과 유사한 점이 눈에 띈다. 마르크스는 《정치경제학 비판 요강》에 다음과 같이 썼다.

그러나 대규모 산업이 성장함에 따라 진정한 부의 창출은 투입된 노동시간이나 노동의 양보다 노동시간에 작동하는 기능의 힘에 의존한다. 그런 힘의 '강력한 효율성'은… 과학의 전반적인 상황과 테크놀로지의 진전 혹은 이런 과학을 생산에 적용하는 방식에 꽤 의존한다.

놀랍게도 마르크스는 과학이 이렇게 적용될 때 생산의 핵심 요소인 노동이 어떻게 약화하는지 덧붙인다.

이제 노동자는 변형된 자연적인 것을 그 물건과 자신의 중간고리로 끼워 넣지 않는다. 그보다 산업적 공정으로 변모된 자연의 공정을 자신과 무생물계의 수단으로 끼워 넣고, 그 과정에 숙달된다. 그는 생산과정의 주요소가 되는 대신 주변부로 벗어난다.

마르크스도 드러커와 마찬가지로 생산의 핵심 요소가 되는 지식과 노동을 기반으로 한 경제체제의 이 긴장이 변화를 의미할 수밖에 없다고 생각했다. 다만 마르크스는 이 긴장의 결과가 거침없는 충돌이며, 계급투쟁을 거쳐 새것이 낡은 것을 대체할 수 있다고 봤다. 마르크스에 따르면, 가장 발달한 기계를 가진 노동자라도 '미개인의 노동시간보다, 가장 단순하고 조악한 도구를 가지고 했을 때보다 오랜 시간 노동할' 수밖에 없는 상황으로 얼마든지 내몰릴 수 있다. 테크놀로지가 노동을 완전히 바꾸고 사람들의 삶을 향상할 수도 있지만, 그것은 적절한 정치와 맞물렸을 때 가능한 일이다.

드러커가 생각하는 변화는 테일러에서 멈추는 것이 아니다. 그는 20세기에 자본주의가 변화를 겪는 동안 지식이 점점 더 핵심적인 역할을 맡아가는 모습을 주의 깊게 봤다. 그리하여 1880년대 이후 생산성 혁명이 일어나고 1945년 이후 수십 년에 걸쳐 '관리 혁명'이 일어났다면, 드러커는 '정보 혁명'에서 생산이 점점 더 '지식을 지식에 적용하는 것'에 토대를 두는 것을 지켜봤다. 물론 지식은 디지털화와 정보 테크놀로지가 발전함에 따라 항상 중요했다. 1차 대변혁도 핵심은 선택적 번식을 통해 작물과 동물의 정보 내용을 지배한 데 있다. 그러나 드러커는 이런 과정이 어떤 종착점에 도달했다고 판단했다. 노동과 토지와 자본이 마침내 생산요소 가운데 열외로 취급받는 그런 지점에.

마르크스와 케인스, 드러커는 우리에게 3가지 미래를 제시한다. 그 3가지 미래는 저마다 자본주의를 넘어서는 사회가 온다고 분명히 언급하면서, 그런 사회는 자본주의가 완전히 발전해야 가능하다고 설명한다. 20세기는 대부분 정반대로 보였지만, 이제 생산성 향상과 상관없이 생활수준이 하락하는 점에 관해서는 마르크스가 옳고 케인스가 틀린 듯 보인다.

케인스가 1930년대에 당당하게 예견했듯이 테크놀로지의 변화는 잠재적으로 우리를 풍요로 이끌 수 있지만, 그러기 위해서 정치도 그만큼 발전해야 한다. 드러커도 있지 않냐고? 그가 올바로 이해한 것은 가치가 점점 더 어느 곳에 자리 잡는가, 즉 가치가 정보에 있다는 사실뿐이었다.

그러나 이 새로운 생산방식이 정확히 어떤 식으로 현재 구조에 결합할 수 있는지 분명히 윤곽을 보여준 사람은 아무도 없다. 주목할 만한 사실은 그 일을 해낸 사람이 자신이 그 일을 해냈다는 사실도 모른 채, 뒷날 세계은행World Bank의 수석 이코노미스트가 됐다는 점이다. 그는 폴 로머Paul Romer다.

정보재는 공짜가 되기를 원한다, 정말로

로머는 겨우 서른다섯 살이던 1990년에 〈Endogenous Technological Change내생적 기술 변화〉라는 논문을 썼다. 이제 모르는 사람이 없을 정도로 유명한 논문이다. 로머는 이 논문에서 드러커가 몇 년 뒤에 쓸 내용을 효과적이고 구체적으로 보여줬다. 그는 지식이 경제성장에 새롭고 중요한 영향을 미친다는 점을 강조했다.

과거 전 세계 경제학자들은 무엇이 성장과 관련이 있는지 이해하는 일에 강박적으로 매달렸다. 성장을 이끄는 공동 요인을 알아내면 성장을 초래하는 것(저축률, 인구 증가, 임금 상승)이 무엇인지 추론하고, 번영을 위한 방법을 분석하고 모방할 수 있기 때문이다. 로머의 논문이 등장하기 전에 기술 변화는 '외인성外因性'으로 여겨졌다. 기술 변화는 마치 배경의 소음처럼 외부에서 작용하는 지속적인 변수이므로, 그다지 중요하지 않은 것으로 여겨졌다. 로머는 이에 동의하지 않았다. 그는 시장의 힘이 혁신을 추진한다는 점을 고려하면, 기술 변화를 자본주의 발전의 주된 동인으로 이해해야 한다고 주장했다. 문제는 기술 변화가 어떤 식으로 기능하고, 어떤 결과를 가져오느냐였다.

로머는 기술 변화를 '원자재를 함께 섞는 데 필요한 설명의 개선'이라고 규정했다. 그러므로 기술 변화는 직관에 어긋날지 몰라도 실체가 없는 것이다. 달리 말해 기술 변화란 결국 이전에 있던 정보를 개선해서 재배열하는 것과 같다. 로머는 "원자재를 가지고 작업을 하는 데 필요한 설명은 다른 경제재와 본질적으로 다르다"고 결론지었다. 그러므로 시간이 흐르고 기술이 발전할수록 가치는 점점 더 자재가 아니라 자재를 위한 설명에서 나온다.

문제는 딱 하나, 이제 상품의 가장 가치 있는 측면으로 인정받게 된 것이 한편으로(적어도 기술적으로) 거의 비용을 들이지 않고 무한 복제될 수 있다는 점이었다. "새로운 설명을 만들기 위한 비용이 발생하면 그 설명은 추가 비용을 전혀 들이지 않고 몇 번이고 사용될 수 있다. 새롭고 더 나은 설명을 개발하는 것은 고정비용을 발생시키는 것과 같다." 로머는 해커의 움직임에 대해 전혀 언급하지 않았지만, 이는 약 6년 전에 "정보는 공짜가 되고 싶어 한다"고 한 스튜어트 브랜드의 주장과 놀랄 만큼 비슷하게 들리기 시작했다.

이 모순은 시장 자본주의에 특히 중요했다. 2001년 8월, 그러니까 파일 공유 서비스 냅스터Napster가 폐쇄되고 한 달 뒤에 래리 서머스Larry Summers와 J. 브래드퍼드 드롱J. Bradford DeLong은 다음과 같이 썼다. "경제적 효율을 위한 가장 기본적인 조건은… 가격과 한계비용이 동일해야 한다는 것이다. 정보재는 유통에 들어가는 사회적 비용과 한계비용이 0에 가깝다." 이는 영화, 음악, 도서, 학술 논문뿐만 아니라 산업용 로봇이나 의약품에도 들어맞는 말이었다. 이후에 나올 장章에서 명쾌하게 밝혀지겠지만, 두 사람의 주장은 훨씬 폭넓은 분야의 경제에 해당한다. 바로 여기에 자본주의, 다시 말해 거래와 이윤을 위해 물품이 생산되는 체제의 모순이 있다.

정보재가 한계생산비(0)로 유통될 수 있다면, 소비자에게 판매한 수익으로 생산비를 충당하는 사업가적 회사는 정보재를 만들거나 생산할 수 없다. 정보재가 만들어지거나 생산되려면… (회사가) 제품을 누구에게 이익을 남기고 팔 수 있다고 기대할 수 있어야 한다.

주목할 사실은 세계에서 존경받는 두 경제학자가 상당히 놀랄 만한 진실을 인정하고 있었다는 점이다. 바로 값의 메커니즘이 무너지는 대신 상품의 설명이 그 상품의 가장 가치 있는 부분이 될 것이라는 점이다. 너무나 오랫동안 희소성을 다루는 문제에 사로잡혀 있던 경제학이 풍요를 더 관심 있게 보기 시작했다. 유일한 문제는 이 풍요가 보상 시스템을 무너뜨렸다는 것이다. 사람들이 자본주의에서 뭔가 만들기로 돼 있는 것은 이 보상 시스템, 즉 이윤 때문인데 말이다.

서머스와 드롱이 배제와 인위적인 희소성을 만드는 것에 제시한 해법은 피상적이지만 흥미롭다. 이 해법이 효과를 거두려면 배타적이고 자발적인 구조를 만들고(예를 들면 뒷날 애플이 자신의 제품을 가지고 추구하듯이), 저작권법이 바뀌고, 독점을 적극적으로 촉진해야 했는데, 이런 행동은 이전에는 제 기능을 하는 건강한 시장과 맞지 않는다고 여겨졌다. 서머스와 드롱은 다음과 같이 써서 그런 점을 인정했다.

일시적인 독점력과 이윤은 민간 기업을 격려하고 자극하는 데 필요한 보상이다. …이 복잡한 쟁점을 어떻게 바라보는 게 옳은지 확실하지 않지만, 경쟁적인 틀이 충분히 적절할 수 없다는 것은 확실하다. …어떤 틀이 올바른 대안이 될지 우리는 아직 알지 못한다.

거의 20년이 흘렀지만, 이 질문에 답할 사람이 없다.
지금까지 그렇다.

2

새로운 여행자들

관리자에게 하급자가 필요하지 않고 주인에게 노예가 필요하지 않은 조건, 우리가 상상할 수 있는 그런 조건은 하나뿐이다. 그 조건이란 다이달로스의 조각상이나 헤파이스토스가 만든 삼각대처럼 명령에 따라, 혹은 영리한 예측으로 모든 도구가 저마다 맡은 일을 해내는 상황일 것이다. 호메로스는 이에 대해 "그 도구들은 자발적으로 올림포스산 위에서 열리는 신들의 비밀회의에 참석했다"고 말했다. 마치 직조기는 스스로 직물을 짜고, 하프는 스스로 줄을 튕겨 연주해야 하는 것처럼.

아리스토텔레스

4

완전한 자동화 :
노동의 희소성이 사라진 미래

생산성은 로봇을 위한 것이다.

케빈 켈리Kevin Kelly[19]

자본이 노동이 될 때

1843년 창간한 《이코노미스트The Economist》는 2011년 독자에게 한 가지 질문을 던졌다. '기계가 똑똑해져서 노동자가 되면 어떤 일이 벌어질까요? 다시 말해 자본이 노동이 되면 어떤 일이 벌어질까요?'

애덤 스미스Adam Smith나 데이비드 리카도David Ricardo 같은

---

19 작가이자 사회와 문화의 혁신 운동을 주도하는 활동가(1952~). 세계 최고의 과학 · 기술 · 문화 전문지 《와이어드(Wired)》 공동 창간자.

고전 정치경제학의 초기 거장들은 자본주의사회를 계급 간의 충돌로 정의하지 않았다. 그들은 노동이 '자본금capital stock'과 완전히 별개로 남을 것이며, 기계류와 도구, 건축물처럼 인간이 만들어 생산과정에서 사용하는 물건과 노동자는 결코 동일시될 수 없다고 여겼다.

스미스가 쓴《국부론The wealth of Nations》은 그의 유산을 옹호하는 데 내용을 대부분 할애한 저서다. 출간된 지 거의 250년이 지난 지금은 그 사상의 핵심 전제 중 하나가 얼마나 오랫동안 버틸 수 있을지 불확실해졌다. 이런 회의가 '3차 대변혁의 의미는 무엇인가'라는 질문과 직결된다. 자본이 노동이 될수 있다면, 즉 인간이 만든 도구가 나중에 인간이 완성하는 어떤 일이든 해낼 수 있다면 시장 제도에서 노동자가 자신이 투입한 시간에 대해 요구할 수 있는 값은 폭락한다.

이런 결과는 몇 가지 문제를 초래할 수 있는데, 당장 직면할 문제는 과소소비다.《이코노미스트》에 실린 기사는 과소소비와 자동화의 관계를 가장 잘 보여주는 만남을 다룬다. 이는 1950년대에 헨리 포드 2세Henry Ford II와 전미자동차노조 월터 로더Walter Reuther 위원장의 만남으로 알려졌다. 포드 2세는 로더를 초대해 회사가 새로 지은 공장 가운데 한 곳을 살펴보게 했다. 두 사람이 작업 현장을 둘러보기 시작했을 때, 포드 2세는 새로 들인 산업로봇을 가리키며 저런 기계가 노조에 어떻게 회비를 내겠느냐고 물었다. 로더는 포드 2세의 말이 떨어지기 무섭게 되물었다고 한다. "헨리, 저 기계가 당신 회사에서 생산한 차를 살 수 있다고 생각합니까?"

실제로 벌어진 일이든, 아니든 포드 2세와 로더가 나눈 이 대화는 자본주의의 미래에 도사린 핵심적인 모순을 잘 보여 준다. 포드 2세는 비용 절감을 위해 생산 현장에서 노동자를 거의 다 없애고 싶으면서도, 한편으로 어느 때보다 효율적으로 만들어진 자동차에 대한 수요도 유지하고 싶었다. 간단히 말해 포드 2세가 원한 건 비용이 적게 드는 직원과 부유한 소비자, 즉 불가능한 것이다.

헨리 포드 2세의 할아버지 헨리 포드가 그보다 현명했다. 1914년에 포드는 포드자동차 임금을 당시의 2배인 일당 5달러까지 인상할 거라고 발표해 업계를 깜짝 놀라게 했다. 그런 결정을 내린 배경에는 높은 이직률이라는 초미의 과제가 있었다. 포드는 신입 직원을 훈련하는 데 드는 비용을 감안하면 단호한 조치가 필요하다고 생각했다. 많은 동시대인이 어느 회사도 따라올 수 없는 5달러라는 숫자가 홍보성 과시 행위에 불과하다고 주장했지만, 포드사의 이익을 위해 남다른 통찰력을 보인 것이라고 말하는 사람들도 있었다. 즉 임금 인상은 직원을 유지하기 위해서만 필요한 것이 아니라, 자동차를 생산한 사람들이 반드시 그 차를 살 형편이 되게 하기 위해서도 필요했다는 것이다.

세월이 흐르면서 더 설득력을 띤 건 두 번째 해석이었다. 포드가 초기 자동차 산업처럼 대량 소비를 토대로 한 산업에서는 보통 사람들이 힘들게 일한 만큼 여가를 즐겨야 한다는 것을 직관적으로 알고 있었음은 오늘날 부인할 수 없을 것 같다. 그렇다면 포드가 8시간 노동제와 주 5일 근무제를 지지한 이유도 설명이 된다. 1926년 포드는 주 5일 근무제에 대해 이렇게 썼다. "이제 노동자에게 주어지는 여가가 허비되는 시간 혹은 계급의 특권이라는 생각에서 벗어나야 할 때다."

포드가 한 말은 20세기 자본주의가 자신을 어떻게 바라보는지 핵심을 보여준다. 즉 자본주의는 제대로 작동할 경우 종업원이 자신의 노동으로 만든 상품과 서비스를 구매할 수 있는 길을 터줬다. 이는 자본주의가 생산성 향상을 기반으로 한 계급 간 타협과 부자를 위한 이윤, 다른 모든 사람의 생활수준을 점진적으로 향상하기 위한 토대임을 입증했다.

오랫동안 모든 건 계획대로 진행되는 듯 보였다. 생산성 향상은 임금 상승과 점점 더 폭넓은 계층의 풍요로 이어졌다. 결과적으로 로더가 한 대답은 지나치게 비관적인 것처럼 보였다. 달리 말해 정치적 편견이 있는 사람이 기술의 변화가 가져올 결과에 대해 내린 결론처럼 들렸다. 그렇다 해도《이코노미스트》가 던진 다소 과장된 질문에서 분명히 드러나듯이, 오늘날 이 문제는 우리의 미래를 형성하는 핵심적인 질문 가운데 하나다. 그리고 아무도 명확한 답을 모른다. 적어도 지금은.

피크 호스

1차 대변혁은 1만 2000년 전 무렵에 시작됐다. 당시 호모 사피엔스는 아마도 지중해와 페르시아만 사이 어디쯤에서 농업과 정착, 잉여의 세계를 건설하기 시작했다. 인류는 육체의 힘에 의존하기보다 가축을 이용했고, 사회 형태가 점점 더 복잡해지면서 노예제도와 계급이 생겨나고 초창기 에너지 기술이 등장했다. 이런 창조적인 변화 밑바탕에 1차 대변혁의 결정적 요인이 있었다. 그것은 인간이 생물학적 삶에 대해 새롭게 터득한 지식이었다. 특정한 성질을 얻기 위해 번식시키고 자연환경을 어떻게 재구성하는지 새로 깨달은 사실에서 이런 지식을 얻었다. 그것은 일종의 정보 혁명이었다. 물론 그 기저에 깔린 메커니즘을 이해한 것은 19세기 중반이지만.

1차 대변혁 이후 육체노동은 갈수록 인간과 동물의 노동, 바람이나 비 같은 자연환경에 의존했고, 12세기에는 유럽 대부분 지역에서 물레방아와 풍차를 보는 일이 흔해졌다. 당시는 절대적으로 생명체에 의존해 동력을 얻는 세상이었다. 밭에서 소가 일했고, 이동할 때 말을 이용했으며, 물레를 돌리려면 인간이 움직여야 했다. 심지어 고기를 구울 때는 턴스피트 품종 개가 통구이를 돌렸다.

응집된 에너지 혹은 강력한 기계 동력이 없는 세계에서 변화는 더디고, 정치적 혼란이나 경기 침체는 종종 기술의 후퇴를 불러왔다. 20세기가 되기까지 대다수 유럽인은 고대 로마에서 발견된 만큼 깨끗한 물을 마시지 못했고, 1800년대 초반 이전에는 런던 외에 로마 수준으로 규모가 크거나 명성을 얻은 도시가 없었다.

이런 배경에서 2차 대변혁이 일어났다. 2차 대변혁은 노동과 생산뿐만 아니라 에너지의 새로운 패러다임이었다. 풍부하고 강력하고 믿을 수 있는 화석연료가 인간과 동물의 힘을 대신하면서 수십 년 만에 세상이 바뀌었다. 크나큰 변화가 으레 그렇듯이 이 변화엔 희생이 따랐고, 희생은 턴스피트의 멸종을 뛰어넘는 수준이었다. 위기와 기회를 구분하는 경계선이 불투명해졌으며, 새로운 세계의 특징이 낡은 세계의 확실한 것과 뒤섞이면서 사람들이 진보를 쇠퇴로 혼동하는 경우가 많았다.

19세기 마지막 몇 년 동안 런던에서 대표적인 예를 발견할 수 있다. 때는 1894년, 세상에서 가장 큰 도시가 된 영국의 수도 런던은 엄청난 위기에 직면했다. 거의 1000년 동안 스페인 무적함대와 나폴레옹의 혁명군을 비롯해 어떤 침공의 위협도 이겨낸 런던을 위험에 빠뜨린 건 아무도 예상 못 한 적, 바로 말똥이었다. 1894년 〈타임스The Times〉는 '말똥 위기Horse Manure Crisis'라는 표현을 써서 런던 시민에게 공포를 불러일으켰다. 런던 시민은 조만간 자신이 사는 도시가 말의 배설물로 뒤덮여 베네치아 운하처럼 될 거라고 예상했다.

조짐은 오래전부터 있었다. 18세기에 런던 인구는 4배로 증가했다. 산업과 사회적 복잡성 혹은 지리적 확장이라는 기준으로 볼 때 런던은 적수가 없었다. 1920년대 초 뉴욕이 모든 지표에서 런던을 앞질렀을 뿐이다.

이런 성공이 1894년의 위기를 촉발했다. 런던은 2차 대변혁이 낳은 새로운 경향의 선두에 있었다. 특히 급속한 인구 증가가 그랬다. 유아와 아동 사망률은 줄고, 한 세대가 지나서 기대 수명은 늘기 시작했다. 급속한 인구 증가와 도시화로 주택·수송·위생 분야에 사회 기반 시설과 관련해 심각한 문제가 발생했다.

2차 대변혁은 더 많은 사람과 더 많은 교역, 더 많은 일자리를 의미했지만, 정작 핵심적인 기술은 증기기관 이전 시대에 머물러 있었다. 그것은 말이다. 일부 거리에 전등이 설치된 1890년대까지 런던에는 이륜마차 약 1만 1000대와 말이 끄는 버스 수천 대가 있었다. 버스 한 대를 끄는 데 말 12마리가 필요했다. 날마다 말 5만 마리가 사람들을 런던 전역으로 실어 날랐다는 얘기다. 물건을 실어 나르는 수레와 마차는 이보다 훨씬 많았는데, 당연히 이 수레와 마차도 말이 끌었다. 말의 덩치도 덩치지만, 그 숫자로 봐도 날마다 680t이 넘는 말 배설물이 런던 거리를 뒤덮은 셈이다.

1894년 〈타임스〉는 50년 뒤 런던 모습을 예상하면서 '50년 안에 런던의 모든 거리는 높이 약 2.7m 배설물 아래 파묻힐 것'이라고 결론지었다. 충분히 설득력이 있었다. 어쨌거나 이런 도시는 이전에 존재한 적 없고, 지속 가능해 보이지도 않았으니까. 약 4년 뒤 말 배설물 문제를 논의하기 위해 도시학

학회까지 열렸으나, 아무 결론도 내지 못했다.

우리는 〈타임스〉의 예상이 현실에서 일어나지 않았음을 안다. 〈타임스〉가 도시의 삶에서 시도된 세계의 선구적인 실험이 사망했다는 기사를 썼을 때 분명해졌듯이, 내연기관과 전기라는 기술은 곧 자동차와 버스, 전차가 말이 끄는 수레와 마차를 대체했음을 의미한다. 1912년이 되자 극복할 수 없을 것 같던 문제가 풀렸다. 모든 주요 도시에서 엔진이 달린 운송 수단이 말을 대신한 것이다. 장기적인 문제로 보인 것은 2차 대변혁의 산고에 맞서는 1차 대변혁의 유물에 불과했다.

피크 휴먼

2차 대변혁은 18세기 마지막 수십 년 동안 전개되기 시작했지만, 〈타임스〉의 예언이 1894년에 나왔다는 사실은 2차 대변혁이 일으킨 혁신 중 많은 것이 사회 전체에 퍼지는 데 얼마나 오래 걸렸는지 분명히 보여준다.

동물(이 경우 말)의 동력이 지난 시대의 기술과 에너지 모델을 특징적으로 보여줬지만, 선진국들은 20세기 초반까지 '피크 호스Peak Horse', 즉 '말이 포화 상태에 이른 시기'에 도달하지 못했다. 미국은 20세기 초반 세계 최대 선진국이 됐으나, 1915년에 이르러 말이 포화 상태에 이르렀다. 당시 인간 옆에 살면서 일하는 동물은 2600만 마리가 넘었다. 이 동물들은 불과 20~30년 사이에 노동 세계에서 자취를 감췄고, 기계가 다양한 업무 분야에서 그 자리를 대신했다. 기계는 동물보다 믿음직하고 병에 걸리지 않았으며, 무엇보다 생산성에서 월등히 앞섰다. 역설적으로 들릴지 모르지만, 동물이 쓸모가 없어지던 바로 그 시점에 우리는 어느 때보다 많은 수의 동물을 활용했다.

노벨 경제학상 수상자 바실리 레온티예프Wassily Leontief가 1983년에 이 주제를 다시 꺼냈다. 그가 보기에 인간이 현대 경제에서 하는 노동은 20세기로 전환하던 시기의 말을 닮아가고 있었다. 지금도 그때처럼 가치 창조와 부의 주요 원천인 인간이 쓸모없어지고 있었다.

기계 동력이 인간의 육체노동을 대신했듯이, 컴퓨터와 로봇은 정신 기능을 발휘하는 분야에서 인간을 대체할 것이다. 시간이 지날수록 점점 더 복잡한 정신 기능을 기계가 수행할 것이다. …이 말은 생산의 가장 중요한 요소인 인간의 역할이 줄어들 수밖에 없음을 의미한다. 농업 생산에서 말의 역할이 처음에 줄어들다가 트랙터가 도입되면서 사라졌듯이.

레온티예프의 예상이 맞는다면, 지금은 다루기 힘들어 보이는 문제 가운데 상당수가 불과 수십 년 뒤 다음 세대 사람들에게는 런던이 말똥에 파묻힐 거라는 우려와 마찬가지로 기이하게 보일지도 모를 일이다.

레온티예프의 결론을 어느 정도 뒷받침하는 듯한 증거도 있다. 특히 제조업 분야에서 그렇다. 1970년 전 세계에는 산업로봇이 1000대 정도 있었다. 2016년이 시작될 무렵 산업로봇은 180만 대로 늘었고, 2020년에 300만 대가 넘을 것으로 보인다. 2010년 이후 전 세계적으로 산업로봇의 재고는 연평균 10% 이상 증가하고 있다. 이런 성장률 추세가 계속되면 제조업이 일자리 창출을 일거에 멈추진 않겠지만(생산량이 엄청나게 늘었음에도 제조업은 일자리 창출을 멈추는 추세다), 일자리 수는 현저하게 감소할 것이라는 얘기다.

산업로봇이 어느 때보다 많이 이용되는 상황은 제조업의 일자리와 생산량만 봐도 알 수 있다. 레온티예프의 예측이 나오고 20년 동안 미국 철강 산업 생산량은 정보 기술과 로봇공학 덕분에 7500만 t에서 1억 2500만 t으로 증가했지만, 철강 산업에 종사하는 노동자는 28만 9000명에서 7만 4000명으로 감소했다. 미국 전역의 제조업으로 넓혀서 보면 같은 기간 일자리 200만 개가 자동화 때문에 사라졌는데, 이는 제조업 전체 일자리의 약 11%에 해당한다.

자동화 추세는 1997~2005년 꾸준히 속도를 더해 미국 제조업 생산량이 60% 증가하는 동안 일자리 거의 400만 개가 추가로 사라졌다. 생산성이 크게 향상하면서 적은 자본으로 많은 생산이 가능해졌기 때문이다. 2007년 미국 제조업체는 컴퓨터와 소프트웨어를 포함해 사용하는 장비가 20년 전보다 6배 늘었다. 반면 직원의 시간당 노동에 들어간 자본은 2배였다. 미국은 최근 수십 년간 제조업 일자리 수백만 개를 해외 저임금 노동자에게 빼앗긴다고 생각했지만, 오해다. 그 일자리는 대부분 자동화되고 있으며, 자동화가 생산의 효율성을 높인다.

놀랍게도 같은 기간 저개발국의 성적은 훨씬 좋지 않다. 브라질은 산업 노동자 고용이 20%, 일본은 16% 하락했다. 가장 눈에 띄는 나라는 중국이 아닌가 싶다. 세계 최대 제조업 국가로 발돋움하던 중국에서는 일자리 1600만 개가 사라졌다. 한 잡지가 평했듯이 "여전히 많은 산업 생산이 진행된다는 것 그리고 이것이 중국 같은 주요 수출국에서만 일어나는 현상이 아니라는 것은 어렵지 않게 입증할 수 있지만, 제조업에 실제로 고용된 노동자의 역할은 세계 어디서나 거의 20년째 줄어들고 있다".

이런 변화는 산업화가 처음 진행된 나라에서 가장 분명히 볼 수 있다. 오늘날 영국과 미국은 자국에서 산업혁명이 일어난 초창기보다 제조업에서 차지하는 노동자의 비율이 줄었다. 생산성 향상에 따른 제조업 일자리 감소는 전 세계적인 현상이다. 지금 같은 속도로 일자리가 사라진다면 2003년에 1억 6300만 개에 이르던 공장 일자리가 2040년이면 수백만 개밖에 남지 않을 거라는 예측도 나온다.

제조업의 작업은 사람들이 생각하는 것보다 복잡할 때가 많지만, 반복적인 작업이라 자동화하기 무척 쉽다. 우리가 '피크 휴먼Peak Human', 즉 '인간이 포화 상태에 이른 시기'에

다가갈수록 20세기 초반 수십 년 동안 런던의 말이 그랬듯이 많은 사람이 생각하는 것보다 빨리 구세계에서 신세계로 전환이 일어날 분야가 바로 제조업이다.

세계를 선도하는 조명 제조 회사 가운데 하나인 네덜란드의 거대 기업 필립스는 자동화가 생산성과 일자리에 얼마나 놀라운 변화를 초래할 수 있는지 보여준다. 필립스는 여러 대륙에 100개가 넘는 공장이 있는데, 그중 네덜란드 드라흐턴Drachten에 있는 공장은 세계에서 가장 수준 높은 몇 가지 산업기술의 본산이다. 중국 주하이珠海에 있는 공장에서 노동자 수백 명이 하는 일과 같은 양을 이곳에서는 로봇 팔 128개가 한다. 필립스에 따르면 드라흐턴 공장의 생산성이 10배 높은데, 이는 얼마 남지 않은 종업원의 안전을 확보하기 위해 유리로 된 칸막이 뒤에서 작업할 정도로 빠르게 움직이는 로봇 팔 덕분이다.

생산성이 이처럼 어마어마한 수준으로 향상하고 중국에서는 노동자 임금이 20년간 꾸준히 오르다 보니, 1970년대 이후 제삼세계로 이전한 많은 산업이 자동화의 압박을 받기 시작했다. 아직 제삼세계 제조업에 일자리가 많지만, 더 낮은 단계의 비교 개발은 별 의미가 없을 것이다. 실제로 중국은 2020년이면 1년에 거의 600억 달러를 로봇공학에 쓸 것으로 예상된다.

2012년 폭스콘 CEO 테리 궈는 자사 직원 100만 명을 동물에 비유하며 직원을 관리하느라 "골머리를 앓는다"고 불평했다. 이것이 그가 3년 뒤 중국 쿤산昆山에 있는 폭스콘 공장 한 군데서 직원 6만 명을 로봇으로 대체한 이유다. 제삼세계 국가들도 유럽이나 북아메리카 못지않게 산업과 제조업의 자동화 압력에서 자유롭지 못하다. 1970년대 이후 중국이나 한국은 전 세계적인 생산 기지 이전으로 이익을 얻었지만, 오늘날 방글라데시나 인도네시아처럼 GDP가 더 낮은 국가에 대해 똑같이 말하기 힘들다. 이번에는 자본의 '해결책'이 공간보다 기술적인 측면에서 나타난다. 이는 빈곤한 국가가 개발을 위해 방향을 설정하는 데 뚜렷한 영향을 미친다.

대규모 농업의 종말

기술혁신이 초래한 실업 때문에 제조업이 유례없는 혼란을 겪는 듯 보이지만, 우리는 전에도 이런 경험을 했다. 현재 3차 대변혁이 제조업에 초래하는 결과는 2차 대변혁이 인류를 약진하게 만든 기술에 초래한 결과와 흡사하다. 그 기술은 바로 농업이다.

간략히 설명했듯이 1차 대변혁의 핵심을 이루는 농업의 혁신은 잉여 농산물과 더욱 복잡한 형태의 협력을 받아들여 인간이 된다는 것의 의미를 완전히 바꿔놓았다. 피터 드러커와 제러미 리프킨Jeremy Rifkin처럼 1차 대변혁에서도 기술적으로 뚜렷이 구별되는 시기가 있다고 주장할 수도 있지만, 이탈리아와 프랑스 같은 나라에서는 19세기까지 인구의 60%가 농업에 종사했다. 1세기 로마제국이든, 1000년 전 샤를마뉴대제가 통치한 유럽이나 송나라가 지배한 중국이든 보통 사람은 농업에 종사했고, 그들은 대부분 자기 소유가 아닌 땅을 경작했다.

오늘날 상황은 사뭇 달라 보인다. 농업 종사자는 이탈리아 노동시장의 4%에 불과하고, 프랑스는 3% 미만, 영국은 2%, 세계에서 가장 많은 우유와 옥수수, 닭고기, 소고기를 생산하는 미국은 1%다.

요컨대 일하는 사람은 어느 때보다 적지만, 어느 때보다 많은 사람에게 더 많은 음식을 제공한다. 대수롭지 않게 들릴 수도 있으나, 불과 20세기 중반까지 대다수 사람에게는 이런 상황이 그야말로 비현실적인 이야기 같았을 것이다.

마찬가지로 21세기가 시작될 무렵에는 2차 대변혁에서 중심이 되는 철강업, 자동차, 전자 제품 같은 내구소비재 제조업이 훨씬 적은 인력으로 훨씬 많은 제품을 생산할 수 있다는 사실이 점점 더 분명해졌다. 생산성 향상으로 나타난 이런 추세는 오늘날 전 세계적인 현상이 됐다. 단연코 세계 최대 상품 수출국인 중국에서도 산업에 종사하는 인력은 전체 노동시장의 1/4에 못 미친다.

최근까지 경제학자들은 많은 사람의 일이 농업에서 산업으로 옮겨 갔듯이, 서비스업에서도 비슷한 일이 벌어지리라고 예상했다. 탈脫산업 사회의 서비스에 기반을 둔 경제가 제조업에 기반을 둔 경제를 대체할 것이다. 이 예상은 어느 정도 사실로 드러났다. 심지어 세계 최대 산업 강국으로 떠오른 중국도 제조업보다 서비스 부문이 성장했다. 프랑스, 영국, 미국 같은 나라에서는 이제 서비스업이 경제 생산과 일자리에서 80%를 차지한다.

산업과 농업이 제공하지 못하는 일자리를 (숙련도와 상관없이) 서비스업이 제공할 거라는 예상에는 한 가지 문제가 있다. 디지털화가 증대한다는 맥락에서 보면 어떤 산업이든 결국 모든 반복적인 노력은 자동화될 수 있다는 얘기다. 우리가 한 세기 전에 '피크 호스'에 도달하고 하나의 패러다임이 다른 패러다임과 대립했듯이, 한 세대 만에 우리는 '피크 휴먼'에 직면했다.

로봇의 등장

1997년 IBM의 슈퍼컴퓨터 딥블루Deep Blue는 세계 최고 체스 선수 가리 카스파로프Garry Kasparov를 누르고 처음으로 인간을 이긴 컴퓨터가 됐다. 이는 인간과 기계의 역사에 상징적인 순간이지만, IBM의 또 다른 컴퓨터 왓슨Watson에 비하면 아무것도 아니었다. 왓슨은 나중에 TV 퀴즈 쇼 〈제퍼디!Jeopardy!〉의 가장 위대한 두 참가자 켄 제닝스Ken Jennings와

브래드 루터Brad Rutter를 물리쳤다. 체스는 특유의 방식으로 진행되는 어려운 게임이지만, 〈제퍼디!〉는 실시간으로 패턴을 인식해야 하고 창의적 사고가 필요해서 인간의 지능과 관련된 특징을 더 많이 닮았다.

얼마 뒤 켄 제닝스는 자신들의 패배가 향후 수십 년 동안 패턴 인식과 창의적 사고를 중요시하는 화이트칼라의 업무에 어떤 의미를 띨지 깔끔히 요약했다.

20세기에 새로운 로봇이 조립라인에 투입되면서 공장의 일자리가 사라졌듯이, 브래드와 나는 새로운 세대의 '생각하는' 기계에 의해 일에서 밀려난 최초의 지식산업 노동자다. '퀴즈 쇼 참가자'는 왓슨 때문에 쓸모없어진 최초의 일자리일 수 있지만, 나는 이것이 왓슨 때문에 사라질 마지막 일자리가 아니라고 확신한다.

통찰이 담긴 결론이다. 기계는 체스나 수학 문제 풀이처럼 우리가 일반적으로 천재성과 연관해 생각하는 일에서 인간을 이겼지만, 이는 인간의 이해를 뛰어넘는 무수한 계산을 통해 우격다짐으로 문제를 풀었기에 가능했다. 딥블루는 초당 2억 개나 되는 체스 위치를 평가한다. 이 어마어마한 숫자는 무어의 법칙과 기하급수적 발전 덕분에 가능했다. 이런 추세는 계속될 수밖에 없다. 가정용 컴퓨터에 후디니Houdini 6 같은 체스 엔진 프로그램을 내려받으면 거의 매번 딥블루를 이길 수 있다는 얘기다.

그러나 기계의 발전에는 한 가지 역설이 따른다. 운동과 감각의 연결, 공간 인식, 예상치 못한 반응처럼 역사적으로 인간에겐 수준 낮은 일이라고 여겨온 일을 관리하기 위해서는 더 많은 '프로세서 파워'가 필요하다는 사실이 분명해졌다. 복잡한 수학 문제를 푸는 기계보다 설거지하는 기계 만들기가 어렵다는 얘기다. 이 모순은 과학기술 전문가 한스 모라벡 Hans Moravec이 밝혀냈기 때문에 모라벡의 역설이라고 불린다. 기술이 초래한 실업이라는 관점에서 모라벡은 굉장히 중요한 얘기를 한 것이다. 모라벡의 역설은 건설이나 과일 따기 같은 '저숙련' 일자리가 어떻게 자동화를 피해 살아남을 수 있는지 보여주기 때문이다. 기계가 체스 챔피언을 꺾고 400달러짜리 게임기가 왕년의 슈퍼컴퓨터가 자랑하던 처리 능력에 맞먹는 기능을 장착할 수 있을지 몰라도, 그 기계들이 계단을 오르기는 힘들다.

한동안 이 역설을 극복하기는 어려워 보였다. 3차 대변혁이 시작된 지 50년 이상이 지나 21세기에 들어설 때도 어린아이의 균형 감각과 조정력을 갖춘 기계가 등장할 가능성은 요원해 보였다.

그러나 늘 그렇듯 불가능해 보이던 일이 하루아침에 눈앞의 현실이 됐다. 공중제비를 하는 로봇 아틀라스Atlas가 등장한 것이다.

아틀라스의 공중제비

유튜브 검색창에 'PETMAN prototype'을 입력하면 2009년 10월에 올라온 동영상이 가장 먼저 등장한다. 이 동영상은 매사추세츠에 기반을 둔 회사 보스턴다이내믹스가 개발한 2족 보행 로봇의 시연 장면이다. 어색한 자세로 케이블 몇 가닥을 몸에 단 페트맨의 외양은 마치 서브우퍼 스피커와 얼음 위의 아기 사슴 밤비 사이에서 태어난 사생아 같아 보인다.

이제 검색창에 'What's new, Atlas?'를 입력해보자. 같은 회사가 제작한 다른 로봇의 동영상이 뜰 것이다. 2017년 후반에 공개된 이 동영상에서 로봇은 케이블에 매달려 있지 않을 뿐더러, 상자 위로 점프하고 뒤로 공중제비까지 한다. 여기서 끝이 아니다. 보스턴다이내믹스의 유튜브 채널을 둘러보면 아틀라스가 야외에서 조깅을 하거나 높이 40cm인 계단 3개를 성큼성큼 연속으로 뛰어넘으며 '파쿠르'[20]를 하는 영상이 있다. 이 장면은 모라벡의 역설이 극복될 시점이 머지않았음을 암시하는 듯하다. 뛰어난 몸놀림과 공간 인식에서 기계가 인간에 필적할 날이 생각보다 빨리 올지 모른다. 9년 뒤 아틀라스의 후손은 스케이트나 체조 선수, 조각가에게 필요한 신체 동작의 조정력을 갖출 수도 있다.

이유는 간단하다. 페트맨에서 아틀라스로 진화는 2장에서

---

20 맨몸으로 장애물을 통과하는 익스트림 스포츠.

대략 설명한 기술의 개선이 그 토대에 있기 때문이다. 우리는 카메라와 센서부터 칩에 이르기까지 디지털 기술의 가격 대비 성능에서 나타나는 기하급수적 증가와 에너지 저장 같은 분야에서 나타나는 경험 곡선을 목격하고 있다. 아틀라스야말로 여기에 딱 들어맞는 사례다. 2015년까지 아틀라스를 작동하려면 벽에 있는 전기 소켓에 영구적으로 플러그를 꽂아야 했다. 그런데 지금은 3.7kW(킬로와트, 1kW=1000W) 리튬 전지 팩을 장착하면 약 한 시간 동안 걸어 다닐 수 있다. 이런 추세는 시작에 불과하며, 앞으로 이어질 것이다.

인간의 움직임을 빼닮은 로봇은 아직 등장하지 않았지만, 디지털화와 기하급수적 발전으로 얻은 이점을 이용한 다른 범주의 기계가 산업계 전체를 탈바꿈하기 직전이다. 이 기계는 수많은 일자리뿐만 아니라 모든 직업의 종말까지 불러올 변화의 최첨단이다. 이 기계는 공중제비를 도는 아틀라스와 마찬가지로 아무도 주목하지 않는 사이에 우리의 코앞에 당도했다.

자율 주행 자동차

2002년 미국 국방부 산하 고등연구계획국Defense Advanced Research Projects Agency은 2004년 모하비사막에서 '그랜드 챌린지'라는 무인 자동차 경주 대회를 개최할 예정이라고 발표했다.

코스 길이 240km에, 1등으로 들어온 자동차를 위한 우승 상금은 100만 달러였다.

미국에서 가장 똑똑하다는 인재들이 혼신의 노력으로 만든 자동차를 앞세워 대회에 참가했지만, 출발선에 있던 15대 중에서 240km를 완주한 차량은 없었다. '우승'은 카네기멜론대학교에서 만든 자동차가 차지했는데, 이 차가 달린 거리는 전체 코스의 5%에 불과했다. 야심 차게 시작한 대회였기에(참가자들의 능력을 최대한 끌어내는 것이 중요하니까) 이 정도로 심한 웃음거리가 되리라고 예상한 사람은 거의 없었다. 대회를 지켜본 한 사람은 이 사건을 '사막에서 당한 낭패'라고 불렀다. 사리 분별을 할 줄 아는 사람에게 자율 주행 자동차는 수십 년 뒤에나 가능해 보였다.

6년 뒤인 2010년, 구글은 자신이 개발한 자율 주행 자동차가 '22만 5000km를 돌파'했다고 발표했다. 인간이 전혀 개입하지 않은 상태에 시험 차량 7대가 각각 1600km 이상 시험 주행을 마쳤으며, 경사가 가파르기로 유명한 샌프란시스코의 롬바드가처럼 어려운 지형에서 주행도 성공했다. 그 후 자동차 산업을 지켜온 터줏대감들은 말할 것도 없고, 애플과 테슬라, 우버도 자율 주행 자동차 시장에 뛰어들었다. 2016년 우버 CEO 트래비스 칼라닉Travis Kalanick은 자율 주행 자동차가 모든 운송 회사에 미치는 중요성을 분명히 알았다. "그것은 세계가 자율 주행으로 가고 있음을 이해하는 데서 시작된다. …우리가 미래의 일부가 되지 않으면 어떻게 되겠는가? 자율 주행 추세의 일부가 되지 않으면 어떻게 되겠는가? 그땐 미래가 우리를 비켜 간다." 자율 주행 자동차를 떠받치는 기술이 11년 동안 비약적으로 발전한 덕분에, 한때 사람들의 웃음거리가 된 자율 주행 자동차는 이제 세계 최고의 기업들의 사업 모델에 영향을 미치고 있다.

이것이 기하급수적 기술의 실체다. 처음에는 크고 다루기 힘들지만, 급작스레 변화가 일어난다. 역사적으로 개인용컴퓨터와 스마트폰, 인터넷에 이어 머지않아 등장할 아틀라스의 후손을 통해 기하급수적 경향을 우리 눈으로 확인할 수 있다. 아직 공학적 가능성에 머물러 있는 자율 주행 자동차를 우리 일상생활을 구성하는 배경으로 바꾸려면 기술이 더 완벽해져야 한다.

구글과 우버의 자율 주행 자동차가 이런 도전에 접근하는 방식을 보면, 자동화가 경제의 다른 부문으로 어떻게 확산하고 일자리를 없애는지 간파할 수 있다. 이 점이 중요하다. 전략은 이런 식이다. 우선 막대한 정보를 토대로 만든 알고리즘을 통해 결과물의 모델을 만들고, 결과물을 복제한다. 이 과정을 수없이 반복한다. 그다음엔 예기치 못한 상황, 즉 전형적으로 보이는 범위를 넘은 정보에서 비롯된 상황에 대응할 수 있도록 기계를 학습시킨다. 이런 단계를 거쳐 복잡한 수술부터 과일 따기, 기사 작성에 이르기까지 광범위한 일을 수행할 수 있는 무엇이 나온다.

프로세서 파워가 끊임없이 향상되고 데이터 모음이 순간순간 커지기 때문에 이런 전략이 가능하지만, 자본주의에서 일자리의 본질도 이 전략 실현에 한몫한다. 자본주의에서 일자리는 장인의 노동에서 볼 수 있는 종합적인 접근보다 여러 가지 일로 구성된다. 산업의 변화, 특히 1880년대 이후 산업의 변화는 결국 모든 일이 각각의 구성 요소를 관리하는 일이 됐음을 의미했다. 모든 구성 요소는 최대한 과학적으로 평가받고 관리된다. 프레더릭 테일러는 이 사실을 몰랐지만, 그의 프로젝트와 생산성 혁명(드러커가 보기에 정보가 생산의 주요인이 될 수 있는 첫 단계)은 디지털 기술의 기하급수적 발전과 더불어 피크 휴먼에 결정적인 영향을 미친 것으로 드러났다.

자율 주행 자동차가 좋은 본보기다. 우버와 테슬라, 구글은 스스로 주행하는 자동차를 만들려고 할 때 인간이 운전하는 방식을 모델로 삼거나 복제하지 않았다. 그것은 현재 우리 기술로는 불가능하기 때문이다. 대신 그들은 인간의 운전 방식을 요소별 작동으로 분류한 다음, 차를 타고 이동 중인 데이터처리 시스템에 입력해서 문제를 해결하려고 했다. 그 결과 이 자동차는 정확한 GPS 정보나 지도와 관련된 엄청난 정보, 다른 차에 대한 실시간 업데이트와 잠재적인 장애물, 보행자, 인간 운전자가 고려해야 하는 모든 변수의 연속적인 흐름에 따라 거리와 고속도로를 주행한다. 이 모든 건 1과 0으로 된 정보를 처리하는 무수한 센서와 레이저, 카메라 덕분에 가능하다.

자율 주행 자동차만 놓고 봐도 이것이 도입되면 관련된 무수한 직업이 사라질 가능성이 있다. 2014년 미국에서 운전이 일자리 약 400만 개를 차지했고, 골드만삭스 보고서에 따르면 자율 주행 자동차가 현대사회의 특징으로 완벽히 자리 잡으면 미국에서 해마다 일자리 30만 개가 사라질 수 있다. 사업적 관점에서 보면 지극히 당연한 얘기다. 물류 차량이 하루 24시간 주 7일 가동하고, 간접비도 장기적으로 훨씬 적게 든다면 엄청난 비용을 절감할 테니까. 해마다 도로에서 일어나는 사망 사고가 전 세계적으로 130만 건이 넘고 미국만 해도 4만 건에 달하는데, 혹시 사고가 나면 기계에 어떻게 책임을 묻느냐고 할지 모르지만, 그런 논쟁이 무의미해질 정도로 기술이 향상될 날이 얼마 남지 않았다. 택시, 버스, 열차, 비행기, 창고업은 아직 언급하지도 않았다. 이 산업은 저마다 속도가 다를지언정 전부 비슷한 방식으로 타격을 받고, 한 세대 남짓한 기간 안에 거의 완전히 자동화될 것이다.

기술적 실업이 오고 있다

2015년 잉글랜드은행의 한 보고서는 기술의 변화, 특히 기계 학습의 증가에 따라 향후 수십 년에 걸쳐 영국에서 노동시장 40%에 해당하는 일자리 1500만 개가 어떻게 사라지는지 집중적으로 분석했다. 이 분석을 뒷받침하듯 오직 인간이 가진 기술을 발휘할 영역이 줄고 있다. 노동자는 새로운 기술을 익힐 기회가 제한된다. 1년 뒤 잉글랜드은행 마크 카니Mark Carney 총재는 그런 예측을 되풀이하면서 기술의 변화로 많은 생계 수단이 '무자비하게 파괴'될 수 있고, 그 경우 예상되는 가장 큰 문제는 소득 불평등의 확대라고 말했다.

잉글랜드은행의 분석은 이보다 앞서 옥스퍼드대학교 칼 베네딕트 프레이Carl Benedikt Frey와 마이클 오스본Michael Osborne 교수가 발표한 보고서의 결론에 힘을 실었다. 프레이와 오스본은 2013년 미국의 모든 일자리 중에서 47%가 자동화 때문에 '큰 위험'에 처했으며, 19%는 중간 정도 위험에 직면했다고 주장했다. 컨설팅 회사 가트너의 리서치 디렉터 피터 손더가드Peter Sondergaard는 2025년이 되면 기술의 '슈퍼 클래스'가 부상한 결과, 일자리 셋 중 하나는 자동화될 거라고 주장했다. 그는 일반적인 용도의 로봇공학과 기계 학습이 이런 추세를 이끌 거라고 덧붙였다. 끝으로 백악관의 경제 전문가들은 2016년 의회에 제출한 보고서에서 시급 20달러 미만을 받는 노동자가 중·단기적으로 로봇에게 일자리를 뺏길 가능성이 85%라고 예측했다.

잉글랜드은행, 옥스퍼드대학교, 세계적인 기술 컨설팅 회사, 미국 의회에서 나오는 경고의 목소리를 그냥 넘기긴 힘들다. 이들은 경제학과 비즈니스 기득권층의 핵심이다. 단기적으로 기술이 야기할 실업 규모에 모든 사람이 한목소리를 내는 것은 아니지만, 훨씬 더 보수적인 사람들은 불가피한 변화가 머지않았다고 생각한다.

한 예로 밀레니엄프로젝트Millennium Project를 보자. 1990년 대에 유엔 산하 여러 기구가 모여 발족한 밀레니엄프로젝트 는 2030년이면 전 세계 실업률이 16%가 되고, 21세기 중반 에는 24%로 오를 것으로 예상한다. 잉글랜드은행의 예측이 나 피터 손더가드의 주장보다 조심스러운 예상이지만, 그 정 도의 변화는 평소처럼 비즈니스를 시험하는 차원에서 그치지 않을 전망이다. 기후변화, 고령화, 자원 부족이라는 도전에 직면한 100억 명이 오늘날 그리스가 겪는 것과 비슷한 실업 상태를 견뎌야 할 것이다. 현재 청년 실업률이 50%인 그리스 는 유럽에서 양극화가 가장 심한 사회가 됐다. 이 시나리오 대로라면 전 세계에서 정치적·사회적 혼란이 일어나는 것은 물론, 아무리 시간이 흘러도 더 나은 내일이 오리라는 조짐이 보이지 않을 것이다. 이것이야말로 중요하고 그리스와 다른 점이다.

이 시나리오에 동의하지 않는 사람들은 오늘의 일자리는 사라질 수 있지만, 곧 다른 일자리가 생겨서 그 자리를 채울 거라고 말한다. 어찌 됐든 과거에는 늘 그런 식이었다고. 그 들의 얘기가 전부 맞는 건 아니다. 오늘날 존재하는 직업 가 운데 80%는 한 세기 전에도 있었고, 새로운 직업 20%에 종사 하는 사람들은 일자리 10개 중에서 하나를 차지할 뿐이다. 세 계경제는 1900년보다 훨씬 커지고 더 많은 사람이 고용되고 1인당 생산량도 비교할 수 없이 늘었지만, 운전사와 간호사,

교사, 판매 사원, 계산대 점원 등 지금 거의 모든 사람이 하는 일은 딱히 새로운 일이 아니다.

실존하는 자동화

아마존은 2017년 3월, 시애틀 중심가에 무인 매장 아마존 고Amazon Go를 열었다. 컴퓨터 비전과 딥 러닝 알고리즘, 센서 융합을 이용해 소비자가 고른 품목을 확인해서 계산대 점원 없이 거의 완전히 자동화된 매장을 운영하는 것이 아마존의 목표였다. 아마존고를 찾은 소비자는 자신이 고른 상품을 휴대폰에 인식하면 구입할 수 있다. 소비자가 원하는 물건을 휴대폰에 인식하고 매장을 나가면 그들의 아마존 계좌에서 자동으로 결제되는 방식이다.

아마존은 몇 달 뒤 홀푸드마켓Whole Foods Market[21]을 137억 달러에 인수했다. 주력 사업이 온라인 소매인 회사가 왜 유기농 식품 체인을 인수했는지 의아할 수 있지만, 아마존은 홀푸드마켓을 인수해서 아마존고를 지원할 공급망을 갖추고 8000억 달러에 달하는 전 세계 식료품 시장을 정조준했다.

아마존 경영진은 모든 아마존고 매장에서 교대 인원으로 6명을 쓰겠다는 계획이다. 미국의 평균적인 슈퍼마켓에서는

---

21 미국을 대표하는 유기농 식품 체인.

교대 인원이 72명이다. 인건비뿐만 아니라 아마존 특유의 자동화를 통한 창고관리('키바KIVA' 로봇을 활용한 창고관리는 세계 최고 수준이다)를 생각하면, 그들이 현재 온라인에서 하는 만큼 오프라인 소매 분야도 지배할 수 있을 거라는 답이 금세 나온다. 중국을 제외하면 그렇다. 중국에서는 2017년 말 현지 소매업체 징둥닷컴JD.com이 누구보다 먼저 '무인 매장' 수백 개를 열었다고 발표했다.

선점자의 혜택을 누리는 쪽이 아마존이든, 경쟁자 가운데 누구든 자동화 경향은 확실하다. 물류나 창고관리와 마찬가지로 소매업의 미래는 자동화다. 맞다, 어떤 일자리는 유지될 것이다. 하지만 판매 사원과 계산대 점원이 미국에서 주된 일자리라는 사실을 고려할 때(다른 나라도 대부분 그렇다), 이런 전망은 섬뜩하다. 어떤 사람은 소비자가 쇼핑할 때 정서적 친밀함을 원한다고 말할지도 모른다. 충분히 일리 있는 말이다. 하지만 대다수 소비자는 가장 좋은 제품을 가장 적절한 값에 사는 것을 우선 고려한다. 이 말은 가능한 한 모든 곳에서 인건비를 줄여야 함을 뜻한다.

먼 훗날 얘기가 아니라 현재 소매 산업에서는 대규모 감원이 예상된다. 영국소매협회British Retail Consortium는 아마존고 관련 내용이 발표되기 전에 2025년이면 소매업 일자리 300만 개 중에서 거의 1/3이 사라져 90만 명이 실업자가 되고, 기업은 노동자를 대체할 기술에 의존할 거라고 예상했다.

자율 주행 자동차나 아틀라스와 마찬가지로 이 모든 것이 가능한 까닭은 이미지와 거리 센서 같은 것부터 스테레오 카메라, 딥 러닝 알고리즘, 어디나 존재하는 스마트폰과 온라인에 이르기까지 극도로 많은 정보가 공급되기 때문이다. 이는 공급망의 다른 부분에도 해당한다. 즉 중앙 서버가 통제하는 센서와 바코드를 이용하는 창고관리 로봇, 유통과 배송을 감독하는 자율 주행 운송 수단(자동차든 드론이든)까지 극도로 많은 정보가 공급된다.

창고관리, 소매, 물류, 택시 운전 같은 현재의 직업이 기술의 발전 때문에 사라질 수 있다는 사실을 받아들이는 사람 중에도 '가치가 높은' 서비스업의 일자리는 전혀 영향을 받지 않을 거라고 주장하는 이들이 있다. 하지만 이 경우에도 진실은 사뭇 다르다는 것을 보여주는 증거가 갈수록 늘어간다.

NBA 농구팀 댈러스 매버릭스 구단주이자 억만장자인 마크 큐반은 2017년 한 과학기술 행사 연설에서 세계 최초 조만장자는 AI의 상업적 응용에 통달한 사람 가운데 나올 거라고 했다. AI가 보험, 소프트웨어 개발, 회계 같은 전통적인 '화이트칼라' 산업에 응용됐을 때 유독 수익성이 좋다는 게 입증될 수 있기 때문이라는 것이다. 큐반은 오늘날 그런 직업에 발을 들여놓기 위해 교육받는 사람들에게 말했다. "저라면 차라리 철학을 전공하겠습니다."

관심을 끌려는 발언 아니냐고? 당연하다. 지나친 과장 아니냐고? 물론 과장이다. 틀린 얘기 아니냐고? 글쎄, 틀린 얘기는 아닌 것 같다. 심장 수술에서 세금 계산까지 역사적으로 보수가 좋은 직업은 다른 직업 못지않게 반복적인 업무와 분업을 하며, 자동화에 적합하기 때문이다.

다빈치 수술 로봇을 예로 들어보자. 2017년 유니버시티칼리지런던은 비교적 싼 이 기계가 전립선암 환자 500여 명의 생명을 구했다고 발표했다. 로봇은 자동으로 움직이지 않지만(대신 인간 외과 의사가 훨씬 더 높은 손재주와 정확성을 발휘할 수 있다), 로봇의 다양하고 규칙적인 작동을 자동화하기 위한 계획은 자율 주행 자동차의 설계도와 닮았다. 즉 우리는 강력한 데이터처리 장치에 엄청난 정보와 기계 학습, 수술용 메스를 제공한다. 알고리즘은 엄청난 정보 덕분에 결과물의 모형을 만들고 재생하며, 이 과정은 고도로 반복적인 작업으로 이어진다. 반면 기계 학습은 예상치 못한 상황에 즉각적이고 영리한 반응을 고려한다.

당신은 시력검사부터 전립선암 치료, 채혈까지 의료계 거의 전 분야에서 로봇이 어떻게 사용되는지 볼 수 있다. 방사선학처럼 패턴 인식에 의존하는 분야에서는 기계를 통해 얻는 이점이 훨씬 더 많다. 방사선 전문의는 엑스레이, 컴퓨터단층촬영CT, 양전자단층촬영PET, 자기공명영상MRI, 초음파 같은 의학 영상을 이용해 환자를 진단·치료한다. 방사선학은 지난 수십 년 동안 환자 치료를 크게 향상했지만, 의료비가 상승하는 원인을 제공하고 상대적으로 노동 집약적이다. 적어도 지금까지는 말이다.

의료 영상 분석 시스템 아터리스Arterys는 심장 MRI를 판독하고 심실의 혈류를 측정한다. 훈련받은 전문가는 이 일을 하는 데 보통 45분이 걸리지만, 아터리스는 약 15초 만에 끝낸다. 놀라운 사실은 이 시스템이 스스로 학습하는 신경망을 갖춰, 새로운 환자를 검사할 때마다 심장에 대한 지식을 끊임없이 축적한다는 점이다. 자동화는 이와 같은 분야에서 처음으로 의료계에 등장할 것이다. 이 자동화는 종전 인력을 대체하기보다 동반함으로써 생산성을 향상한다. 그러나 이런 시스템은 해마다 개선될 것이며, '딥 러닝의 대부' 제프리 힌턴Geoffrey Hinton 같은 사람은 의과대학이 방사선 전문의 양성을 전면 중단할 날이 머지않았다고 생각한다.

어쩌면 이는 주제넘은 생각인지도 모른다. 여하튼 우리는 일정 수준의 품질관리를 원하고, 최종 진단을 내리는 일에 인간을 포함하길 원할 테니까. 설령 그렇더라도 엄청나게 업그레이드되고 빨라진 이 작업에 지금처럼 여러 명이 아니라 훈련받은 전문가 한 사람만 필요한 날이 올지도 모른다. 그 결과 시간과 비용을 적게 들여 더 신속하고 정확한 서비스를 제공할 것이다. 이런 이점은 고령화사회에서 환영받는 정도가 아니라 매우 중요한 의미가 있다.

역사적으로 서비스 경제의 중산층이라 할 법과 법률 서비스 분야에서도 비슷한 상황이 전개된다. 컨설팅 회사 딜로이트가 2016년 연구한 바에 따르면, 영국에서 향후 20년 동안 법률 분야 일자리 11만 4000개(법률 분야 전체 일자리의 약 40%)가 자동화될 전망이다. 이 연구를 통해 법률 분야에서 시작된 기술적 실업으로 이미 일자리 3만 1000개가 사라졌다는 사실도 밝혀졌다. 기술적 실업은 주로 낮은 직책에서 일어나는 경향을 보였다. 여러 영역에서 초보 변호사나 법률 보조원보다 지능형 검색 시스템을 갈수록 선호한다. 특히 반복적인 자료 조사나 엄청나게 많은 정보를 처리하는 일에 종사하는 대다수 사람이 일자리를 잃고 있다.

딜로이트의 예상이 옳다면, 법률 산업에서 더 반복적인 요소는 머지않아 광범위하게 자동화될 것이다. 법조계도 의료계와 마찬가지로 몇몇 일자리는 적어도 한 세대 동안 사라지지 않고 유지되겠지만, 의료계와 법조계 사례에서 알 수 있듯이 화이트칼라의 일자리도 제조업에 더 명백한 충격을 주는 이런 추세에 노출되는 것은 부인할 수 없는 현실이다.

낙관적인 전망을 하는 사람들조차 순 일자리net job[22] 창출로 이어지는 분야는 매우 드물다고 본다. 그런 분야 중 하나가 뛰어난 운동 협응력과 감정 노동, 지속적인 위기관리 능력이 필요한 노인 돌봄이다. 전 세계 사회는 21세기에 고령화의 영향을 받을 수밖에 없다. 보건과 교육, 노인 돌봄 같은 기타 분야는 여전히 노동 집약적이며, 적어도 이런 분야 일자리는 사라지기까지 더 오랜 시간이 걸릴 것이다. 이런 성장 분야를

---

22 새로 만들어진 일자리에서 없어진 일자리를 빼고 남은 최종적인 일자리.

염두에 둔다고 해도, 자동화에 따른 일자리 소멸을 둘러싼 전반적인 상황은 현상을 유지하는 것조차 지나친 낙관으로 보이게 만든다.

일의 미래

증기기관과 화석연료가 2차 대변혁 기간에 피크 호스로 이어졌듯이, 오늘날의 발전도 3차 대변혁 기간에 피크 휴먼으로 이어지리라는 데 모든 사람이 동의하는 것은 아니다. 일과 기술의 변화 분야에서 선구적인 목소리를 내는 인물 가운데 에릭 브린욜프슨Erik Brynjolfsson과 앤드루 맥아피Andrew McAfee 는 시간이 흐를수록 가치는 새로운 아이디어 창출에서 파생될 것이라고 믿는다. 따라서 어느 분야가 됐건 반복적인 일은 자동화되거나 기계에 의해 상당히 강화되겠지만, 창조성과 정서적 관계처럼 인간만 가진 기술은 내일의 일자리를 떠받치는 버팀목이 될 것이다.

이는 몇몇 분야에서 맞는 얘기일 수 있지만, 21세기 중간 쯤 거의 100억 명이 살아가는 세상엔 해당할 리 없다. 태양전지 엔지니어와 풍력 원동기 기사 같은 새로운 직업은 확대되고, 요리사와 인테리어 디자이너처럼 남다른 창의력이 필요한 직업이 다른 직업보다 오래 살아남을 것이란 점은 의심할 여지가 없다. 하지만 그런 직업은 운전사, 계산대 점원, 건설

노동자에 비할 바 못 된다. 이 직업이 만드는 직업의 역사적 용량이라는 측면에서 볼 때 그렇다. 지난 세기에 얻은 증거를 고려할 때, 피크 휴먼이 곧 닥칠 가능성은 요원해 보인다.

그보다 와트의 증기기관이 도입된 이후 피크 호스가 시작되기까지 한 세기 넘게 걸렸듯이 그와 비슷한 이행, 즉 변덕스럽고 간헐적인 과도기가 현재 진행 중이라고 보는 게 그럴듯하다. 1894년 런던에서 그랬듯이, 지금 우리는 시시각각 역사의 뒤안길로 사라져가는 기술과 사회적 관행에 안주하기보다 새로운 세상의 기회를 잡아야 한다.

5

무한한 동력 :
에너지의 희소성이 사라진 미래

태양전지 값이 계속 내려가는 것을 보면 놀라움을 금할 수 없다.
…에너지원의 값이 해마다 전년보다 한 자릿수도 아니고
두 자릿수로 떨어지는 건 에너지 사용 역사에서 유례가 없는 일이다.

대니 케네디Danny Kennedy[23]

에너지와 대변혁

에너지와 다양한 에너지원은 1 · 2차 대변혁을 형성하는 데
심대한 영향을 미쳤다. 수렵과 채집을 하던 시절에 인간의 생
존 도구는 자기 몸이었고, 그것을 이용해 도구를 만들고 음식
을 얻었다. 인류는 기술이 많지 않은 세상에 살았다. 우리 선

---

23 미국 환경 운동가(1959~)이자 캘리포니아클린에너지재단(California Clean Energy
Fund) 전무이사.

조의 큰 뇌는 복잡한 의사소통을 하는 데 주로 쓰였고, 잉여 에너지를 대량으로 만들 수 있는 사회에서 보이는 집중된 에너지 형태는 아직 최소 수준에 머물렀다.

1만 2000년 전에 농업이 도입되면서 이런 상황에 변화가 오기 시작했다. 이제 인간은 다른 동물을 길들이고, 단지 고기와 가죽과 모피를 얻기 위해서가 아니라 일을 시키기 위한 목적으로도 동물을 사육했다. 이를 계기로 생산성이 폭발적으로 증가하고, 정주 사회와 점점 더 복잡한 사회가 등장했다. 사회가 복잡해지면서 노예제도가 생겼다. 노예제도는 고대에 사회적 계급과 경제적 생산에 중요한 토대가 됐다. 이와 같은 생물학적 에너지원(인간과 동물)에 비바람을 이용해 만든 기술이 더해졌다. 그리하여 1000년 전 유럽에선 물방앗간과 풍차를 흔히 볼 수 있었다.

그러나 사회와 기술에서 나타난 이 모든 혁신은 자연에 의존한다는 한계가 있었다. 물방앗간과 풍차의 위치와 개수는 물과 바람을 얻을 수 있는지에 따라 결정됐고, 동물과 인간은 종종 믿을 수 없으며 유지하기 힘든 존재였다. 르네상스 초기 인쇄술과 천문학, 항해술 같은 분야에서 중대한 진전을 목격했지만, 운송 방식과 인공조명, 인공 열은 1000년 전과 다를 것 없는 수준이었다. 유럽 르네상스의 요람인 16세기 피렌체는 대중의 상상 속에 세련된 문화를 꽃피운 곳으로 인정받지만, 니콜로 마키아벨리가 《리비우스 로마사Ab Urbe Condita Libri》를 읽고 《로마사 논고Discorsi sopra la prima deca di Tito Livio》를 썼을 때, 그가 사는 세상은 자신의 영웅 티투스 리비우스가 살던 1세기 세상과 크게 다르지 않았다.

18세기가 막바지를 향해 가던 무렵, 이런 상황에 극적인 변화가 일어났다. 와트의 증기기관이 등장하자, 곧 효율적이고 믿을 만한 동력이 충분히 공급됐다. 이는 새로운 산업 관행과 소비 패턴을 낳았다. 증기기관의 등장은 흔히 기술과 경제의 대격변을 낳은 사건으로 여겨지며 실제로도 그랬지만, 동시에 에너지의 폭발을 의미했다. 이제 경제의 산업화는 화석연료에 달려 있었다.

그 시대 사람이라면 누구나 문화와 과학, 정치에서 이 모든 것이 불러온 결과를 똑똑히 목격했겠지만, 가장 중요하다고 할 여파는 두 세기 뒤에 모습을 드러낸다. 화석연료를 추출하고 태워서 어마어마한 힘이 생긴 산업자본주의가 지구의 생태계를 바꾼다. 수십억 년 만에 처음으로 단일 종의 행위가 생명체를 살아가게 하는 우리 행성의 능력에서 주도적인 요인이 된 것이다.

인류세가 열리다

2차 대변혁이 환경에 정확히 어떤 영향을 미쳤는지 확실치 않지만, 온실가스(특히 이산화탄소) 농도가 높아져서 지구 온도가 상승한다는 점에는 과학자들의 의견이 일치한다. 그 결과 세계는 1880년대보다 0.8℃ 따뜻해졌다.

대기 조성과 기후변화 사이에 지연되는 시간이 있으므로, 과거의 행위 때문이라도 미래의 온난화는 불가피하다. 일찍이 온실가스가 이처럼 많이 배출된 적도 없었다. 즉 우리가 사는 세계의 기온은 점점 더 오른다는 의미다. 기온이 얼마나 더, 얼마나 빨리 오를지가 문제다.

이 대목에 기후변화의 정치학과 관련된 문제가 있다. 우리는 기후변화가 일어난다는 사실은 확신할 수 있지만, 나머지는 거의 추측일 뿐이다. 전문가들은 현재 상황에 대한 지연 반응으로 지구 온도가 앞으로 적어도 2℃ 더 상승하리라는 데 동의한다. 그러나 기온이 어느 정도 기간에 걸쳐 상승할지, 기후변화가 기록적인 한파와 무더위처럼 극단적인 날씨나 해수면의 상승, 사막화 등 정확히 어떤 결과를 초래할지는 여전히 미지수다.

세계가 향후 수십 년 혹은 수 세기에 걸쳐 더 더워질 거라는 얘기는 둘 다 엇비슷하게 타당하다. 지구 나이가 40억 살이 넘었다는 맥락에서 보면, 수십 년과 수 세기의 차이는 너무 적어 오차 범위에 든다고 할 수 있다. 하지만 인간의 생각이나 지구온난화의 정치학적 측면에서 보면, 그 차이는 어마어마하다. '부정확하다'고 여겨지는 모든 예측은 기득권층이 지구온난화라는 개념의 신빙성을 떨어뜨릴 때 사용하는 무기가 된다.

기후변화가 정치적 과제일 뿐만 아니라 인류의 생존을 위협하는 문제라는 점을 생각하면 기득권층의 이런 태도는 몹시 어리석다. 갈수록 실현 가능성이 없어 보이지만, 앞으로 온난화가 2℃ 밑에서 유지된다 해도 우리에겐 형언하기 힘든 재앙을 의미할 것이다. 이후에 벌어질 모든 일은 엄청난 격변을 초래할 수 있다. 즉 온난화에 따른 수많은 반작용으로 세상은 인간을 포함해 다수의 종을 유지할 수 없는 지경에 이를 것이다.

우리는 기후 재앙에서 살아남을 수 있을까?

온난화가 초래하는 미래는 어떤 모습일까? 지구의 기온이 오늘날보다 3℃ 높던 마지막 시기, 그러니까 약 1000만 년 전이 좋은 본보기가 될 수 있다. 당시 해수면은 지금보다 25m 높았고, 북반구에는 대륙빙하가 전혀 없었다.

지구의 기온이 2℃ 오르면 아마존강 유역은 대부분 사막으로 변하고, 중국과 인도 아대륙 대부분 지역에 식수를 제공하는 빙하가 거의 사라질 것이다. 중동과 오스트레일리아, 아프리카 대다수 국가는 말할 것도 없고 미국 남부 지대와 지중해에 접한 국가는 너무 더워서 현재 인구를 유지할 수 없을 것이다. 극단적인 기상 현상이 크게 늘고, 물순환에 엄청난 혼란이 벌어질 것이다. '한 세기에 한 번' 있을까 말까 한 기상 현상이 늘 일어나고, 전에는 극단적이라고 여기던 날씨가 일상이 될 것이다. 이런 점에서 2017년 허리케인 얼마Irma와 하비Harvey를 동반한 대서양 허리케인 계절과 이듬해 숨 막히게 더운 여름은 우리 미래를 엿보게 해준다.

그러나 이조차 최악의 시나리오가 아니다. 지구 기온이 지금보다 6℃ 오르면 해수면은 200m 높아지고, 바다가 너무 뜨거워 살아남는 생명체가 얼마 되지 않을 것이다. 세상은 대부분 사막으로 뒤덮이고, 현재의 극지방에서나 집약적인 농업이 가능할 것이다. 이 모든 난제도 판도를 바꿀 진짜 문제와 비교하면 사소한 시련에 불과하다. 대기 중 메탄 농도가 크게 높아지는 상황이 되면 폐가 있는 모든 생명체가 숨 쉬기 힘들어질 것이다.

반가운 소식은 우리에게 아직 이 모든 것을 피할 시간이 있다는 것이다. 우리는 이미 우리가 초래한 몇 가지 피해를 복구해, 현재 불가피해 보이는 변화를 원상태로 돌려놓을 수 있다. 그러나 결코 쉬운 일이 아니며, 이를 위해 전 세계는 앞으로 20년간 화석연료에서 벗어나는 과도기가 필요하다. 인류가 2050년까지 이산화탄소 배출을 최소한 85% 줄일 수 있다면, 대기 중 이산화탄소 농도가 400ppm 수준에서 안정화될 것이다. 이는 지금보다 살짝 높은 수준이지만, 그 정도로도 고삐 풀린 재앙을 모면하기에는 충분하다.

나쁜 소식도 있다. 우리는 지금 뭘 해야 할지 알지만, 지난 25년 동안도 그랬다는 사실이다. 설상가상 우리는 해야 할 일을 하기는커녕 오히려 뒷걸음질하고 있다. 1992년 리우회의[24]를 계기로 기후변화는 전 세계적으로 중요한 문제가 됐다. 그럼에도 2013년 이산화탄소 수치는 1990년에 비해 61% 증가했고, 특히 2008년 금융 위기 이후에는 역사상 가장 높은 연간 증가율을 기록했다. 내가 제대로 이해했다면, 현재 우리는 아무것도 하지 않는 것이 아니라 망각을 향해 전속력으로 돌진하고 있다.

에너지는 공짜가 되기를 원한다

지금 세계 인구가 소비하는 에너지는 시간당 17~18TW(테라와트, 1TW=100만 MW)로, 연간 거의 15만 TWh(테라와트시)[25]에 달한다. 어떤 기준을 적용해도 균등하게 배분할 수 없지만, 이 정도 양이면 평균적인 사람이 2kW 에너지를 꾸준히 사용한다는 뜻이다. 전기 주전자 스위치를 항상 켜두는 것과 거의 같은 전력 소비량이라고 보면 된다.

이 수치는 앞으로 30년 동안 크게 증가할 것이다. 유엔은 2050년이면 세계 인구가 지금보다 20억 명 늘어난 97억 명이 되고, 증가한 인구는 대부분 상대적으로 가난한 개발도상

24 인간환경회의 20주년을 기념해 1992년 6월 3~14일 브라질 리우데자네이루에서 각국 정부 대표와 민간단체가 모여 지구 환경 보전 문제를 논의한 회의.
25 1TW 전력을 한 시간 사용할 때 전력량.

국에서 나올 것으로 예상한다. 더구나 이 인구는 난방, 이동, 가전제품, 휴일을 위해 점점 더 많은 에너지를 소비해 선진국과 동등한 수준이 될 것이다. 지금 세계경제를 재생에너지로 전환하는 것은 그 자체로 엄청난 과제지만, 현실은 훨씬 더 힘들다. 지금 우리보다 2배나 많은 에너지를 사용하는 행성에서 탈脫탄소화를 추진해야 하기 때문이다.

그렇다고 우리에게 나쁜 소식만 있는 것은 아니다. 에너지 소비가 증가한 것은 지난 두 세기 동안 경제성장과 관련이 있는데, 최근 몇 년 동안 세계 부국의 에너지 수요가 줄기 시작했다. 한 예로 영국의 에너지 소비는 21세기로 전환될 시점에 정점을 찍었다가, 이후 해마다 2% 줄고 있다. 이는 영국의 생활수준이 높아지고 인구가 느는데도 2018년에 사용한 에너지가 1970년보다 적다는 뜻이다. 이는 에너지 빈국과 한참 거리가 먼 나라에서 일어난 일이다. 현재 영국은 1인당 약 3kW 에너지를 꾸준히 소비하는데, 이는 세계 평균보다 50% 많은 양이다.

이 기준으로 보면 영국의 에너지 소비는 다른 어떤 나라보다 많이 감소했지만, 이는 예외적인 현상이라기보다 통례를 반영한다. 유럽 국가는 2005~2013년 에너지 소비 8% 감소를 기록했고, 미국은 2005~2012년 에너지 소비가 6% 감소했다. 이 같은 변화는 지난 40년간 제조업이 세계 곳곳으로 이전한 효과도 있지만, 주원인은 누가 뭐래도 에너지 효율이 높아졌기 때문이다. 경제 선진국은 인구 증가와 마찬가지로 에너지 소비와 관련해서도 최대 한계를 경험하는 듯하다.

일정 수준의 발전에 도달하면 에너지 소비가 크게 늘고 최대 한계를 경험한다는 사실을 감안할 때, 오늘날 영국의 1인당 에너지 수요를 20년 동안 전 세계 나머지 국가의 본보기로 삼는 것은 합리적인 생각으로 보인다. 굳이 따지자면 이는 매우 보수적인 선택인 셈이다. 영국은 생활수준이 높고 날씨가 비교적 춥고 잘사는 나라에 속하니까.

90억 인구가 살아갈 20년 뒤 세상에서는 1인당 현재 평균적인 영국 국민이 사용하는 것과 똑같은 양의 에너지를 사용하게 된다. 이 말은 곧 전 세계가 꾸준히 약 30TW, 연간 29만 TWh 에너지를 소비한다는 뜻이다. 지금의 약 2배에 달하는 수준이다.

30TW는 다른 곳에서 내놓은 예측보다 높은 수치지만(브리티시페트롤륨은 2035년 전 세계 에너지 수요를 23TW로 예상한다), 수치를 넉넉히 잡는 것은 일리가 있다. 재생에너지로 이행하는 과정에서 필요한 에너지가 결코 지금보다 적을 거라고 생각해선 안 된다. 재앙을 초래할 온난화를 막기 위해서 가능한 한 빨리 변해야 한다는 생각을 진지하게 받아들인다면, 큰 오차 범위는 중요하다.

즉각 탈탄소화를 시작하는 게 무엇보다 중요하다. 2017년 국제에너지기구International Energy Agency, IEA는 '10년 제로decade Zero'의 시작을 선포하면서, 앞으로 10년간 전 세계가 화석연료에서 탈피하지 않으면 2℃를 넘어선 온난화가 눈앞의 현실로 다가올 것이라고 말했다. 기후변화에관한정부간협의체 Intergovernment Panel on Climate Change, IPCC는 IEA의 취지를 되풀이하면서, 1.5℃를 초과하는 '재앙에 가까운' 기후변화를 피하기 위해 2030년 이전에 광범위한 탈탄소화를 시작해야 한다는 결론을 내렸다.

이는 부유한 국가들이 2020년부터 재생에너지로 전환하기 시작해서 2030년까지 완전한 탈탄소화를 목표로 10년 동안 이산화탄소 배출량을 해마다 8% 줄여야 한다는 뜻이다. 그 시점에서는 개발도상국과 후진국도 같은 속도로 이 여정에 동참할 것이다. 즉 2040년이면 인구가 늘고 기대가 높아지더라도 개발도상국과 후진국까지 재생에너지로 전환돼야 한다. 그러면 세계는 20년 남짓한 기간에 전기뿐만 아니라 모든 에너지 수요를 재생에너지로 충족하면서도 화석연료를 넘어설 수 있다.

이렇게 해도 최소한 1℃ 더 더워지는 걸 막기에는 불충분하겠지만, 모든 데이터에 따르면 재앙은 피할 수 있을 것이다. 게다가 인류는 탈탄소화를 통해 무한한 에너지로 가는 길에 들어선다. 이 에너지는 값도 영구적으로 더 싸다. 태양은 나무와 석탄, 기름과 달라서 우리가 상상하는 것보다 많은 에너지를 생산한다.

태양에너지 : 무한하고 깨끗하며 공짜인

대기권에 항상 부딪치는 태양에너지 양은 약 174PW(페타와트, 1PW=1000TW)다. 이 가운데 거의 절반이 지표면에 닿는다. 현재 인간이 1년에 소비하는 에너지는 20TW에 미치지 못한다. 달리 말해 우리에게 필요한 것보다 수천 배 많은 에너지가 지구에 공급되는 셈이다. 실제로 태양에너지는 너무나 거대해서 수백만 km 떨어져 있음에도 인류가 1년 동안 사용하는 양과 맞먹는 에너지가 9분이면 지구에 도달한다.

이 이야기에 담긴 의미는 엄청나다. 자연은 우리에게 사실상 공짜로 무한한 에너지를 제공한다는 뜻이다. 따지고 보면 태양이란 태양계 한가운데 떡하니 자리 잡은 원자로나 다름없으며, 지구의 모든 생물을 책임진다. 박테리아부터 나무, 식물 그리고 당신까지 지구의 모든 생물은 일련의 화학반응에서 비롯된 산물이며, 이 화학반응을 일으키는 동력은 태양에너지다.

인류는 수십 년 동안 이 에너지를 붙잡아서 저장하는 기술을 갖췄지만, 화석연료와 비교하면 그 기술은 최근까지 여전히 비경제적이고 불편했다. 그러다가 21세기 초에 상황이 바뀌기 시작했다. 3차 대변혁이 극도로 많은 정보와 노동의 공급으로 일어나듯이, 같은 일이 에너지에도 적용된다.

조용한 혁명

3차 대변혁 초기부터 태양에너지가 줄곧 우리와 함께한다는 사실에 놀랄 사람은 없을 것이다. 그 출발은 1958년 NASA의 인공위성 뱅가드 1호에 태양전지가 사용됐을 때다. 이는 공학 기술이 거둔 감동적인 업적이지만, 패널 하나가 만드는 전력은 한 번에 최대 0.5W에 불과했다. 다시 말해 에너지 단가가 수천 달러로, 화석연료보다 훨씬 비쌌다는 뜻이다. 1970년대 중반에 접어들면 경험 곡선의 결과에 따라 수천 달러에 이르던 값이 100달러 수준까지 뚝 떨어졌다. 여전히 경쟁력이 없지만, 하락 폭은 인상적이었다.

최근 가격 대비 성능이 크게 향상한 데 힘입어 태양광과 관계된 비용이 몰라보게 하락했다. 햇살이 더 많이 쏟아지는 국가는 태양전지 패널 하나로 1W 에너지를 만드는 데 50센트밖에 들지 않는다. 이런 추세가 시작에 불과하다는 사실에 이견을 제시하는 사람은 거의 없으며, 전 세계의 태양광발전 능력은 2년마다 2배로 늘어(2004~2015년에는 100배 증가) 미래에는 더 큰 이익을 낼 잠재력을 보여준다. 태양전지 설치는 지난 수십 년간 해마다 40% 늘었고, 특히 영국에서는 태양광발전 설비 99%가 2010년 이후 설치됐다.

2016년 전 세계적으로 새로운 에너지원 설비 가운데 가장 빠르게 성장한 분야가 태양광발전이라는 사실은 놀랄 일도 아니다. 태양광발전은 다른 모든 발전의 성장을 앞질렀다. 그해 세계의 배전망에 추가된 새로운 에너지 가운데 재생에너지가 2/3를 차지했고, IEA는 태양광발전을 가장 눈부시게 빛나는 기술로 꼽았다.

태양광에 관한 전망이 늘 긍정적인 것만은 아니었다. IEA는 2014년 현재 추세가 2050년까지 지속되면 '1kW에 5센트도 들지 않는 최상의 결과를 기대할 수 있다'고 결론 내렸다. 그러나 몇 달도 지나지 않아 IEA의 예측이 지나치게 비관적인 것으로 드러났다. 2017년 미국에서 보조금을 받지 않은 가장 값싼 태양광 계약이 1kW에 6센트 미만이었다. IEA 예상보다 30년 앞선 2020년이면 미국에서 가장 싼 태양광이 1kW에 3센트 미만이 되는 것은 불가피해 보인다. 정말로 그렇게 된다면, 사실상 지구의 모든 가정에 태양전지를 설치하는 것이 경제적으로 이득이라는 얘기다. 햇빛이 잘 들지 않는 북유럽의 가정에서도.

IEA의 보고서가 나오고 1년 뒤 도이체방크가 60개국 태양에너지 값을 분석했는데, 그중 절반에서 태양광발전이 '그리드 패리티grid parity'[26]에 도달한 것으로 나타났다. 이에 도이체방크는 2020년이 되기 전에 태양에너지 값이 30~40% 더 떨어질 것으로 내다봤다. 달리 말해 2020년이 되면 전 세계 거의 모든 곳에 설치된 태양전지 패널이 화력발전소를 새로 짓

---

26 화석연료와 재생에너지의 발전 단가가 같아지는 시점.

는 것보다 적은 비용으로 전력을 만들 것이다. 2018년 국제재생에너지기구International Renewable ENergy Agency, IRENA는 2020년부터 모든 재생에너지가 화석연료와 경쟁할 것이라고 주장했다. 그들은 재생에너지로 전환이 '단순히 환경친화적 결정일 뿐만 아니라, 이제는 압도적으로 영리하고 경제적인 결정'이라고 결론 내렸다.

현재 전 세계 전력 공급에서 태양광이 차지하는 비중은 2% 남짓이지만, 10년이 넘는 동안 관찰 가능한 경향을 보면 극적인 변화가 예정됨을 알 수 있다. 특히 향후 10년에 걸쳐 화석연료와 재생에너지의 발전 단가가 같아질 국가에서 그렇다. 지난 50년 동안 계속된 연간 성장률 40%가 2035년까지 이어진다고 할 때, 전 세계 태양광 생산능력은 150TW가 된다. 이정도면 세계의 전력 수요뿐만 아니라, 대략 제시한 예측에 근거할 때 인류에게 필요한 에너지까지 충족할 수 있는 양이다. 경험 곡선의 진행이 흔히 그렇듯, 이와 같은 연간 성장률이 해를 거듭할수록 둔화한다 해도 2040년대에 전 세계가 재생에너지로 완전히 전환하리라는 예측은 타당해 보인다. 그런 조짐이 벌써부터 눈에 띈다. 예컨대 2010년 영국 전체 전력의 2%가 재생에너지에서 나왔는데, 2018년 후반에는 그 수치가 25%로 올랐다. 스코틀랜드의 사례는 특히 인상적으로, 스코틀랜드는 2020년까지 모든 전력을 재생에너지에서 얻기 위한 계획을 착착 진행 중이다.

이런 예측은 그 자체로 믿기 힘들 정도지만, 재생에너지로 전환하는 과정에서 순 지출 증가가 전혀 없을 거라는 점이 더 놀랍다. 깨끗하고 풍부한 에너지로 이동하는 것은 비용 면에서 차이가 없고, 나중에는 영구적으로 비용이 더 싸다.

어떻게 그런 일이 가능한가? 전 세계는 해마다 2조 2000억 달러 정도를 화석연료에 사용한다. 오늘날 15~17TW인 전력 수요가 그사이에 2배가 된다면, 2040년대 초반에 누적된 에너지 비용은 약 80조 달러가 된다. 유엔은 재생에너지로 완전히 전환하는 데 들어가는 값을 매겨왔는데, 그 계산에 따르면 40년 동안 해마다 1조 9000억 달러가 든다. 이는 세계를 계속 돌아가게 하려고 석유와 석탄과 가스를 태우는 데 들어가는 비용보다 약간 적은 액수다.

이 액수조차 화석연료에는 너무 관대하게 책정됐는지 모른다. 유엔은 석유와 가스가 앞으로 수십 년 동안 현재의 싼값에 머물 것으로 추정한다. 그런 경우는 역사적으로 유례가 없는데 말이다. 설령 기후변화를 빼놓고 이야기하더라도, 태양과 바람은 현재 상태보다 경제적으로 이치에 맞는다.

자동화와 일자리가 그렇듯, 2·3차 대변혁이 만나는 시작점도 다시 운송 분야가 될 것이다. 자동차가 말을 대체할 때 그랬듯, 자율 주행 전기 자동차도 많은 문제를 해결해줄 것이다. 오늘날 어떻게 손써볼 도리가 없어 보이는 문제가 10~20년 지나면 우스꽝스러운 농담처럼 여겨질 것이다. 1894년 런던에서 벌어진 말의 배설물 위기가 지금 우리에게 코미디로 느껴지는 것처럼.

미래를 향한 경주

영국 정부는 2017년 여름에 2040년까지 휘발유와 경유를 사용하는 모든 차량의 판매를 금지하겠다는 방침을 발표했다. 취지는 좋았지만, 그 고상한 야망은 중요한 사실 하나를 놓쳤다. 지금 추세라면 2040년엔 아무도 휘발유와 경유 차량을 팔지 않을 거라는 점이다.

에너지 축적 기술(특히 리튬전지)의 값이 태양전지보다 훨씬 빠른 속도로 떨어지기 때문이다. 도이체방크는 2009년 한 보고서에서 kWh(킬로와트시)[27]당 650달러인 리튬전지 값이 2020년에는 절반까지 떨어질 것으로 예상했다. 그러나 2014년 IEA의 태양에너지 값 예상이 빗나갔듯이, 도이체방크의 예상은 과녁을 한참 벗어났다. 도이체방크의 예상이 나오고 18개월 동안 리튬전지 값은 70% 하락했다. 테슬라는 2020년대 초에는 리튬전지를 kWh당 100달러에 생산할 것으로 예상한다. 주주들 사이에서는 100달러가 2019년에 현실화될 수도 있다는 소문이 슬며시 퍼지기도 했다. 반면에 제너럴모터스는 건전지 생산가격이 100달러가 되는 시점을 2022년으로 예상한다. 지난 15년간 리튬전지의 에너지 용량은 3배가 됐고, 축적된 에너지의 단위당 가격은 10배나 하락했다.

앞으로 이런 변화가 불러일으킬 파장은 아무리 과장해도

---

27 1kW 전력을 한 시간 사용할 때 전력량.

지나치지 않다. 테슬라와 제너럴모터스의 예상이 맞는다면, 2020년대 초쯤엔 주행거리가 320km인 전기 자동차 배터리 팩 값이 6500달러에 불과해질 수도 있다. 그 정도면 휘발유 차량과 직접 경쟁이 가능하고, 값은 계속 하강 곡선을 그릴 것이다. 게다가 폐차할 때까지 주행과 보험, 수리에 들어가는 비용이 더 내려간다는 점을 생각해보라. 한 세대 뒤에는 자동차에 동력을 공급하는 에너지를 구입하는 게 이해가 잘 안 될 수도 있으며, 그 후 세대에게는 어이없는 농담으로 들릴 것이다.

에너지 저장 기술이 재생에너지 발전 못지않게 경험 곡선의 영향을 받는다는 사실은 중요하다. 화석연료 너머로 나아가는 과정에서(그리고 극단적인 공급을 통해 재생에너지 값이 영구적으로 더 내려갈 시점을 향해 가는 과정에서) 재생에너지 발전과 에너지 저장 기술이 둘 다 필요할 것이기 때문이다. 경험 곡선이 둘 모두에 10~20년이라도 지속된다면, 에너지 패러다임의 전환은 1800년대 초반 이후 화석연료가 등장하고 보급된 때처럼 파괴적 혁신을 불러올 것이다.

태양에너지와 글로벌 사우스

재생에너지가 21세기 기술이라는 점을 고려할 때, 많은 사람은 휴대폰이나 인터넷과 마찬가지로 재생에너지의 효과를 가장 크게 느낄 수 있는 곳은 글로벌 노스Global North[28]라고 추정한다. 그러나 재생에너지, 특히 태양에너지로 가장 큰 변화를 겪을 곳은 글로벌 사우스Global South다. 올바른 정치적 틀이 뒷받침된다면, 재생에너지 기술은 식민주의 이후 2차 대변혁을 거치며 심화된 부유한 나라와 가난한 나라의 역사적 불균형을 해소할 수 있을 것이다.

나이지리아를 예로 들어보자. 아프리카에서 가장 인구가 많은 나이지리아는 현재 국민 1억 8000만 명 중 절반이 전기를 쓰지 못한다. 아프리카 대륙의 대다수 나라와 마찬가지로 나이지리아는 가난하지만 인구가 급증하는 상황이라, 21세기 중반이면 4억 명에 이를 수도 있다는 예측까지 나온다. 내일의 나이지리아인은 오늘날 그의 선배보다 당연히 높은 생활수준을 기대할 것이다. 그러나 화석연료에 의존해서는 환경에 파국을 초래할 뿐 아니라 생활수준을 기대만큼 높이는 것도 불가능하다.

쉽게 말해 2050년이면 미국보다 인구가 많아질 나이지리아에서 지금부터 30년 뒤에 전 국민이 전기를 사용할 수 있는 방법은 태양광발전뿐이다. 태양광으로 전환한다면 나이지리아는 세계 부국 가운데 일부를 뛰어넘을 기회가 생긴다. 더 값싼 에너지를 사용하면서도 광범위한 전국 배전망과 관계된

---

28 주로 지구 북반구에 있는 선진국을 글로벌 노스, 상대적으로 남쪽에 있는 가난한 나라를 글로벌 사우스라고 한다.

매몰 비용이 거의 발생하지 않을 것이기 때문이다. 이런 전망은 인구가 빠르게 늘고 만성적인 빈곤의 늪에서 에너지 수요가 급증할 다른 나라에도 적용된다.

재생에너지가 현재 저소득 에너지 빈곤 국가에 확산할 방법은 과거 휴대폰 사례에서 힌트를 얻을 수 있다. 나이지리아는 21세기가 시작될 무렵 휴대폰 가입자가 25만 명으로, 일반전화 가입자 60만 명에 훨씬 못 미쳤다. 비용이 많이 드는 새로운 기반 시설이 없고 전기의 확산조차 불확실하던 당시에 앞으로 20년 안에 누구나 전화를 이용할 수 있을 거라고 말했다면, 당신은 웃음거리가 됐을 것이다.

하지만 오늘날 나이지리아의 휴대폰 가입자는 1억 5000만 명으로, 일반전화 이용자 20만 명을 한참 뛰어넘는다. 인터넷은 국민의 절반이 이용한다. 중요한 사실은 이렇게 높은 휴대폰 사용률과 인터넷 접속률이 유럽과 북아메리카의 부유한 나라와 다른 방식으로 발전하고 있다는 점이다. 나이지리아는 유럽과 북아메리카처럼 일반전화를 거쳐 휴대폰을 도입하는 식으로 기반 시설을 갖추는 대신, 전 단계의 기술을 건너뛰고 휴대용 인터넷을 단숨에 도입했다.

일찍이 휴대폰만큼 빠르게 보편화한 기술은 없었다. 휴대폰 덕분에 수백만 명이 케냐와 탄자니아에서 은행 계좌를 개설하고, 리비아에서 유권자 등록을 하고, 터키에서 농업 정보를 얻을 수 있었다. 조사에 따르면 나이지리아와 남아프리카공화국에서는 성인 약 90%가 휴대폰 한 대를 가지고 있을 만큼 휴대폰 사용이 일상이 됐고, 휴대폰은 역사상 가장 빠르게 보급된 기술로 자리매김했다. 2002년에 미국인 약 64%가 휴대폰을 소유했는데, 이는 오늘날 탄자니아와 우간다, 세네갈보다 낮은 수치다. 이 나라들의 GDP는 여전히 낮지만, 15년 전만 해도 부국의 전유물처럼 보이던 기술이 이처럼 빨리 확산한 것은 의미심장한 발전이다.

세계가 향후 25년 동안 이산화탄소를 완전히 제거하려면, 태양광발전과 저장 기술이 뒷받침돼야 할 것이다. 2000년 이후 휴대폰이 그랬듯이, 가난한 나라에서 재생에너지 기술은 모듈식으로 광범위하게 보급될 것이다. 태양전지와 리튬전지는 추가와 업그레이드가 쉬워 모듈화에 용이하며, 재생에너지의 생산과 저장은 멀리 떨어진 발전소나 에너지 중심지보다 주로 가정이나 거리 차원에서 이뤄질 것이기 때문이다.

여기엔 지리학적 행운이 작용한다. 이들은 지구상에서 가난한 나라에 속하지만, 적도 부근(아프리카, 중앙아메리카, 아시아)에 있어 다른 어느 곳에서도 누리지 못하는 햇빛을 누린다. 지금 다양한 재생 가능 기술에 관한 경험 곡선이 계속 앞으로 나가는 경향을 보이는 가운데, 우리는 자연의 선물이 경제적 축복이 되는 티핑 포인트tipping point[29]에 가까워지고 있다.

숫자만 봐도 자명하다. 2009년 케냐에서 한 사람이 라디오와 휴대폰 충전기, 하루에 4시간씩 조명과 TV를 이용할 수

---

29 서서히 진행되던 일이 작은 요인으로 한순간에 폭발하는 지점.

있는 태양광발전 시설을 갖추는 데 1000달러가 들었다. 오늘날 그 비용은 350달러로 줄었으며, 계속 내려가고 있다. 에너지는 해가 갈수록 세계의 가난한 사람에게 더 가까워질 뿐만 아니라, 화석연료보다 훨씬 깨끗해진다. 그리고 값은 끝없이 더 낮아진다.

새로운 비즈니스 세대가 전력 수요 상승과 태양에너지 비용 하락의 접점에서 돈 냄새를 맡는 건 놀랄 일이 아니다. 2011년 케냐에서 출범한 미국 스타트업 M-코파M-Kopa도 그중 하나다. 이 회사에 사용료를 선지급하고 직접 태양에너지를 만들어 쓰는 소비자가 현재 50만 명이다. 이 회사의 모델은 간단하고, 아마도 예상했겠지만 휴대폰 계약 방식을 닮았다. 소비자는 계약금 3500케냐실링(약 35달러)을 내고 태양광 시스템을 집으로 가져온 뒤, 1년간 날마다 50케냐실링(0.5달러)을 내면 그 시스템은 완전히 자기 것이 된다. 1일 결제는 휴대폰을 바탕으로 한 결제 시스템 M-페사M-Pesa로 한다. 현금이 필요 없는 디지털 결제 방식으로 지불하며, 소비자가 직접 소유하는 재생에너지, 이것이 21세기 초반 아프리카 에너지의 현실이다.

M-코파는 케냐와 탄자니아, 우간다에서 자격증을 소지한 중개인의 네트워크를 이용해 태양광 시스템을 제공한다. 'M-코파 4' 패키지에 든 8W 태양전지 패널이 USB 단자를 통해 가전제품을 충전한다. 이 패키지에는 전등 스위치가 달린 LED 전구 2개, 충전이 가능한 LED 손전등 1개, 라디오 1대

도 포함된다.

M-코파의 경쟁 업체 디라이트d.light는 캘리포니아, 케냐, 중국, 인도에 사무소가 있다. 이들은 태양광발전과 조명 관련 제품을 62개국에 1200만 개 이상 팔았다고 주장한다. 이들의 목표는 2020년까지 1억 명에게 태양광발전을 이용한 신뢰할 수 있는 전력을 값싸게 제공하는 것이다.

이 분야의 또 다른 업체 오프그리드Off-Grid는 M-코파의 모델과 흡사하다. 회사는 소비자에게 기반 시설을 제공하고 융자까지 해준다. 소비자는 탄자니아에서 계약금 13달러 정도를 내고 오프그리드 제품 중 가장 싼 초보자용 장비 세트를 구입한다. 초보자용 장비 세트는 태양전지 패널 1개, 건전지 1개, LED 조명 몇 개, 전화 충전기 1개, 무선통신 장치 1개로 구성된다. 이후 3년 동안 매달 약 8달러를 내면 장비 일체가 소비자 소유가 된다. 월 사용료가 2배 정도 비싸고 계약금도 더 내야 하는 오프그리드의 최고 인기 상품에는 조명이 몇 개 더 있고, 평면 스크린 TV가 포함된다. 오프그리드 소비자도 M-코파와 마찬가지로 사용료를 전화로 낸다. 이 모든 것이 가능한 이유는 지난 20년 동안 휴대폰이 그랬듯이 태양전지와 리튬전지 기술에서 나타난 경험 곡선 덕분이며, 이 경험 곡선은 에너지의 무한 공급을 위한 시작을 의미할 뿐이다.

태양광 기술은 값이 점점 떨어지고, 성능은 계속 향상된다. 오프그리드는 가까운 시일에 자사 제품의 발전 성능을 관개를 위한 양수나 카카오 제분製粉 같은 산업에 활용해도 될 정도로 높이고자 계획 중이다. 오프그리드가 이런 계획을 세울 수 있는 건 태양광발전이 시간이 흐를수록 용량을 추가하기 쉬운 모듈 방식이기 때문이다. 성능 대비 가격이 계속 큰 폭으로 떨어지는 덕분이기도 하다. 다음 10년 동안 지난 10년과 같이 빠른 속도로 변화한다면, 그 변화는 케냐와 나이지리아에서 TV와 가전제품이 태양에너지로 작동하는 수준에 그치지 않을 것이다. 공장, 학교, 레스토랑, 병원이 값싸고 깨끗한 에너지로 돌아갈 것이다.

이토록 놀라운 변화는 아프리카에 국한된 이야기가 아니다. 컨설팅 회사 KPMG의 예상에 따르면, 아프리카와 마찬가지로 인도에서도 신용 거래와 어느 때보다 값싼 기술을 결합한 소비자 모델을 도입한다면 2025년까지 인도 가정의 20%가 태양광발전 설비를 어느 정도 갖출 것이다. 더 큰 태양광발전소와 뒤죽박죽인 에너지 전력망을 통합해야 하는 숙제가 남았지만, 이 장애를 극복하면 인도의 재생에너지 발전 능력은 2022년에 2배가 될 것으로 보인다. 이는 EU도 능가하는 성장률이다.

전기가 그다지 중요하지 않은 문제처럼 들린다면, 다음과 같이 생각해보라. 21세기 초반인 현재 여성 수백만 명이 목숨을 잃을 위험을 무릅쓰고 출산하는데, 그 이유는 불행히도 사방이 칠흑 같은 밤에 병원과 수십 km 떨어진 곳에서 아기를 낳아야 하는 형편이기 때문이다. 게다가 3억 명은 여전히 나무나 퇴비, 작물 잔해 같은 생물 연료를 태워서 요리하고 열과 빛을 얻는다. 세계보건기구World Health Organization, WHO에 따르면, 2002년 전 세계적으로 호흡기 질환의 36%, 만성 폐쇄성 폐 질환의 22%, 모든 암의 거의 2%는 생물 연료가 원인이었다. 다시 말해 깨끗한 재생에너지로 전환하면 단기간에도 1년에 수백만 명을 살릴 수 있고, 이후에는 세계에서 가난한 사람의 생활수준을 전에 없는 수준으로 끌어올리는 데 결정적인 역할을 할 것이다.

바람

전 세계 인구 80%가 전적으로 태양광발전에 의존해도 될 만큼 일조량이 충분한 지역에 산다는 사실을 생각하면, 화석연료에서 대체에너지로 이행하는 과정에서 태양이라는 특정 형태 에너지에 초점이 맞춰지리라는 것은 분명한 사실이다.

하지만 러시아와 캐나다, 북유럽 대다수 국가처럼 비교적 인구가 많고 더 추운 나라는 어떤가? 일조량은 훨씬 적고 에너지 수요(특히 난방 수요)는 훨씬 많아 모순되는 문제에 직면한 나라는 어떻게 앞서 설명한 것과 유사한 에너지 전환을 이룰 수 있을까?

그 해답의 일부는 에너지 보존이고, 이는 일조량과 상관없이 모든 곳에 해당한다. 지금이야 에너지 보존이라는 아이디어를 절약이나 배급 제도와 결부하겠지만, 그래선 안 된다.

에너지 절약은 몇 년 내 당신의 집과 차와 직장에서 완전히 자동화될 것이다.

가장 큰 이유는 사물 인터넷 시대가 시작되기 때문이다. 차를 포함해서 당신이 사용하는 전자 제품이 단순히 서로 정보를 전달하는 데 그치지 않고 실시간으로 에너지를 분배하고 저장할 것이다. 인터넷을 떠올렸다면, 맞다. 머지않아 가정 사이에서, 일상의 모든 물건 사이에서 에너지 인터넷이 작동할 것이다.

이런 변화는 자동차를 중심으로 진행될 것이다. 자동차는 이런 변화의 초기 단계에서 재생에너지로 전환하는 과정을 떠받치는 버팀목이자, 깨끗한 자율 경제의 최첨단이다. 자동차는 단순히 바퀴 달린 데이터처리 장치에 머물지 않고 덩치 큰 휴대용 건전지가 될 것이다. 평균적인 전기 자동차는 매일 차량 건전지의 약 1/6을 사용하기 때문에 풍부한 에너지 저장 능력을 활용해 에너지를 대부분 태양에서 얻을 수 있을 것이다. 심지어 겨울 몇 달 동안 햇빛을 거의 볼 수 없는 나라에서도 말이다. 이 얘기는 가정과 학교, 일터는 말할 것도 없고, 갈수록 늘어가는 기계장치에도 똑같이 적용될 것이다. 영국을 비롯해 일조량이 적은 지역에서는 점점 더 효율이 높아지는 풍력발전 단지가 그 격차를 메울 것이다.

이런 일이 실제로 벌어지기 시작했다. 2016년 영국 전역의 풍력발전 단지에서는 처음으로 석탄 화력발전소보다 많은 전기를 만들었다. 그리 오래전도 아닌 1990년까지 영국에서 사용하는 전기 2/3 이상을 석탄으로 만들었다는 사실을 생각하면 이 결과는 더욱 놀랍다. 이듬해 9월에는 스코틀랜드가 풍력발전으로 전체 전력 수요의 2배에 해당하는 전력을 생산했다.

이런 변화를 뒷받침하는 것은 태양에너지 증가를 이끈 것과 똑같은 경험 곡선이다. 풍력발전용 터빈 기술은 태양전지와 마찬가지로 발전 일로를 걷고 있다. 2017년 영국 정부는 2020년대 초에는 해상 풍력발전 단지에서 생산한 에너지가 새로운 원자력발전소에서 생산한 에너지보다 저렴해질 것이라고 발표했다. 이 발표에 함축된 의미는 아무리 과장해도 지나치지 않다. 2014년까지 영국 연안의 풍력발전 비용은 MWh(메가와트시)[30]당 200달러였지만, 10년도 채 지나지 않아 절반 이하로 떨어질 전망이다. 이는 영국이 계획 중인 신규 원자력발전소 힝클리포인트 C Hinkley Point C보다 싼값이다. 원자력발전소의 주춧돌이 놓이기 전인데도 이런 전망이 나온다.

여기서 끝이 아니다. 2020년대 어느 시점에 이르면 영국에서 해상 풍력은 원자력보다 저렴해지는 데 그치지 않고, 어떤 대체에너지보다 저렴해질 것이다. 어느 유력 CEO는 영국이 머지않아 전체 전력의 절반을 재생에너지로 만들 것이라고 예상하면서 다음과 같이 덧붙였다. "나중에 돌아보면, 우

---

30 1MW 전력을 한 시간 사용할 때 전력량.

리는 2016~2017년을 변곡점으로 볼 것이다. 해상 풍력의 값, 태양과 육상 풍력의 값이 아무도 예상하지 못한 속도로 떨어지고 있다."

온기 유지하기

풍력이든, 태양광이든 에너지 값이 계속 하락하고 필수적인 저장 기술 비용이 크게 감소하는 것 못지않게 중요한 문제가 있다. 바로 단열이다. 특히 더 추운 나라는 가정에서 사용하는 에너지를 대부분 단순히 온기를 유지하는 데 쓴다. 영국의 일반적인 가정 난방 시스템은 조명과 전기를 합한 것보다 4배나 많은 에너지를 사용한다. 이는 재생에너지 관점에서 보면 특히 중요한 문제다. 태양광이 가장 약한 시기에 에너지 수요가 최고조에 달하기 때문이다.

그러나 이 문제도 해법은 비교적 간단하다. 내부 에너지 단열(제대로 작동한다면)은 난방에 에너지를 사용할 필요가 전혀 없음을 의미한다. 놀랍게도 우리가 그런 기준에 맞는 건물을 짓는 방법을 안 지도 벌써 40년이 넘었다.

1977년 캐나다의 한 연구진은 새스캐처원주 정부에게서 현지 기후에 어울리는 '태양광 주택'을 지어달라는 연락을 받았다. 연구진은 삼중 창과 두꺼운 벽, 지붕 단열, 세계 최초의 폐열 회수 환기장치를 사용해 완벽에 가까운 밀폐 상태를 유지할 수 있는 건물을 만들었다. 이 주택은 사실상 에너지를 전혀 사용하지 않으면서도 여름에는 시원하고 겨울에는 따뜻했다. 패시브 하우스Passivhaus[31]의 탄생이었다.

오늘날 패시브 하우스는 건축업에서 에너지 효율을 위한 임의 표준이 됐고, 건물의 환경 발자국environmental footprint을 최대한 줄이는 것이 목적이다. 최근에 독일과 스칸디나비아 반도에서 개발한 패시브 하우스 디자인은 주택 건축을 보완하는 세부 사항에 그치지 않고 미학과 기능, 효율을 통합한 거시적 접근 방법을 취한다. 이런 접근이 급격히 인기를 얻은 배경에는 1980년대 독일에서 일어난 반체제적 녹색운동이 있다. 엔지니어와 건축가들은 10년 전 석유파동에 대응해 북아메리카의 디자이너들이 펼친 노력에서 영감을 얻었다.

앞으로도 우리에겐 빛과 장치, 운송, 산업을 위한 에너지가 항상 필요하겠지만, 난방은 그렇지 않다. 적어도 지금처럼 난방에 많은 에너지를 쓸 필요는 없을 것이다. 재생에너지로 전환되면 어느 때보다 깨끗하고 풍부한 에너지를 얻을 테니까 에너지 효율의 개선 가능성은 무시해도 좋다는 생각은 잘못이다. 대중의 건강을 위해 더 많은 장려책을 제시해야 하는 것은 말할 것도 없다. 영국과 웨일스 전역에서 해마다 겨울이면 수많은 사람이 '초과 사망'하는데, 주원인이 추운 날씨 때

---

31 태양광 같은 자연에너지를 최대한 활용해 최소한의 냉난방으로 적당한 실내 온도를 유지할 수 있게 지은 주택.

문이다. 이들 중 대다수는 가정과 일터에서 간단한 변화를 주기만 해도 죽음을 피할 수 있을 것이다. 재생에너지를 만들고 저장하는 일과 달리 이미 일어나는 초과 사망 같은 일을 멈추는 것은 기술이 아니라 정치적 우선순위에 달렸다.

혁신이 에너지 발전과 저장에 국한되지 않는다는 것을 보여주는 또 다른 영역은 빛이다. 현재 영국 전력 소비에서 조명이 1/5을 차지한다. 경험 곡선은 태양전지와 풍력발전용 터빈, 리튬전지 기술과 마찬가지로 LED 기술에도 적용되며, 그 결과 2010~2016년에 LED 조명의 lm(루멘)당 가격은 90% 하락했다. 영국의 조명을 전부 LED로 바꾸면, 전체 전력 소비에서 조명이 차지하는 비중은 현재 20%에서 3~4%로 낮아질 것이다.

기후변화의 해결책이 여기 있다

인간이 초래한 기후변화가 인류 역사상 유례없는 규모의 위기라는 사실은 의심할 여지가 없다. 그러나 지금 우리가 에너지 혁명 직전에 있다는 것도 틀림없는 사실이다. 우리는 에너지 혁명으로 지구의 온도를 빠르게 높여온 화석연료를 극복할 것이다.

기후변화가 불러올 최악의 사태를 완화하려면 에너지 혁명은 지금 속도를 높여야 한다. 우리 종의 지속적인 생존뿐만 아니라 생명체를 살아가게 만드는 지구의 능력조차 위태로운 지경에 처했다. 게다가 에너지 혁명이 가져올 기회는 단순히 재앙을 모면하는 수준 너머까지 확장된다. 즉 풍부한 에너지 공급은 오랜 세월 글로벌 사우스의 발목을 잡아온 저개발의 고리를 끊는 데 결정적인 역할을 할 수도 있다. 태양전지, 리튬전지, 풍력발전용 터빈, LED 같은 기술이 경험 곡선을 탄다는 것은 에너지 값이 계속 내려간다는 의미일 것이다. 이런 기술은 궁극적으로 화석연료를 능가할 뿐만 아니라, 정보와 노동의 경우에 그랬듯이 우리를 희소성이 사라진 미래 세계로 데려갈 것이다. 이런 일이 차세대 신재생에너지 기술을 개발하기도 전에 일어나고 있다.

하지만 우리가 봤듯이 이런 현상은 자본주의의 사회적 관계의 본질과 상충한다. 자본주의는 '경제적 효율을 위한 가장 기본적인 조건이… 가격과 한계비용이 일치'하는 시스템이다. 즉 뭔가를 만들면 반드시 수익을 내야 하는 시스템이다. 이른바 배제성excludability이 끼어들 수밖에 없다. 따라서 에너지가 무한 공급되는 상황에서 기업은 관련 기술을 의도적으로 희소하게 만들고, 시장의 합리성에 따라 상품 사슬의 특정 영역에 인위적인 제약(이른바 배제성)이 부과될 공산이 크다. 이상하게 들린다고? 전혀 이상하게 들릴 일이 아니다. 미국 재무부 장관을 지낸 래리 서머스가 2001년 이 문제를 주제로 글을 썼는데, 그가 권고한 내용은 궁극적으로 사용자 간 직접 접속P2P 방식과 파일 공유를 통해 엔터테인먼트 산업이 무한 공급의 도전에 적응하는 데 영향을 미쳤다. 그래서 엔터테인먼트 업계가 추진한 것이 스포티파이와 넷플릭스 같은 새로운 사업 모델이다. 노동과 정보처럼 에너지도 값이 갈수록 0에 가까워지고, 이에 따라 에너지 자체를 구매하기보다 임대료를 지불하는 방식이 등장할 가능성이 크다.

　재생에너지로 전환이 다가오고 있음을 알리는 증거가 점점 더 많아진다. 이 사실을 받아들이면 남아 있는 가장 중요한 질문은 이것이다. 이 전환은 얼마나 빨리 이뤄질까. 그리고 어떤 소유 모델이 등장할까. 3차 대변혁에서 공짜가 되고 싶어 하는 것은 정보와 노동만이 아니기 때문이다. 에너지도 공짜가 되고 싶어 한다.

6

우주에서 채굴하기 :
자원의 희소성이 사라진 미래

자원으로 가득한 슈퍼마켓이 있다면
지구는 그곳에 있는 빵 부스러기에 불과하다.

피터 디아만디스Peter Diamandis[32]

유한한 세계

자원의 희소성과 고갈 문제는 기후변화와 더불어 우리 시
대 핵심 과제 중 하나다. 태양은 우리가 사용할 양보다 많은
에너지를 제공할 수 있지만, 모든 탈탄소화 시스템에서 태양
에너지를 보존하는 데 필요한 리튬과 코발트 같은 광물은 궁

---

32 인류에 도움이 되는 기술 개발을 장려하기 위한 공개 대회를 설계·주최하는 비영
리단체 엑스프라이즈재단(X PRIZE Foundation) 설립자(1961~). 플래너터리리소
시스(Planetary Resources)의 공동 설립자.

극적으로 그 양이 한정된다. 이는 곧 재생에너지가 제아무리 많은 면에서 비교우위에 있다 해도 결국 화석연료와 똑같은 문제를 겪을 수밖에 없다는 뜻이다. 즉 우리가 사는 세계는 유한하고, 우리는 그 한계점에 빠르게 접근하고 있다. 태양전지, LED, 리튬전지에 대한 경험 곡선과 무관하게, 그런 것을 만들기 위한 더 많은 광물이 없다면 우리 미래는 여전히 결핍에서 벗어나지 못할 것이다.

우리가 사용하는 에너지가 어디서 만들어지든, 자원이 줄어드는 점은 오늘날 어느 때보다 긴급한 문제가 됐다. 지구의 한계를 연구하는 로마클럽은 2014년 발표한 보고서에서 다음과 같이 불길한 전망을 했다. "많은 광물의 생산이 축소될 위기에 처한 것 같다. …지금부터 한 세기는 우리가 아는 채굴이 사라진 기간이 될 수도 있다."

이 시나리오에 따르면 석탄 생산은 2050년에 정점을 찍고 감소할 전망이며, '구리 생산의 정점'은 그보다 10년 일찍 현실이 될 것이다. 리튬은 재생에너지를 저장하기 위한 주류 기술에서 가장 중요한 광물이지만, 탄소가 광범위한 규모로 감축될 경우 빠르게 한계에 이를 것이다. 지구에는 화석연료에서 완전히 벗어나는 데 충분한 리튬이 있으며, 그 양은 전 세계 수요가 2배가 되더라도 감당할 정도다. 그렇다 해도 지속적인 재사용을 위해서 리튬을 비축해야 할 것이다. 현재 재사용되는 리튬전지 비율은 1%에 불과하지만, 앞으로 지속적인 재사용이 가능해질 공산이 크다. 그러나 이같이 개선된다 해도 에너지의 희소성을 극복하고 영원토록 값싼 에너지를 누리는 일은 요원할 것이다.

　로마클럽의 2014년 보고서는 전기를 저장하는 데 폭넓게 사용되는 니켈과 아연이 '수십 년' 만에 어떻게 리튬과 비슷한 생산 한계에 직면할 수 있는지도 설명했다. 니켈을 채굴할 기간은 거의 한 세기 가까이 연장될 수도 있지만, '투자하고 개발하기 점점 더 어려워지고 돈도 많이 들어갈' 것이다.

　광물 고갈 문제에서 가장 걱정스러운 추세를 보이는 건 아마도 현대 농업에서 필수적인 비료로 사용되는 인燐일 것이다. 이 화학물질의 매장량은 바닥이 나려면 멀었지만, 우리가 채굴할 수 있는 건 극히 일부에 불과하다. 이미 세계 경작지 40%에 해당하는 땅에서 인을 마음껏 이용하지 못해 곡물 생산에 어려움을 겪고 있다.

　토지 생산성 하락이라는 맥락에서 볼 때, 인이 부족하면 특히 문제가 된다. 토지 생산성이 하락하는 까닭은 산업적 농법 때문인데, 이에 따라 토양 비옥도가 50%나 감소한 지역도 있다. 2014년 셰필드대학교 연구진은 과도한 경작 때문에 영국 토양은 수확기가 100번밖에 남지 않았다고 주장했다. 지구인의 자원 수요가 정점에 이른 지금, 지구는 자원이 고갈돼 백기를 들 준비를 하는 듯하다.

　현재 추세로 짐작하건대 화석연료를 계속 사용할 경우 고갈되는 것은 당연한 사실이지만, 설령 재생에너지로 완전히 이행한다 해도 우리는 다양한 광물자원을 재활용해야 할 것이다. 재활용은 얼핏 긍정적으로 들리고 실제로도 좋은 일이지만, 자본주의의 탐욕과 이윤에 대해 우리가 아는 상식과 맞지 않는다. 90억 명 이상이 살아갈 세계에서 지금 우리가 하는 방식대로 사람들의 생명을 희생시키고 서식지를 파괴하면서 자원을 뽑아내는 일은 결코 계속될 수 없다. 광물이 부족해지면 협력과 재활용이 일어날 가능성이 있지만, 그에 못지않게 자원을 둘러싼 충돌이 일어날 가능성도 있다. 따라서 정보와 노동과 에너지 값이 영구적으로 내려간다 해도, 지구 자원에 한계가 있는 한 포스트 자본주의는 희소성이라는 조건에서 벗어날 수 없다. 자유의 왕국은 여전히 우리 손이 닿지 않는 곳에 있을 것이다.

그러나 지구 자원의 한계가 더는 문제가 되지 않는다면 얘기가 달라진다. 우리가 지구 대신 우주의 자원을 채굴한다면 말이다.

소행성 채굴

2017년 스페이스X의 CEO 일론 머스크는 최후의 미개척지를 정복하기 위한 두 번째 계획을 공개했다. 그는 국제우주대회 강연에서 행성 간 운송 시스템Interplanetary Transport System, ITS에 착수한다고 발표했다. ITS는 거대한 1단계 보조 추진 로켓과 우주선, 급유선으로 구성된 새로운 시스템으로, 이 모든 것이 스페이스X의 현 시스템을 대체할 거라고 밝혔다. 머스크는 상업 위성과 국제 우주정거장으로 떠나는 여행 계획에서 방향을 돌려 다른 행성에 유인 탐사를 보낸다는 원대한 포부의 밑그림을 제시했다.

우주 운송이 최첨단 테크놀로지라고 느껴질 수도 있지만, 1967년에 처음 발사한 NASA의 새턴 5호를 능가하는 로켓이 아직 나오지 않고 있다. 새턴 5호는 지금까지 제작한 로켓 가운데 가장 크고 무겁고 강력하다. 새턴 5호 설계와 제작은 베르너 폰 브라운Wernher von Braun이 감독했다. 그는 나치 독일에서 V2 로켓을 개발한 엔지니어로, V2는 인간이 만들어서 처음으로 우주까지 날려 보낸 물체다. 새턴 5호가 나온 지 50년이 지났지만, 비행기가 대서양을 횡단하기도 전에 태어난 사람이 제작을 주도한 로켓보다 인상적인 로켓이 아직 나오지 않고 있다.

인간을 화성에 보내기 위해 머스크의 스페이스X가 내놔야 할 것이 바로 팰컨 9과 팰컨 헤비의 뒤를 잇는 BFR다. 새로운 계열의 랩터Raptor 로켓 엔진을 사용하는 BFR는 결국 지금까지 가장 강력한 발사체라는 새턴 5호의 지위를 빼앗을 것이다. 동시에 NASA는 자체적으로 우주 발사 시스템Space Launch System, SLS을 개발하고 있다. SLS가 완성되면 BFR와 더불어 새턴 5호를 뛰어넘는 우주선의 범주에 들어갈 것이다.

민간 우주산업의 탄생

머스크는 2022년 ITS를 이용해서 화성에 처음 화물을 실어 나르고, 다시 2년 뒤에는 인간이 이 붉은 행성에 발을 디딜 것으로 예상한다. 그가 지금까지 예상한 것은 자주 들어맞았지만, 머스크는 납기를 못 맞추기로 악명이 높다. 이는 부분적으로 그의 사업적 관심사가 재생에너지, 전기 자동차, 로켓처럼 산업 혁신의 최첨단에 있는 것들이기 때문이다. 하지만 그보다 지키기 어려워 보이는 약속을 해서 관심을 불러일으키는 머스크 특유의 수완 탓이 더 크다. 이런 수완은 언론의 주목을 받기 좋지만, 마감을 맞추는 것과 거리가 있다.

그러나 지금까지 스페이스X가 걸어온 길을 지켜본 사람이라면, 머스크가 실패하리라는 데 돈을 거는 것은 어리석은 선택임을 곧 깨닫는다. 머스크는 세기가 바뀔 무렵 스페이스X를 설립했다. 당시 NASA는 스페이스셔틀 프로그램이 막바지에 이르고 지난 수십 년간 우주산업이 준 낭만도 시들해진 상황에서 방향을 잃은 상태였다. 그러던 차에 상업적 우주 운송이라는 발상이 등장하자 많은 사람은 이상하게 받아들였고, 머스크를 돈이 남아도는 괴짜로 여겼다.

스페이스X는 그때부터 승승장구하며 '최초' 타이틀을 여럿 거머쥐었다. 2008년에는 민간 자본으로 처음 제작한 액체 연료 로켓을 궤도에 쏘아 올리는 데 성공했다. 불과 10년 전만 해도 공상과학소설에서나 가능할 법한 일이었다. 2015년에는 팰컨 9 추진 로켓이 발사 후 자동조종으로 귀환했는데, 지구 궤도에 진입할 수 있는 로켓으로는 전례가 없는 일이었다. 이 비약적 발전은 특히 중요했다. 많은 사람이 재활용 가능한 1단계 로켓이 승객과 화물을 우주로 보내는 비용을 크게 낮출 거라고 생각하기 때문이다. 우주 운송업에서 독자 생존이 가능한 민간 시장이 열릴 준비가 끝난 듯 보였다.

그 후 수많은 후발 주자가 우주 운송비를 더 낮추기 위한 경쟁을 벌이고 있다. 그들은 유인 우주 비행을 실행할 자체적인 수단이 부족하지만, 주 1회 저렴한 비용에 지구의 낮은 궤도로 우주선을 발사할 기회를 제공해 스페이스X와 보잉, 제프 베조스의 블루오리진Blue Origin처럼 규모가 큰 기업의 흐름에 편승할 것이다.

로켓랩Rocket Lab도 그런 후발 주자다. 2009년 뉴질랜드에서 설립한 로켓랩은 남반구에서 우주로 추진 로켓을 보낸 첫 민간 기업이다. 현재 미국에 본사가 있는 로켓랩이 내건 목표는 자사의 일렉트론Electron 추진 로켓으로 비용이 적게 드는 발사 기회를 자주 제공해서 대규모 우주 무역의 걸림돌을 제거하는 것이다. 대기업의 시선이 다른 행성에 유인우주선을 보내는 데 꽂혀 있을 때, 규모가 작은 기업이 비록 운송하는 승객과 화물은 적지만 이 분야에서 혁신을 이룰 수 있다는 사실은 주목할 만하다. 이 분야가 성장할수록 로켓랩 같은 회사야말로 막 시작한 우주산업의 근간이 될 것이다.

내려가는 비용, 커가는 야망

달에 착륙하기 위한 경주에서 승자가 되는 데 적잖은 비용이 들었다. 현 시세로 환산하면 새턴 5호를 10년 동안 13번 쏘아 올리는 데 470억 달러가 들었다. 한 번에 35억 달러 이상이 든 셈이다. 한창때 1년에 두 번씩 로켓을 쏘아 올리기도 한 아폴로 달 탐사 계획에 든 비용은 물가 상승률을 감안해도 약 1500억 달러에 이른다.

NASA는 아폴로 계획 이후 간접비를 줄이고 발사 빈도를 높이기 위해 우주왕복선 계획을 추진했다. 그러나 여전히 로켓을 한 번 쏘아 올릴 때마다 미국 납세자들이 부담해야 할 비용은 5억 달러에 달했고, 우주왕복선 계획이 최고조에 이르렀을 때조차 1년에 쏘아 올리는 횟수는 5번에 불과했다. 민간 우주산업이 시작된 2000년 이후 비용은 가파르게 내려가고 있다. 현재 스페이스X가 팰컨 9 로켓(새턴 5호보다 훨씬 작다)을 한 번 쏘아 올릴 때 드는 비용은 약 6100만 달러, 그보다 큰 팰컨 헤비 로켓을 쏘아 올리는 데 드는 비용은 1억 달러 미만이다. 그럼에도 이는 대다수 기업과 개인이 부담하기에는 너무 큰 금액이며, 설령 그만한 재력이 있다 해도 발사 대기자 명단이 2년이나 밀려 있다.

하지만 490만 달러라는 적은 비용으로 매주 로켓을 쏘아 올리겠다는 로켓랩의 약속이 실현된다면 이 모든 상황이 바뀔 것이다. 이것이 가능한 까닭은 오직 하나, 로켓랩 특유의 효율적인 로켓 건조와 발사 방법에 있다. 로켓랩의 일렉트론 추진 로켓은 비행기 한 대가 LA에서 샌프란시스코까지 가는 데 필요한 제트연료를 이용해 승객과 화물을 우주로 실어 나를 수 있다.

일렉트론 추진 로켓의 비밀은 로켓랩이 만든 러더퍼드 엔진에 있다. 로켓랩은 스페이스X가 처음 적용한 디자인 혁신 가운데 많은 부분을 발전시켜 더 작은 규모에서 사용한다. 가장 주목할 만한 부분은 러더퍼드 엔진이 전기모터로 터보 펌프를 구동해서 완전히 전기로 작동하는 추진 사이클을 실현한다는 점이다. 게다가 러더퍼드 엔진은 모든 주요 부품을 3D 프린팅으로 만든 최초의 산소-탄화수소 엔진이다. 전통적인 기술로는 구현이 불가능한 복잡하면서도 가벼운 엔진 구조가 3D 프린팅 덕분에 가능해졌다. 그 결과 로켓랩은 비용을 절감했을 뿐만 아니라, 몇 달씩 걸리던 엔진 제작 기간을 며칠로 단축했다.

덕분에 얻은 것이 또 있다. 바로 신속한 확장성이다. 로켓랩 CEO 피터 벡Peter Beck은 말했다. "우리는 처음부터 대량생산을 염두에 두고 로켓을 디자인했다. …〔우리〕 엔진은 3D 프린팅으로 만든 것이다. 〔우리는〕 프린터 6대로 24시간 안에 엔진 한 대를 생산할 수 있다. 우리가 규모를 늘리기 위해서 하는 일은 프린터를 더 사는 것이다. 발사용 로켓을 제작하고 디자인할 때 가장 중요시하는 점은 제조 가능성이다."

고성능 전기모터와 리튬-폴리머 배터리, 제작할 때 사용하는 3D 프린터까지 로켓랩의 핵심 기술이 앞 장에서 설명한 기술과 마찬가지로 경험 곡선을 타기 때문에, 이 로켓도 비용이 내려가는 일만 남았다.

여전히 엄두를 못 낼 만큼 돈이 많이 들어가는 사업에서 간접비를 줄이기 위해 3D 프린팅 기법을 이용하는 데 열을 올리는 기업은 로켓랩 말고 또 있다. 스페이스X와 마찬가지로 캘리포니아 호손에 본사가 있는 렐러티버티스페이스Relativity Space는 생산을 단순화하고 로켓을 건조하는 과정에서 인간의 노동을 거의 제거해 6000만 달러 수준인 로켓 발사 비용을 대폭 줄이고 싶어 한다. 전체 비용에서 인간의 노동이 여전히 90%나 차지한다.

길이 5m 로봇 팔이 달린 렐러티버티스페이스의 3D 프린터는 지금까지 나온 3D 프린터 가운데 큰 축에 속한다. 이 프린터는 레이저를 갖췄기 때문에 알루미늄선을 녹여 액체 금속을 만들고, 이 액체 금속으로 제품의 형태를 만들 수 있다. 이런 프린터는 중소기업에서 이용 가능한 도구의 질적 도약을 의미한다. 렐러티버티스페이스 설립자들은 2020년 중반쯤이면 이와 같은 로봇 팔 몇 개로 높이 27m, 폭 2m, 적재량 900kg인 로켓 본체를 만들어 궤도로 쏘아 올릴 수 있을 거라고 주장한다. 그들은 로켓을 만드는 데 한 달이 걸리지 않을 거라며, 자신들이 만든 로켓이 비교적 작아도 스페이스X가 2008년에 발사한 팰컨 1 로켓보다 클 거라고 확신한다.

그들은 직접 만든 테란 1호 로켓을 2021년까지 가동하는 것이 목표인데, 지금까지 프린터로 폭 2m에 연료 탱크 높이 4m인 로켓을 생산한 게 전부다. 이 로켓을 만드는 데 며칠이 걸렸고, 엔진 한 대를 만드는 데는 열흘이 걸렸다. 진행 속도가 예상보다 느리지만, 얼마든지 그럴 수 있는 일이다. 중요한 것은 그들의 설계 방식이 패러다임의 전환을 보여준다는 점이다. NASA의 우주왕복선에는 움직이는 부품 250만 개가 들어갔고, 스페이스X의 로켓에는 약 10만 개 부품이 들었는데, 렐러티버티스페이스는 1000개나 그 이하 부품으로 로켓을 만들겠다는 것이다. 이는 웬만한 자동차에 들어가는 부품보다 적다. 게다가 그들은 전 세계에 공급망을 갖추기보다 로켓이 통째로 미국에서 건조될 거라고 예상한다.

이런 접근은 가까운 미래에 로켓 산업의 표준이 될 것이 거의 확실하다. 블루오리진의 뉴 셰퍼드 로켓에 들어간 부품 가운데 수백 개는 3D 프린팅으로 만든 것이며, 이런 식으로 만들어 로켓에 사용하는 부품은 계속 늘어난다. 덕분에 잠재적 후발 주자가 부담할 비용이 빠르게 하락하고 있다. 새로운 디자인 견본을 재빨리 만들고 이를 반복하고자 하는 후발 주자는 더 그렇다. 2017년 8월, 문익스프레스Moon Express의 공동 설립자 보브 리처즈Bob Richards는 말했다. "2010년 어느 항공우주 기업에 우리가 만들 추진 시스템의 견적을 내달라고 하자, 2400만 달러에 24개월이 걸린다고 했다. 지금 우리는 2주에 2000달러로 우리 엔진을 프린팅한다."

이는 2020년대 중반에 우리가 엄청나게 싸고 지속적으로 개선된 로켓을 기대할 수 있다는 의미다. 이 로켓이 다양한 단체를 위해 몇몇 승객과 가벼운 화물을 우주로 실어 나를 것이다. 화물은 대부분 초소형 위성일 테지만, 더러 지구로 돌아올 성능을 갖춘 탐사 착륙선도 있을 것이다. 모든 일이 일사천리로 진행되지는 않겠지만, 이런 경향은 21세기를 규정할 새로운 산업의 출현을 뒷받침할 것이다. 바로 우주 광물 채굴이다.

문익스프레스

문익스프레스는 2017년 말, 3년 안에 달의 남극에 기지를 세우고자 하는 야심에 관해 설명했다. 그들은 처음에 크기가 작은 MX1부터 그보다 큰 MX9까지 로봇 탐사선 여러 대를 활용할 것이다. 이 탐사선은 모두 '친환경적인' 페코PECO 엔진으로 작동하고, 연료는 태양계 어디나 있는 기본 원소인 수소와 산소에서 얻을 것이다. 이는 매우 중요한 의미가 있다. 우주산업의 실행 가능성에 가장 큰 걸림돌이 바로 지구 밖에서 연료를 급유하는 문제이기 때문이다. 페코 엔진이나 그와 같은 다른 엔진은 어느 곳을 지나든 현장에서 만들어지는 연료로 우주에서 작동해야 할 것이다.

문익스프레스의 야심은 이렇게 자율적으로 작동하는 무인

장치를 착륙선이나 궤도 선회 우주선으로 활용한다는 것이다. MX9은 MX1을 달 표면으로 데려가려고 만들었으며, 달 표면에 착륙한 MX1은 달의 얼음으로 만든 연료를 이용해 지구로 귀환할 것이다. 그러나 문익스프레스라는 이름만 보고 이 회사의 야심을 오해해선 안 된다. 그들의 일차적 목표는 지구의 유일한 위성인 달이지만, 더 큰 목표는 달과 소행성을 포함한 태양계의 모든 행성에서 자원을 탐사하는 데 사용할 수 있는 자동 구조물을 세우는 것이다. 당연히 그들이 탐사할 자원은 주로 광물이지만, 페코 엔진이 산소와 수소로 작동할 거라는 점을 감안하면 얼음도 탐사 대상에 포함될 것이다. 코발트나 백금 같은 금속을 채굴하는 게 주목적이지만, 달과 화성을 비롯해 얼어붙은 물이 상당량 매장된 곳이라면 어디든 거대한 주유소로 바꾸는 게 또 다른 목표다.

대다수 공상과학소설은 우리 후손이 별을 여행하는 이유가 탐험에 대한 욕구나 다른 사람이 가지 못한 곳에 가보고 싶은 욕구 때문이라는 전제가 있다. 그들의 욕구는 이타적인 동기와 거리가 멀다. 이를 가장 명쾌하게 보여주는 것이 글로벌 경제 위기의 첫 번째 파열음이 들려오기 몇 달 전인 2007년에 NASA와 13개국 우주 기관이 함께 발표한 국제우주탐사전략 Global Exploration Strategy, GES이다. 세계 강대국들 협력의 틀을 상세히 규정한 이 전략을 통해 민간 기업이 머지않은 미래에 우주에서 수익을 내기 위한 발판이 마련됐다.

10년이 지난 지금, 이 문서에 있는 가정 가운데 많은 부분이 현실로 드러나고 있다. 문서는 우주탐사가 어떻게 '새로운 기술과 서비스… 우주에 기반을 둔 자원 채취와 가공에 대한 수요를 창출해서 중요한 사업적 기회를 제공하는지' 언급한다. 조심스럽게나마 구체적인 내용까지 제시한다. "달의 암석에는 산소가 풍부하므로 이를 이용해 달에서 작업하는 데 필요한 생명유지시스템을 얻을 수도 있다. 액체산소를 로켓 추진 연료로 사용할 수도 있다. 게다가 액체산소를 지구 밖으로 쏘아 올리는 것보다 우주에서 만드는 것이 경제적일지도 모른다." NASA는 2009년 달에 물이 많다는 사실을 확인했다. 문익스프레스 같은 기업은 달에 있는 그 혼합물을 '우리 태양계의 석유'라고 불렀다.

　이어서 GES는 국가들이 경쟁하기보다 민간 기업의 참여를 촉진하기 위해 협력하는 방안을 명시한다. "이 사업에 확신을 갖고 투자하도록 하려면 우주탐사에 장기적으로 헌신하겠다는 확실한 자세와 우주탐사 아이디어를 정부에 소개할 기회, 법규가 필요하다. 이는 재산권과 기술이전 같은 까다로운 쟁점에 대한 공동의 이해를 의미한다."

　요컨대 GES는 각 나라가 새로운 우주 경쟁을 위한 규칙에 어떻게 동의할지 보여준다. 이 새로운 우주 경쟁에서는 국가보다 기업이 경쟁하고, 이 경쟁을 통해 세계의 엘리트는 훨씬 더 부유해질 것이다.

인류의 영토

기술과 시장주의는 GES 같은 협의를 적극 뒷받침하겠지만, 법은 까다로운 걸림돌이 될 것이다. 1967년에 작성되고 미국을 비롯해 100개국 이상이 승인한 우주조약Outer Space Treaty이 50년이 지난 지금까지 인류가 지구 밖에서 해도 되는 일을 규정하는 국제적 규범 역할을 하니 말이다. 이 조약은 우주가 '인류의 영토'라고 명시하며, 어떤 나라도 '점령을 비롯한 갖가지 수단으로' 달이나 그 밖의 천체를 '국가적으로 전용轉用'하거나 통치권을 행사해선 안 된다고 규정한다.

그렇다 해도 이 조약은 그 시대의 문서다. 이 조약이 작성된 시대는 국가, 그것도 강대국만 우주탐사에 착수할 능력이 있었다. 그래서 이 조약은 민간사업의 권리와 책임을 언급하지 않았다. 기업이 우주에 구조물을 짓거나 소유권을 주장할 수 없도록 한 조항이 없으므로, 우주에서 채굴은 국제 수역 내 어업 행위를 위해 마련된 것과 유사한 법적 제약 아래 있다고 볼 수 있다.

문익스프레스의 공동 설립자 나빈 자인Naveen Jain이 법적인 쟁점을 낙관적으로 보는 것은 어쩌면 당연한 일인지 모른다. 그는 2011년 "민간투자를 통해 자유로워진 자원에는 '발견한 사람이 임자'라는 강력한 법적 판례와 합의가 있으며, 달에서도 같은 판례와 합의가 적용될 것"이라고 말했다.

자인의 논리에는 한 가지 문제가 있다. 로켓이 됐든, 로봇공학이 됐든, 3D 프린팅이 됐든, 우주탐사에서 결정적인 역할을 하는 다른 어떤 기술이 됐든 현재 우리의 기술 수준은 '민간투자'가 이룬 결과가 아니라는 점이다. 우주산업에서 가장 혁신적인 민간 기업인 스페이스X는 지금도 연구·개발비를 마련하기 위해 NASA와 맺은 계약에 의존한다. 권력자들이 흔히 그러듯, 자인 또한 정부가 지원하는 연구의 손실은 사회화하고 이득은 사영화privatization하기를 바라는 것이다.

'민간투자를 통해 자유로워진'이라는 표현조차 신경에 거슬린다. 정부가 지원하는 연구에 편승한 백만장자들이 마치 사회 전체의 이익을 위해 투자한 것처럼 꾸미는 말이기 때문이다. 이런 태도는 시장 근본주의에 부합하며, 자인 같은 사람은 수 세기 동안 자연의 풍요를 자본주의의 결과물로 봐왔다. 마르크스도 다음과 같이 지적했다.

동인動因으로 생산에 투입되지만 비용이 들지 않는 자연의 요소는… 자본을 구성하는 요소가 아니라 자연이 자본에 공짜로 주는 선물, 다시 말해 자연의 생산력이 노동에 공짜로 주는 선물이다. 하지만 그 밖에 다른 모든 생산성이 자본주의적 생산방식 아래서 자본의 생산력처럼 보이듯이, 자연이 공짜로 주는 선물도 자본의 생산력처럼 여겨진다.

여기서 우리는 자본주의 리얼리즘을 함축하는 문장을 살짝 바꿔 다음과 같은 질문을 던져볼 수 있다. 지금 우리에게는 지구 밖에서 발견한 막대한 부를 공동으로 소유하자는 주장보다 세상의 종말이 온다는 소리가 그럴듯하게 들리지 않는가? 그렇게 생각해야 할 이유라도 있는가?

우주탐사가 시작되고 처음 60년 동안 중요한 발전은 모두 국가가 성취했다. 폰 브라운의 V2 로켓부터 소련의 스푸트니크와 NASA의 상징이 된 아폴로 탐사 계획까지, 민간투자가 기술적 발전에 끼친 영향은 없다. 결국 우주탐사의 역사는 우주가 인류의 영토여야 하는 이유를 보여주는 사례로 가득하다. 우주의 풍요를 우리 손이 닿는 곳으로 가져올 기술에 자금을 댄 건 부유한 투자자가 아니라 보통 사람이었다.

물론 이런 사실이 어떤 희생이 따르더라도 자국 기업의 이익을 보장하려는 특정 국가의 행태를 막지는 못했다. 2015년 버락 오바마 정부는 지분을 절반 이상 미국 국민이 소유한 미국 기업이 지구 바깥에서 수익성 있는 자원 채취에 관여할 수 있다는 법을 최초로 제정했다. 현재 NASA는 이 문제에 중립적인 입장이지만, 그 밑바탕의 현실은 빠르게 변하고 있다.

이런 변화는 2017년 5월에 소집된 미국 상원의 무역 · 과학 · 교통위원회 산하 소위원회에서 분명히 표출됐다. '미국의 국경 다시 열기 : 우주에서 미국의 무역과 정착에 우주조약이 미칠 영향 탐구'라고 이름 붙인 이 모임은 우주조약의 한계를 확인하고 민영기업을 위한 기회를 극대화하는 게 목적이었다. 그해 말 미국국가우주위원회 스콧 페이스Scott Pace

사무총장이 한 연설이 이 목적을 가장 잘 보여준다.

> 이런 이야기는 여러 차례 반복해도 좋습니다. 우주는 '전 세계의 공유지'가 아니고, '인류 공동 유산'도 아니며, '공동 물건'도 아니고, '공공 이익'도 아닙니다. …이런 개념은 우주조약에 없으며, 미국은 이런 개념이 우주의 법적 지위를 설명하는 게 아니라는 입장을 취해왔습니다.

다가오는 21세기의 주요한 경제적 쟁탈전을 준비하는 사람과 기관이 하는 말이 바로 이것이다. 우주의 자원과 부는 누구의 것인가?

독자적으로 행동하는 건 미국뿐만 아니다. 룩셈부르크는 2017년 1월, 소행성 채굴 기업이 자국에 본사를 둘 수 있게 하는 법적 틀을 마련하기 시작했다. 우주 채굴 사업에서 핵심 기업으로 자리 잡길 원하는 플래니터리리소시스가 이 제안을 재빨리 받아들였다.

갑작스럽게 넘쳐나는 미사여구와 로비와 법적 활동을 난데없는 일로 받아들여선 안 된다. 우리는 자원 문제에서 패러다임이 전환되는 지점에 있다. 이런 패러다임의 전환을 개인이 엄청난 부를 쌓는 길로 보는 사람도 있다. 플래니터리리소시스의 공동 설립자 피터 디아만디스는 말했다. "나는 최초의 조만장자가 우주에서 탄생할 것이며, 우리가 이야기하는 자원이 수조 달러 자산이란 사실을 믿어 의심치 않는다."

지구의 한계를 넘어서

19세기가 시작되는 1801년, 소행성 케레스Ceres가 처음 관측되면서 소행성의 존재가 확인됐다. 머지않아 과학자들은 지름 1m 이상은 소행성, 지름 1m 이하는 운석으로 구분했다. 혜성과 소행성은 질적인 면에서 다르다. 소행성은 주로 광물과 암석으로, 혜성은 먼지와 얼음으로 구성된다.

소행성도 행성과 마찬가지로 태양 주위를 돌지만, 완벽하게 구형球形인 소행성은 극히 일부에 불과하다. 케레스 같은 소행성은 종종 '왜행성'이라고 불린다. 왜행성은 너무나 커서 자체 중력질량에 따라 하나의 구형으로 압축된다. 태양계 외부 카이퍼대Kuiper belt에는 넉넉잡아 왜행성 200개와 지름 1km가 넘는 소행성이 100만 개 이상 있는 것으로 추정된다.

중·단기적 탐사라는 관점으로 보면, 지구에서 훨씬 가까운 곳에 더 흥미로운 소행성 집단이 있다. 현재 우리가 아는 근지구소행성near-Earth asteroids, NEAs은 1만 6000개가 넘고, 그 크기는 지름 1m부터 32km 이상까지 다양하다. 지름 1km가 넘는 NEAs는 약 1000개로 추산되며, 너비 140m 이상인 NEAs는 약 8000개다. 상한 추정치에 따르면 지름이 40m 정도인 NEAs는 100만 개 이상인데, 그중에서 지금까지 발견된 것은 약 1%다.

문익스프레스가 다음 프로젝트로 나가기 전에 지구의 유일한 달을 탐사하든, 플래니터리리소시스가 NEAs를 평가하든, 지구 밖에 있는 광물자원의 잠재적 풍요는 가히 상상을 초월한다. 어떤 추산에 따르면 너비가 500m에 백금이 풍부한 소행성 하나는 해마다 전 세계에서 산출되는 백금의 약 175배에 달하는 양을 함유됐는데, 이는 전 세계에 매장된 백금의 1.5배에 이른다. 심지어 이보다 작은 소행성, 예컨대 축구장만 한 소행성 하나에도 무려 500억 달러 상당의 백금이 함유된 것으로 추정한다.

소행성대는 철 8해 2500경 t과 철 1t당 니켈 63kg이 함유된 것으로 예상된다. 한 추산에 따르면, NEAs의 광물자원을 지구상 모든 인간이 똑같이 나눠 가질 경우 1인당 1000억 달러 이상이 돌아간다. 우리가 그 자원에 접근할 수 있다면, 자연은 우리가 상상하는 것보다 많은 에너지뿐만 아니라 철과 금, 백금, 니켈을 제공한다. 현재 우리가 우주에서 접근할 수 있는 자원은 슈퍼마켓 안의 빵 부스러기에 불과할 만큼 극히 일부다. 적절한 기술을 갖춘다면 광물의 희소성도 과거의 일이 될 것이다.

소행성 채굴을 현실화하는 데 필요한 진전은 꾸준히 이어지고 있다. 2005년 일본의 무인 우주선 하야부사는 소행성 25143 이토카와에 착륙했으며, 소행성 표면에서 물질의 표본을 채취해 5년 뒤 지구로 돌아왔다. 2014년 일본우주개발사업단National Space Development Agency of Japan은 후임자 임무를 띤 하야부사 2호를 발사했다. 목적지는 소행성 채굴에서 비용 대비 효율이 가장 높다고 널리 알려진 소행성 162173 류구였다. 2018년 6월 소행성에 착륙한 하야부사 2호는 표본을 채취해서 2020년 지구로 귀환할 예정이다.

소행성 탐사에 뛰어든 국가는 일본뿐만 아니다. NASA는 2016년 연구와 표본 채취를 위해 오시리스-렉스를 소행성 101955 베누로 발사했으며, 2023년 귀환할 예정이다. 중국도 비슷한 야망을 품고 있다. 중국국가항천국China National Space Administration은 2030년대 어느 시점에 왜행성 케레스에 탐사선을 보냈다가 귀환시킬 계획이다.

소행성 탐사도 우주탐사와 마찬가지로 대부분 국가 차원에서 투자하는데, 수익을 기대하는 쪽은 민간 영역이다. 초기단계에 있는 소행성 탐사 산업에서 선두를 달리는 딥스페이스인더스트리Deep Space Industries와 플래니터리리소시스는 비슷한 접근법을 사용한다. 저가 위성 기술과 탐사선을 통한 소행성 탐사에 초점을 맞춘 것이다. 딥스페이스인더스트리는 자칭 엑스플로러Xplorer라는 것을 개발했고, 플래니터리리소시스에는 엑스플로러와 놀랄 정도로 비슷한 탐사 시스템 아키드Arkyd가 있다. 탐사지에서 연료 생산과 채굴을 수행하기까지 갈 길이 멀지만, 이 1단계 탐사 장비로 목표 소행성의 성분을 더 잘 이해하고 미래에 추진 연료로 쓰일 수 있는 얼음이 매장된 층을 발견하고자 한다. 문익스프레스와 마찬가지로 한 가지 빠진 부분이 있다면, 지구 밖에서 인간이 관리 ·

감독하지 않는 상태로 연료를 만들 능력이다. 2004년 이후 자율 주행 자동차 같은 기술이 급속도로 발전하는 현실을 감안할 때, 이 능력은 생각보다 빨리 갖출 가능성이 크다.

딥스페이스인더스트리의 CEO 크리스 르위키Chris Lewicki는 이 문제를 낙관한다. 그는 2020년대 중반에는 소행성에서 물을 상업적으로 추출할 수 있을 거라고 예상한다. 정기적으로 매우 저렴한 비용으로 로켓을 쏘아 올리는 일이 잦아지고, 갈수록 정교해지는 탐사선과 로봇공학이 가세하면 소행성 채굴의 문을 여는 1라운드 활동이 자리 잡아갈 것이다. 아틀라스 로봇의 급속한 발전을 보면 알 수 있듯이, 로봇공학이 정밀하게 개선되면서 소행성 탐사에 필요한 기술의 윤곽이 드러나고 있다.

딥스페이스인더스트리나 플래니터리리소시스 같은 기업이 소행성을 탐사하고 소유권을 주장하면, 소행성에 있는 얼음을 이용해 추진 연료를 만드는 방법을 터득하면, 이 산업은 실행 가능한 단계에서 수익을 내는 단계로 올라설 것이다. 그다음 단계에는 2라운드에 필요한 추출 장비가 등장할 것이다. 이 장비는 소행성에서 얻은 추진 연료를 이용해 소행성을 지구 쪽으로 밀어 채굴을 용이하게 만들거나, 많은 얼음이 집중된 소행성에서는 급성장하는 채굴 산업이 지구에서 더 먼 곳으로 향하는 데 필요한 '주유소'를 만들 것이다.

우주 쟁탈전

캘리포니아공과대학교는 2012년 한 연구에서 더 수월한 채굴을 위해 소행성 하나를 지구 궤도 근처로 옮기는 데 드는 비용이 26억 달러에 불과할 거라는 결론을 내렸다. 이 내용은 골드만삭스가 2017년 발표한 보고서에서 다시 확인됐다. "소행성 채굴에 대한 심리적 장벽은 높지만, 재정과 기술의 장벽은 훨씬 낮다. 탐사선 한 대를 만드는 데 수천만 달러면 가능하다." 20억 달러가 많은 액수처럼 들릴 수 있지만, 새로운 희토류 채굴에 들어가는 매몰 비용을 생각하면 꼭 그렇지도 않다. 매사추세츠공과대학교는 현재 희토류 채굴에 들어가는 매몰 비용을 약 10억 달러로 추산한다. 이르면 2030년쯤, 소행성 채굴을 위한 장비와 시스템이 준비되고 나면 개발 가능한 모든 소행성에서 새로운 광산을 채굴할 때마다 한계비용은 계속 줄어들 것이다. 이렇게 되면 기반 시설은 끊임없이 개선되고, 우리의 고향인 지구 밖에서 광물을 채취하려는 의욕은 커지는 선순환이 일어날 것이다.

그렇다고 소행성 채굴이 실행 가능한 산업이 되기 위해 넘어야 할 난제가 없다는 얘기는 아니다. 필수적인 감각·운동 협응 능력을 갖춘 로봇은 수십 년이 지나야 실현 가능하겠지만, 4장에서 살펴봤듯이 실현 가능성보다 시기가 문제다. 더 큰 문제는 범주를 넓게 잡는 예측 모델을 넘어 소행성의 구성 요소를 정확히 파악하는 일이 아직 불가능하다는 데 있다.

어떤 기업이 소행성에 도착했는데, 그곳에 있는 물과 백금이 예상보다 훨씬 적다면 어떻겠는가? 이런 위험과 탐사에 드는 막대한 비용(특히 로봇공학에 들어가는 막대한 비용) 사이에서 딥스페이스인더스트리나 플래니터리리소시스 같은 기민한 기업이 어떻게 버텨낼지 예상하기는 어렵다. 반면 스페이스X 나 블루오리진 같은 기업은 더 발전된 기술과 거대 자본으로 무장한 채 위험에 대처할 것이다.

　우리는 이 모든 문제를 극복할 수 있다. 모든 신흥 산업이 그렇듯이 앞으로 이 산업이 어떻게 전개될지 예측하기는 불가능하다. 그러나 소행성 채굴을 통해 지구가 안고 있는 문제(주로 자원 고갈)를 해결할 수 있다는 사실뿐만 아니라 이 산업이 열어젖힐 새로운 지평까지 감안하면, 향후 수십 년에 걸쳐 소행성 탐사는 붐을 이룰 것이 틀림없다.

가치를 뛰어넘는 풍요

　마지막 문제가 남았다. 이 산업에 종사하는 많은 사람은 이 문제를 맞닥뜨리기 꺼리는 것 같다. 1894년 영국에서 말 배설물 위기가 2차 대변혁의 풍요와 대비되는 1차 대변혁의 한계를 보여준 것과 마찬가지로, 이것은 신기술의 성공에 따라 부각될 문제다. 이것은 앞서 살펴봤듯 가격 메커니즘과 양립하기 어려운 무한 공급 성향에 따른 문제이기도 하다.

두고 보라. 지구 저편의 다른 행성과 달, 소행성에는 광물 자원이 엄청나게 많으므로 지구 밖 채굴이 실행 가능한 산업이 되면 투자자들이 이전까지 그토록 비싸게 평가한 광물 값은 말 그대로 붕괴할 것이다.

이를 가장 잘 보여주는 사례가 소행성대에 있는 16프시케다. 지름 200km가 넘는 16프시케는 우리 태양계에서 큰 소행성 가운데 하나며, 철과 니켈을 비롯해 구리, 금, 백금 같은 좀 더 희귀한 원소로 구성된다. 이 떠다니는 거대한 광산의 '가치'는 얼마일까? 철만 따졌을 때 약 1000만조 달러다. 프시케는 분명히 희귀한 소행성이지만, 중요한 사실을 알려준다. 우주에서 채굴을 통해 상상을 초월한 양의 광물이 공급되면 지구의 광물 값은 곤두박질치리라는 점이다.

2017년 8월 피터 디아만디스는 블루오리진의 에리카 와그너Erika Wagner에게 그녀의 상관 제프 베조스와 일론 머스크가 벌이는 싸움에서 누가 승자가 될 것 같은지 물었다. 와그너는 에둘러 답했다. "그러면 피터, 우리 블루오리진이 하는 일에 관해 설명해볼게요. 우리는 수백만 명이 우주에 살면서 일하는 미래를 향해 가고 있어요. 내가 생각하는 미래는 정말이지 환상적이에요. …우주는 광대무변해요. 그러니까 우리는 싸울 필요가 없죠. …우리는 모두 우주로 나가서 이런 미래를 함께 만들 겁니다."

태양계에 있는 광물자원이 우리가 상상하는 것보다 훨씬

많다는 사실을 인정했다는 점에서 와그너의 말은 옳다. 그러나 머스크나 베조스 같은 사람이 다른 사람을 돈방석에 앉힐 일에 사재를 털면서 위험을 감수하지 않는다. 머스크는 수차례 파산 직전까지 갔는데, 그 와중에도 스페이스X의 주식 상장을 거부했다. 게다가 딥스페이스인더스트리나 플래니터리 리소시스 같은 기업, 그리고 반드시 나타날 그들의 경쟁 기업에 주주 모델이 적용되면 그때부터 사회적 진보보다 수익률이 중요한 문제로 떠오를 것이다.

20세기 초 정보의 사례에서 살펴봤듯, 자본주의는 풍요로운 상황에도 이윤을 내기 위해서라면 풍요를 제한하려 한다. 소행성 채굴로 잠재력이 무한한 부를 얻을 수 있다는 점을 감안할 때, 이 바닥에 있는 기업과 정치판에 있는 그들의 우군은 같은 자본주의 논리를 적용하려 들 것이다.

자본주의 논리는 여러 가지 방식으로 일시적인 독점 상황을 만들어 풍요를 제한한다. 우리는 이를 정보 분야에서 확인했으며, 머지않아 재생에너지 분야에서도 비슷한 상황이 나타날 것이다. 그렇다면 소행성 채굴에서 독점은 어떤 방식으로 나타날까? 우선 사기업은 소행성 개발이 시도되기 수십 년 전부터 가장 가치가 높은 소행성을 탐사하고 그 소유권을 주장할 수 있는데, 우리는 이미 그런 조짐을 목격하고 있다. 또 다른 가능성은 채굴을 위해 사용되는 특정 기술에 지식재산권이 적용될 수 있다는 점이다. 예를 들어 얼음을 연료로 전환하는 과정에 사용되는 기술에 지식재산권이 적용된다면 지구 밖에서도 희소성을 만들 수 있다. 마지막 가능성은 그나마 합리적인 축에 속한다. 우주에서 채굴한 광물 상품에 지구에서 채굴 비용이 가장 저렴한 광산의 광물보다 약간 낮은 값을 책정해 광물 시장을 완전히 장악하는 것이다. 그 결과 지구에서는 착암기가 작동을 멈추겠지만, 광물 값은 안정세를 유지하고 채굴 기업은 막대한 이윤을 보장받을 것이다.

대기업과 정치권이 이런 탐욕을 어떤 식으로 정당화할지 상상하기는 어렵지 않다. 지구 밖에서 채굴하는 회사는 자신이 미래를 위한 관리인이라고 주장한다. 그들은 환경운동가의 입에서 나올 법한 진보적인 주장을 흉내 내 이렇게 말할지도 모른다. "우리는 한 종으로서 교훈을 얻었다. 우리는 지구라는 행성을 파괴해왔지만, 다른 행성에서는 결코 같은 잘못을 반복하지 않을 것이다." 그러는 사이에 피터 디아만디스가 공개적으로 예측했듯이, 채굴에 관여한 사람은 지구상에서 가장 부유한 사람의 대열에 합류할 것이다.

그토록 풍부한 자원을 무책임하게 관리해야 한다거나, 우리가 지구에서 하듯이 지구 밖의 광산을 무분별하게 개발해야 한다는 얘기는 아니다. 다만 우주조약은 좀 더 명확해져야 한다. 특히 이윤을 위한 지구 밖의 광물 개발과 관련된 규칙이 더 명확해져야 한다. 남극조약체제Antarctic Treaty System[33] 안

---

[33] 아이젠하워 대통령이 1960년 9월 22일 유엔총회 연설에서 남극조약의 원칙을 우주와 천체에 적용할 것을 제안했다.

에 있는 마드리드의정서Madrid Protocol가 하나의 본보기가 될 수 있다. 마드리드의정서 3조에 명시하듯이 '남극을 미학적·과학적 가치가 있는 미개지로 보호할 것'을 기본적으로 고려해야 한다. 7조는 '과학적 연구 외에 광물자원과 관계된 어떤 행위도 금지한다'고 부연한다.

우주조약에도 외계 탐사와 이용은 '인류의 영역'이라고 나온다. 하지만 마드리드의정서와 같이 명확한 표현이 부족하기 때문에 딥스페이스인더스트리나 플래니터리리소시스 같은 민간 기업이 차지하기 전에 풍요로운 광물자원이 공정하게 분배되도록 국제기구가 나설 필요가 있다. 아이젠하워 대통령은 이 사실을 분명히 언급했다. 그는 1960년 9월 유엔총회 연설에서 전 세계가 "유엔의 통제 아래 우주의 건설적이고 평화적인 이용을 위한 국제 협력 프로그램을 단호히 추진해야 한다"고 제안했다.

우주는 정말이지 우리 모두를 위한 영토다. 우주의 풍요를 어느 때보다 우리와 가까운 곳으로 가져오는 기술이 공적 자금 없이는 불가능하기 때문에라도 그렇다. 국제 우주정거장에 들어간 돈만 합해도 1500억 달러에 이르는데, 이는 NASA의 아폴로 계획에 들어간 비용과 비슷한 액수다.[34] V2 로켓부터 스푸트니크, 오늘날의 스페이스X에 이르기까지 우주탐사 비용은 사회가 지불했다. 따라서 수익도 사회의 몫이 돼야 한

---

34 1973년 당시 아폴로 계획에 254억 달러가 든 것으로 추산됐다.

다. V2 로켓이 지구의 대기권을 벗어난 지 64년이 지난 2008년까지 민간 기업은 액체 연료 로켓을 궤도에 쏘아 올릴 능력조차 없었다. 민간 부문의 혁신이 이 정도다.

자본주의에는 유용한 기능이 많다. 그러나 자연의 풍요를 인정하지 못하는 것은 자본주의의 가장 큰 결점이다. 자원이 풍요로운 조건에 직면하면 정보와 에너지, 노동에서 그랬듯이 이윤을 위한 생산은 제대로 작동하지 않기 시작한다.

이 모든 문제는 자본주의가 오늘날 우리 눈앞에 펼쳐지는 세상과 근본적으로 다른 세상에서 등장했다는 사실에서 비롯한다. 이는 곧 자본주의가 일련의 다른 가정에 기반을 둔다는 뜻이며, 자본주의에서 그런 가정은 영구불변의 진리로 여겨졌지만 실상은 우연히 등장한 생각에 지나지 않았다. 어느 것이든 무한대로, 사실상 공짜로 공급되는 상황에 맞닥뜨리면 자본주의의 내적 논리는 무너지기 시작한다. 희소성은 항상 존재하리라는 것이 자본주의의 핵심 가정이기 때문이다.

이제 우리는 그 가정이 틀렸다는 사실을 안다.

7

운명을 편집하다 :
수명 그리고 건강의 희소성이
사라진 미래

이제 우리는 신이나 다름없다.
이왕이면 신 노릇을 잘하는 편이 낫다.

스튜어트 브랜드

노화하는 종

2020년 현재 세계 65세 이상 인구가 사상 최초로 5세 미만 인구를 넘어섰다. 2050년이 되면 65세 이상 인구가 14세 미만 인구보다 많아질 것이다. 이를 두고 인류의 위대한 업적이라 할 수 있을까? 나이 든 개체가 어린 개체보다 많은 종은 인류 외에 자연계 어디에도 없다.

수명이 늘어나는 일이야 반갑지만, 고령화는 문제점이 한두 가지가 아니다. 특히 오래 살면서 아이는 적게 낳다 보니 생산 가능 인구가 피부양 인구보다 많아야 유지되는 각종 사회보험이 위태로워지고 있다. 고령화와 저출산은 이미 많은 국가가 겪었고, 전 세계로 확산되는 현상이다. 그 결과 공적 연금과 노인 돌봄 지원 제도가 무너지는 지경에 이를지는 아직 불확실하다. 그렇게 된다면 아이러니가 아닐 수 없다. 자본주의의 풍요 속에 더 많은 사람이 장수하지만, 그중 다수가 재원 부족으로 돌봄을 받지 못하는 셈이니 말이다.

철학자 토머스 홉스는 17세기 중반에 정부나 법이 없는 상황을 자연 상태라 가정하고, 자연 상태의 삶을 '불결하고 야만적이며 짧다'고 묘사했다. 이 가운데 '삶이 짧다'는 말은 홉스가 살던 영국에 국한된 이야기가 아니다. 당시 영국과 인근 국가는 20세기 이전까지 비교적 흔했지만 1640년대에 특히 심각한 전쟁에 계속 시달렸고, 현대적인 의료라고 할 게 없어 성인 남성이 마흔을 넘기기도 힘들었다. 그러나 1800년대 초 보건과 위생에 과학적 방법이 도입되고 영·유아 사망률이 극적으로 감소하면서 반전이 일어났다. 출산율이 높은 상황에서 성인이 될 때까지 생존하는 아이들 비율이 높아지자, 2차 대변혁을 선도한 국가들은 전례 없는 인구 증가를 경험했다.

변화의 영향은 지대했다. 1800년 무렵 세계 인구가 10억 명에 도달하기까지 수십만 년이 걸렸는데, 2배인 20억 명으로 늘어나는 데는 고작 120년이 걸렸다. 이는 시작에 불과해, 세계 인구는 20세기 말 60억 명을 넘어 21세기 중반에 96억 명에 이를 것으로 보인다. 세계 인구가 예상대로 늘어나면 약 300년 만에 10배가 되는 셈이다.

폭발적인 인구 증가는 두 현상을 동반했다. 첫째, 기대 수명의 연장이다. 2015년 기준 세계인의 평균 기대 수명은 71세로, 20세기 초와 비교해도 무려 40세가 늘었다. 둘째, 나라가 부유해질수록 출산율이 감소하는 현상이다. 한 나라의 인구는 산업화를 거치며 증가하지만, 일정한 발전 수준에 도달하면 출산율이 감소하면서 저절로 조정된다. 지난 두 세기 동안 세계 인구는 폭발적으로 증가했고, 인구가 2배로 늘어나는 데 걸리는 시간은 계속 짧아졌다. 이제 증가 속도가 차츰 늦춰지고 있으며, 세계 인구는 21세기 말에 정점을 찍고 더 늘어나지 않으리라는 예상이 나온다. 에너지 소비와 마찬가지로 인구 증가에도 어떤 '자연적' 한계가 존재할지 모른다.

인구 증가의 둔화는 제한된 자원의 분배라는 관점에서 보면 긍정적이지만(20세기 중반만 해도 높은 인구 증가율이 무한정 유지되리라는 우려가 있었다), 고령화사회가 겪을 문제는 훨씬 더 심각하다.

2013년 미국의 신용 평가 회사 스탠더드앤드푸어스Standard &Poor's가 시행한 시뮬레이션은 고령화의 심각성을 단적으로 보여준다. 그에 따르면 분석 대상국 가운데 60%의 신용 등급이 고령화로 30년 내에 투자 부적격 수준으로 떨어질 것으로 예측됐다. 이대로 가다가는 현상 유지조차 어려우며, 연금 수급 연령을 높이거나 공공 부문을 축소하는 등 대대적인 개혁이 필요하다는 결론이 나온 것은 당연했다. 3년 뒤 스탠더드 앤드푸어스는 연구 규모를 확대하고 조금 덜 어두운 전망을 발표했는데, 여기서는 분석 대상국 가운데 25%가 신용 위기에 빠질 것이라 봤다. 두 번째 연구에서 가장 눈길을 끄는 대목은 우크라이나와 브라질, 중국, 사우디아라비아도 어려움을 겪으리라는 전망으로, 이는 고령화가 지구적 현상임을 보여주는 사례다. 고령 인구 부양에 따른 위기는 특정 경제체제나 문화적 전통을 넘어 인류 공통의 문제다.

고령화는 경제성장에도 악영향을 끼친다. 2016년 FRB 연구 분과가 발표한 보고서에 따르면, 각국 중앙은행은 인구 변화의 영향으로 장기금리를 올리기 어려워질 것이다. 보고서는 미국을 예로 들면서 "저투자, 저금리, 저성장이 당연해지고 있다. …미국 경제는 뉴 노멀 시대에 들어섰다"고 결론 내렸다. 아메리카 대륙뿐만 아니라 유럽과 아시아도 비슷한 상황이다. 지난 수십 년간 인구 변화에 대한 기본 대응책은 더 많은 이민을 받아들이는 것이었으나(일본 같은 소수 예외를 제외하고), 고령화는 2차 대변혁의 필연적인 결과로 모든 사회가 겪거나 앞으로 겪을 문제이므로 이민은 해결책이 될 수 없다. 아시아와 아프리카가 유럽이나 미국과 같은 고민에 시달리는 마당에 노동력 부족의 해결책으로 경제 이민을 거론한다면 '어디서 데려올까?'라는 물음에 답변이 궁해질 것이다.

대다수 선진국(특히 유럽)은 성장이 둔화하고 지출은 늘어나는 이중고에 시달린다. 영국은 건강, 장기적인 사회복지,

국민연금, 기타 수당에 드는 비용으로 2020~2030년 연간 지출이 GDP의 2.5%씩 늘어나리라 예상된다. 2016~2030년 영국의 65세 이상 인구는 약 33% 증가하고, 85세 이상 초고령 인구는 거의 2배가 될 것이다. 정치인은 입버릇처럼 '균형재정'을 강조하지만, 고령화는 실패한 경제모델과 마찬가지로 만성적 재정 적자를 초래할 공산이 크다.

영국의 고령화 : 긴축을 넘어선 긴축

영국 보수당은 2017년 6월 총선에서 의회 과반 의석을 지키는 데 실패했다. 7주 전 테레사 메이 총리가 조기 총선을 추진할 때만 해도 압승은 기정사실이었다. 위기에 몰린 노동당이 반격을 잘하기도 했지만, 그보다 보수당의 형편없는 선거 전략이 돋보였다. 그들은 현대 정치사에 남을 만한 실책을 저지르면서 최악의 상황을 자초했다. 바로 보수당의 사회적 돌봄 개혁안으로 불거진 '치매세' 논란이다.

개혁안은 결국 총선의 터닝 포인트가 됐지만, 보수당이 정치적으로 안일했다고 볼 수만은 없다. 그들의 제안에는 장기적으로 꼭 필요한 대책이라는 인식이 있었다. 정책의 요지는 단순하다. 주택을 포함해 자산 가치가 10만 파운드 이상인 치매 환자가 사회적 돌봄을 받으려면 비용을 직접 부담해야 한다는 것이다. 가족은 환자가 살아 있는 동안 비용 지불을 미뭐 부동산을 매각하지 않아도 된다. 하지만 환자가 사망하면 유산에서 비용이 공제된다는 점에서 새로운 상속세를 도입하는 것과 다름없었다. 대중의 분노가 거세지는 가운데 보수당 지지층의 반발이 두드러졌다. 개혁안은 얼핏 혁신처럼 보이지만, 실상 의료 서비스에 드는 비용이 복권처럼 운에 따라 결정되는 상황을 조장했기 때문이다. 예를 들어 누군가 암에 걸리면 국민건강보험National Health Service, NHS을 통해 치료비를 지원받지만, 치매에 걸리면 지원받을 길이 없었다. 보수당은 자신들이 확고한 우위에 있다 착각했고, 고통이 따라도 꼭 필요한 일이라는 명분을 내세워 개혁안을 공약에 포함했다.

보수당의 제안을 근시안적 정책으로 치부할 순 없다. 비록 오랫동안 보수당을 지지한 유권자와 활동가를 분노하게 했지만, 개혁안이 고령화 위기에 대응하는 데 역점을 둔 것은 사실이다. 늘어나는 기대 수명과 줄어드는 출산율은 결국 사회에 충격을 줄 것이며, 누가 정권을 잡든, 집권 세력의 이념이 어떻든 보건과 사회적 돌봄을 계속 공적으로 지원할 수 있을지 불확실하다. 고령화 대책이 정치적 혼란을 유발하는 일은 2017년 6월 영국 총선 이후로도 계속될 것이다.

혹여 앞으로 100년 동안 주요 사망 원인이 크게 달라지지 않으리라 생각한다면, 지난 100년간 얼마나 많은 변화가 있었는지 되새길 필요가 있다. 결핵이나 독감 같은 전염병은 한때 가장 큰 사망 원인이었지만, 이제 해마다 세계 사망자 약

2/3는 노인성 질환으로 목숨을 잃는다.

잉글랜드와 웨일스에서는 2016년을 기점으로 알츠하이머병과 치매가 심장 질환을 넘어 사망 원인 1위에 올랐는데, 이는 중대한 변화를 알리는 신호다. 미국에서도 노인성치매는 주요 사망 원인 6위에 해당하며, 기대 수명이 늘어나면서 더 만연할 것이다(2013년에 나온 예측에 따르면, 2050년 세계 치매 환자 수는 2013년보다 3배로 늘어난다고 한다). 오늘날 치매가 유발하는 경제적 비용(2015년 기준 연 8180억 달러)으로 미뤄 보건대, 고령화에 따른 재정 문제와 노동력 감소는 일대 변동을 가져올 것이 틀림없다.

고령화와 관련한 의료 문제가 폭발적으로 늘어나리라는 점은 대변동이 불가피한 이유 중 하나다.

노인성 질환 발생률은 무어의 법칙이 예측한 디지털 기술의 발전 속도와 마찬가지로 연령에 따라 기하급수적으로 증가한다. 고령화는 현재의 비관적 전망을 훨씬 넘어설 정도로 심각한 문제가 될 수 있다. 예를 들어 알츠하이머병에 걸릴 확률은 70~75세에 2배로 늘어나고, 75~80세에 다시 2배가 늘어난다. 점진적인 고령화로 '초고령' 인구의 비중이 어느 때보다 높아진 사회는 유례없는 위기에 직면했다. 설령 암이나 심장병, 뇌졸중 등을 줄이거나 극복한다 해도 알츠하이머병 같은 치매 질환이 계속 늘어가는 상황은 감당하기 어려울 것이다.

3차 대변혁은 기술적 실업, 기후변화, 자원 부족 같은 여타 위기와 마찬가지로 고령화에도 임시변통 수준을 넘어선 해결책을 제공한다. 해결의 열쇠는 에너지, 노동력, 자원 문제처럼 3차 대변혁의 무한 공급 성향이다.

'공짜가 되고 싶어 하는' 정보는 초기에 음악, 영화, 문학처럼 비교적 중요성이 적은 분야와 새로운 형태의 집단행동이나 자동화까지 적용되는 듯 보이지만, 그 진가가 가장 분명하게 발휘될 곳은 보건·의료 영역이다. 어찌 보면 당연한 일이다. 살아 있는 유기체란 근본적으로 물질과 정보의 결합물이며, 대장균과 우리가 아끼는 반려동물에는 복잡성과 규모의 차이가 있을 뿐이니까.

디지털 정보가 0과 1로 구성된 이진법 코드라면, 방대한 DNA 염기 서열은 C, G, A, T로 약칭되는 4가지 핵염기로 구성된다. 지난 수십 년간 우리는 이 생물학적 데이터를 상세히 이해했고, 이제 훨씬 더 놀라운 변화를 앞두고 있다. DNA의 손쉬운 수정이 가능해지는 것이다.

(유전) 정보는 공짜가 되기를 원한다

1953년 프랜시스 크릭Francis Crick과 제임스 왓슨James Watson이 DNA의 분자구조를 밝혀냈다. 크릭은 아들에게 쓴 편지에서 이 발견을 '생명에서 생명이 만들어지는 근원적인 복제 메커니즘'이라 표현했다. 이듬해 최초의 상업용 실리콘트랜지스터가 개발됐다. 이후 디지털 기술이 생명의 근본 원리와 유전정보를 이해하는 열쇠가 되면서 두 분야의 관계는 갈수록 긴밀해졌다.

디지털 기술의 발전이 유전공학에 미치는 영향은 2003년 인간 게놈 프로젝트Human Genome Project가 32억 개 DNA 염기쌍으로 구성된 인간 게놈 지도를 완성하면서 여실히 드러났다. 인간 게놈 프로젝트는 1990년 예산 30억 달러로 공식 출범했지만, 그 성과는 대부분 완료 직전 몇 해 동안 나왔다. 유전공학 기술과 컴퓨터의 성능이 비약적으로 발전했기에 가능한 일이었다. 프로젝트가 끝나감에 따라 유전자분석은 무어의 법칙에서 말하는 기하급수적 발전 양상을 보이기 시작했다. 유전공학의 발전은 2003년을 기점으로 새로운 국면에 접어들었다. 유전공학은 애초부터 정보 기술에 속했지만, 2003년 이전의 성과는 디지털 기술이 다른 분야에서 이룩한 발전에 비할 바가 아니었다. 인간 게놈 지도를 처음 완성하는 과정에서 상황은 완전히 바뀌었고, 유전자치료는 그럴듯한 가능성을 넘어 현실이 됐다.

인간의 염기 서열을 처음 분석하는 데 13년이라는 시간과 수십억 달러가 들었지만, 2007년이 되자 한 사람의 염기 서열을 분석하는 데 드는 비용이 100만 달러 수준으로 떨어졌다. 다른 정보 기술 분야에서 일찍이 보지 못한 급격한 비용 하락이다. 유전공학이 발전하는 속도는 체스판 위의 쌀알이 불어

나는 것만큼 경이적이다. 2015년 1월에 개인의 염기 서열 분석에 드는 비용은 1000달러로 떨어졌으며, 2년 뒤 생명공학 기업 일루미나Illumina가 100달러도 안 되는 비용으로 같은 분석 작업을 수행할 장치를 선보였다. 가격 대비 성능이 발전하는 만큼 염기 서열 분석에 걸리는 시간도 무서운 속도로 짧아졌다. 인간 게놈 지도를 처음 완성하기까지 13년이 걸렸다면, 일루미나의 장치는 한 시간 내에 해낸다.

그야말로 눈이 핑핑 도는 진보라 해도 과언이 아니다. 21세기가 시작된 후 염기 서열 분석에 드는 비용이 감소하는 속도는 무어의 법칙이 제시한 기하급수적 발전마저 뛰어넘는다. 컴퓨터 칩의 달러당 성능이 24개월마다 2배로 늘어나는 데 반해, DNA 염기 분석에 드는 비용은 해마다 1/5~1/10 수준으로 줄었다. 비록 가격 대비 성능의 개선 속도가 늦춰지고 있지만(향후 10년간 디지털 기술과 관련된 모든 분야에서 나타날 경향이기도 하다), 염기 서열 분석 비용은 2020년대 후반이면 30달러까지 떨어질 것이다. 이 정도만 해도 의료계에는 일대 혁신일 테지만, 일루미나의 직원이던 레이먼드 매컬리Raymond McCauley는 훨씬 더 과감한 전망을 한다. 그는 2022년이면 염기 서열 분석이 화장실에서 물 한 번 내리는 수준으로 저렴해지리라 믿는다. 공짜나 다름없어진다는 말이다.

지구 바이오게놈 프로젝트Earth BioGenome Project는 유전공학이 얼마나 빠르게 변화하는지 보여주는 사례다. 2017년 2월 처음 제안된 이 계획은 인간 게놈 프로젝트를 모범으로 삼을 것을 공언했다. 그렇다고 인간 게놈 프로젝트와 유사한 후속 계획 정도로 치부해선 곤란하다. 지구 바이오게놈 프로젝트는 인간 게놈 프로젝트의 역사적 성취를 넘어선 원대한 목표를 설정했다. 한 인간의 염기 서열을 분석하는 수준을 넘어 단세포생물부터 식물과 복잡한 포유류까지 포함한 지구상 모든 생명체의 게놈 지도를 완성하는 것이다. 이 프로젝트에 수십억 달러가 들겠지만, 인간 게놈 지도를 처음 만드는 데도 비슷한 예산이 투입된 점을 고려하면 저렴한 수준이다.

이쯤 되면 우리 유전자를 손쉽게 분석할 수 있다고 대체 무슨 이득이 있을지 궁금해질 것이다. 염기 서열 분석은 의료 서비스를 공급하고 노년기 질환에 따른 문제를 해결하는 데 어떤 도움을 줄까? 우선 암 같은 질병이 증상을 보이기도 전에 발견할 수 있는데, 이는 의료 행위의 성격 자체가 대응에서 예방으로 바뀐다는 뜻이다. 그러면 뇌졸중이나 암, 평범한 감기조차 예측 가능하고, 이전에는 상상도 못 한 방식으로 병을 치료할 수 있다. 이런 예방 의료는 아이가 태어나는 순간부터 시작될 것이다.

인류는 수천 년간 아이의 탄생에 맞춰 다양한 의례를 치렀다. 예를 들어 이슬람문화권에선 갓 태어난 아이에게 예배를 알리는 외침인 아잔azān을 맨 처음 들려줘야 한다고 믿으며, 유대교에는 남자아이가 태어난 지 8일째 되는 날 브릿 밀라brit milah라는 할례를 치르는 전통이 있다. 이렇듯 새 생명의 탄생을 기념하는 전통 의례는 세계 어디나 있다. 머지않은 미래에는 문화나 관습과 관계없이 아이가 태어나는 순간 염기 서열 분석부터 받을지 모른다. 지금도 일부 국가에서는 신생아의 피 한 방울로 페닐케톤뇨증이나 낭포성섬유증 같은 유전병*을 진단하는 일이 드물지 않다.

이런 검사를 유전자 전체로 확대하고 AI를 이용해 분석하면 유아 사망을 유발하는 위험 요소에 즉각 대처할 수 있으며, 역사상 최저 수준에 이른 유아 사망률은 더 낮아질 것이다. 나아가 유아의 장기적인 건강 상태를 상세히 파악해 알레르기나 관상동맥 질환, 암 등에 걸릴 위험을 예측하고, 천식이나 근시를 정확히 진단·치료하는 데 도움을 줄 수 있다. 먼 미래의 일처럼 들릴지 모르지만, 눈앞에 닥친 현실이다. 미국국립보건원National Institutes of Health은 이와 같은 분석 기술을 시험하는 데 5년간 2500만 달러를 투자한다. 아직 염기 서열 분석에 드는 비용이 헐값이 된 것도 아닌데 말이다.

예방 의료 가능성을 생각하면 놀라기는 이르다. 최근 연구에 따르면, 태아가 산모의 혈액으로 자신의 DNA를 내보내듯 암 종양도 환자의 혈류로 DNA를 배출한다. 앞으로 의심스러운 부위를 진단하는 조직 검사 대신 혈액검사로 DNA를 분석

---

* 이런 질환은 경우에 따라 치료가 가능하다. 페닐케톤뇨증이 유발하는 장애는 특수한 식단을 섭취해 아미노산의 일종인 페닐알라닌이 혈액에 쌓이지 않도록 하면 예방할 수 있다.

해 암을 발견하고 치료할 수 있다는 뜻이다. 마찬가지로 혈액 검사는 유방 촬영술과 대장 내시경을 대체할 수 있으며, 편리하고 저렴한데다 정확성도 높을 것이다.

이런 검사법은 암 사망률을 크게 낮추는 한편, 비용이 저렴하고 전 세계 어느 나라에서나 도입하기 쉽다. 휴대폰 사례처럼 GDP가 낮은 나라들이 불과 수십 년 전까지 초강대국에도 없던 의료 서비스를 쉽게 누릴 수 있는 것이다. 지금도 최신식 의료라고 하면 흔히 병실 하나를 가득 메울 만큼 크고 비싼 기계(1960~1970년대에 나온 컴퓨터와 비슷한 장치)를 떠올린다. 그러나 신생아의 유전자분석이나 암 예방 진료는 병실을 채운 기계가 아니라 손바닥만 한 염기 서열 분석기면 충분하다. 제삼세계 최신 의료 기술은 통신·에너지 기반 시설과 마찬가지로 유럽이나 미국이 지금껏 걸어온 길과 전혀 다른 양상으로 발전할 것이다. 누차 언급했듯이, 3차 대변혁 시대의 기술을 활용하면 세계 최빈국조차 선진국이 거친 발전 단계를 '단번에 뛰어넘을' 수 있다. 수십 년 뒤면 상대적으로 가난한 나라의 암 진단율이 현재 가장 부유한 나라보다 높을지 모른다. 이 모든 가능성은 어디까지나 기술의 분배 방식을 결정하는 정치에 달렸다.

혹시 초소형 염기 서열 분석기라는 말을 들으면 〈스타트렉 Star Trek〉에 나오는 휴대용 의료 기기 '트라이코더tricorder' 같은 장치가 떠오르는가? 어색해할 필요 없다. 이미 현실에 존재하니까. 옥스퍼드나노포어테크놀로지Oxford Nanopore Technologies

가 개발한 미니언 시퀀서MinION Sequencer는 1000달러, 한 손에 들어오는 크기에 무게가 90g밖에 되지 않으며, 에볼라 바이러스 같은 유기체의 염기 서열을 빠른 속도로 여러 번 분석할 수 있다.* 아직 미니언 시퀀서로 인간처럼 복잡한 유기체를 분석할 순 없지만, 가격 대비 성능의 놀라운 발전을 고려하면 시간문제다.

염기 서열 분석은 증상이 발현되기도 전에 질병을 진단하는 예방 의료를 가능케 해 의료 서비스에 큰 변화를 가져오겠지만, 생명공학의 최대 혁신이라 할 만한 기술은 따로 있다. 바로 유전자치료다. 높은 연령은 주요 사망 원인 가운데서도 가장 위험이 큰 요인이며 고령화에 따른 의료 문제는 폭발적으로 늘어나겠지만, 유전자치료는 그 모든 난점을 해결하고도 남을 잠재력이 있다.

의료의 무한 공급 : 유전자치료

유전공학은 조금도 새로울 게 없는 분야다. 인류는 지난 1만 2000년 동안 선택적 번식을 통해 수많은 종의 유전자를 마음대로 개량했으며, 이것이야말로 1차 대변혁의 핵심이다.

---

* 대장균의 게놈 지도가 1997년에 완성됐고, 당시 최신 생명공학 기술이 동원됐다는 사실과 비교해보라.

이를 통해 인류는 노동에 적합한 가축과 밀처럼 기르기 쉽고 영양가 높고 척박한 환경에도 잘 견디는 곡식을 얻었다. 우리 조상은 도시와 문자, 수학이 만들어지기도 전에 이런 기술에 통달했지만, 그 원리가 무엇인지 정확히 안 것은 그레고어 멘델Gregor Mendel의 유전학 연구가 나온 19세기 이후다.

멘델 이후 유전학 연구는 농업기술에서 점차 과학 영역으로 옮겨 갔다. 유전학은 20세기 중반에 눈부시게 발전했고, 자연의 법칙이던 진화 과정을 실험실에서 더 빠른 속도로 재현할 수 있으리라는 전망이 나왔다. 1952년 DNA가 유전 물질임이 확인되고 이듬해 크릭과 왓슨이 DNA의 이중나선 구조를 밝혀냈으며, 1970년대 초반에 유전자 변형 동물이 처음 나왔다. 이는 트랜지스터와 집적회로, 와트의 증기기관만큼이나 중대한 전환이었다. 불과 20여 년 만에 이론과학의 한 분야가 응용 가능한 첨단 기술로 탈바꿈한 것이다.

유전공학의 역사적인 도약은 대중의 관심을 불러일으키며 수많은 할리우드 영화에 영감을 제공했으나, 의료 분야에 곧장 영향을 미치진 못했다. 당시 유전공학 기술은 감히 시도할 엄두도 못 낼 만큼 비싸고 복잡했으며, 이후 30여 년간 유전공학은 좀처럼 발전 속도를 내지 못했다. 그러나 기하급수적으로 발전하는 여느 분야와 마찬가지로 침체기는 곧 있을 격변의 서막일 뿐이었다.

유전공학의 한 분야인 유전자 편집은 생물의 유전체에서

DNA를 삽입·삭제·교체하는 기술이다. 여기에는 제한효소 혹은 '분자 가위'로 불리는 특수한 물질이 사용되며, 최근까지 주로 3가지 유전자 편집 기술이 이용됐다. 메가핵산분해효소meganucleases, 징크핑거핵산분해효소zinc finger nucleases, ZFNs, 탈렌transcription activator-like effector-based nucleases, TALEN이다. 개발 시기나 값에 차이가 있지만, 셋 모두 막대한 예산을 가진 연구소가 아니고는 이용하기 어려웠다. 1970년대 초반에 컴퓨터가 그랬듯, 유전자 편집은 어마어마한 비용으로 엘리트 연구자의 전유물이 됐다. 새로운 시도와 실험이 드물고 발전이 더딘 것도 당연했다.

크리스퍼 카스 9 유전자 가위CRISPR-Cas 9(이하 크리스퍼)가 등장하면서 이 모든 이야기는 옛말이 됐다. 크리스퍼는 유전자 편집에 드는 비용을 99% 가까이 낮추고, 실험에 걸리는 시간을 몇 달에서 몇 주로 줄이는 새로운 기술이다. 아직 개선할 문제가 남았지만, 크리스퍼는 어느 연구소에서나 사용하기 쉽고 프로그램화 가능한 기술이며, 과학자들은 이를 이용해 어느 때보다 수월하게 유전정보를 편집할 수 있다. 스페이스X나 로켓 기술과 마찬가지로 크리스퍼를 이용해 당장 듣도 보도 못한 일을 할 수 있는 건 아니다. 다만 크리스퍼는 공짜가 되고 싶어 하는 정보가 어떻게 희소성에 대한 상식을 뒤흔들고 무한 공급을 가능케 하는지 입증하기에 충분한 기술이다. 자동화, 재생에너지, 지구 밖의 광물이 노동 · 에너지 · 자원 문제에 대변동을 가져오듯, 인간을 비롯한 생명을 바라보는 시각도 송두리째 바뀔 날이 머지않았다.

크리스퍼의 원리는 단순하다. '일정한 간격을 두고 주기적으로 분포하는 짧은 회문 구조의 반복 서열Clustered Regularly Interspaced Short Palindromic Repeat'을 뜻하는 크리스퍼는 본래 바이러스의 공격에 맞서는 박테리아의 면역 메커니즘을 일컫는 말이다. 박테리아는 공격을 받으면 카스Cas라는 효소를 이용해 바이러스의 DNA를 잘라내 자신의 DNA에 저장한다. 이 과정에서 새롭게 형성된 염기 서열이 크리스퍼로, 박테리아는 바이러스가 재차 침입하면 크리스퍼에 저장한 정보를 활용해 바이러스의 DNA를 추적하는 RNA를 생성하고 카스를 이용해 물리친다.

과학자들은 1990년대 초반에 이런 현상을 관찰해 그 원리를 밝혔지만, 크리스퍼가 유전자 편집 도구로 재탄생한 것은 2013년이다. 크리스퍼는 박테리아의 크리스퍼 RNA 대신 인공적으로 만든 가이드 RNA와 DNA를 절단하는 카스 9 효소로 구성된다. 가이드 RNA가 특정 염기 서열을 찾도록 유도하면 카스 9 효소가 표적이 되는 부분을 손쉽게 잘라내는 구조다. 아직 완벽하지 않지만, 크리스퍼를 활용하면 컴퓨터 파일을 복사하기, 오려두기, 붙이기 하듯 세포의 DNA를 편집할 수 있다. DNA가 유전물질임이 밝혀지고 실리콘트랜지스터가 나온 지 60년 이상 지난 지금, 정보 기술은 생물학적 체계를 거뜬히 재구성하는 수준에 이르렀다.

미국과 영국을 비롯한 일부 국가는 일찌감치 크리스퍼를

태아와 성인에게 사용할 수 있도록 승인했다. 지금은 인터넷으로 크리스퍼 키트를 주문해서 취미 삼아 박테리아 변형에 도전해볼 수도 있다. 30년 전만 해도 박테리아가 해파리처럼 어두운 곳에서 빛을 내거나 특정 항생물질에 내성이 생기도록 만들면 노벨상을 받았겠지만, 이제 중학생도 할 수 있는 일이 됐다.

세계 곳곳에서 크리스퍼를 활용한 실험을 하며 놀라운 결과를 내고 있다. 근육 형성을 억제하는 단백질 미오스타틴이 결핍된 '근육 덩어리 비글'을 만들거나 인간의 세포를 HIV에 면역이 되도록 바꾸고, 헌팅턴병에 걸린 9개월짜리 쥐를 치료하거나 암의 전이를 늦추는 것이 그 예다. 크리스퍼를 비롯한 유전자 편집 기술은 각종 유전병을 근절할 수단으로도 떠오른다. 유전자 하나에 이상이 생겨 발생하는 질환이 헌팅턴병, 낭포성섬유증, 겸상적혈구빈혈 등 3000가지가 넘는다는 점을 고려하면 경이로운 성과다. 20세기 중반 천연두를 멸종한 인류는 이제 수천 가지 유전병을 뿌리 뽑을 참이다.

유전자 편집의 잠재력은 전 세계 수억 명이 앓는 유전병을 치료하고 근절하는 데 그치지 않는다. 유전체를 재구성하면 장염, HIV, 알츠하이머병 등에 대한 저항력을 높이거나 면역이 될 수 있으며, 관상동맥 질환에 걸릴 위험을 낮추거나 근육과 뼈를 튼튼하게 만드는 일도 가능하다. 너무 앞서가는 이야기일 수도 있다. 재구성 수준의 유전자 편집이 가능하려면 사회의 활발한 논의가 반드시 선행돼야 할 것이다. 그전에 생물학적 구조를 최적화하는 일이 건강을 위해 영양을 개선하는 일과 얼마나 다른지 생각해볼 필요가 있다. 적어도 내 생각엔 크게 다르지 않다. 둘 다 추구하면 가장 좋겠지만, 굳이 꼽자면 전자가 훨씬 더 이상적인 대책이 아닌가.

크리스퍼를 활용한 유전자 편집 실험은 2016년 한 해 동안 부쩍 늘었다. 그중 대다수가 중국과 미국에서 진행됐는데, 현재로선 중국이 조금 더 앞서는 형국이다. 일각에서는 양국의 새로운 라이벌 구도를 '스푸트니크 2.0'을 향한 경쟁으로 묘사하기도 한다.

한눈에 와닿는 비유지만, 오늘날 생명공학의 혁신과 반세기 전 냉전 시대에 벌어진 과학기술 경쟁에는 큰 차이가 있다. 1957년 소련이 스푸트니크 1호를 발사한 뒤 50년간 우주 탐사는 천문학적인 비용을 댈 수 있는 초강대국의 전유물이었다. 그에 반해 크리스퍼는 유전자 편집의 진입 문턱을 대폭 낮췄다. 이제 암을 치료하는 목적이든, 대량 살상용 생물학무기를 만드는 목적이든 수십억은커녕 수만 달러만 있어도 필요한 기술을 얻을 수 있는 시대가 온 것이다. 인간을 비롯한 생물 종의 유전자를 편집하는 비용이 0에 수렴할 때 얼마나 많은 변화가 일어날지 구태여 강조할 필요가 없으리라.

앞으로 유전자 편집을 둘러싸고 어떤 일이 벌어질지 짐작케 하는 사례가 있다. 2017년 초, 미시시피에서 개 사육장을 운영하며 유전자 편집에 관심이 생긴 데이비드 이시가 FDA

에 문의했다. 이시는 막 크리스퍼를 이용해 유전자 편집을 익혔고, 마당에 있는 개인 연구실에서 실험하는 참이었다. 그는 유전자 편집을 활용해 달마티안에게 흔히 나타나며 통풍을 유발하는 유전병 고요산혈증hyperuricemia을 치료하고자 했고, FDA에 승인을 요청했다. 이시는 형식적인 절차라 생각했지만, 놀랍게도 FDA는 묵묵부답이었다.

얼마 지나지 않아 이유가 밝혀졌다. FDA가 크리스퍼를 비롯한 유전자 편집 기술을 이용해 소, 돼지, 개 등의 유전자를 변형하는 일을 제한하는 규제안을 발표한 것이다. 유전자 편집은 새로운 DIY 문화이자 부가가치가 높은 과학기술로 잠재력이 있지만, 이제 정부의 허가와 특별한 관리 아래 놓인 셈이었다.

이시에게는 충격적인 소식이었다. 그는 한 매체가 진행한 인터뷰에서 "개 사육자에게 순종 교배가 나쁜 까닭을 설명할 바에는 크리스퍼를 가르쳐주는 편이 낫다"고 말했다. 이시는 순종견의 유전형질은 결코 '자연 그대로'가 아니라고 믿기에, 크리스퍼를 활용해 인간의 품종개량이 초래한 생물학적 부작용을 바로잡고자 했다.

FDA 지침에 따르면, 동물의 유전체에서 편집한 부분은 동물용 의약품과 동등하게 취급된다. 유전자 변형 동물은 동물용 신약과 마찬가지로 판매나 양도가 불가능하다. 여기 한 가지 중요한 시사점이 있다. 앞으로 변형된 유전자가 지식재산권이나 특허처럼 취급될 공산이 커진 것이다. 21세기 초 P2P

파일 공유 서비스 냅스터를 두고 벌어진 논쟁이 고스란히 생물학의 영역으로 온다고 생각해보라. 정보는 공짜가 되고 싶어 하지만(적어도 시간이 갈수록 저렴해지기를 바라지만), 한창 떠오르는 사업 모델과 보호해야 할 수익이 있는 한 그 잠재력을 실현하기 어렵다.

안전성과 관련해 관리와 규제가 필요한 부분이 있다는 점은 충분히 이해하지만, 그런 명분을 내세워 인간을 비롯한 생명체의 DNA를 상품으로 취급하는 것은 자본주의 논리를 고스란히 답습할 뿐이다. 앞서 살펴봤듯, 값이 점차 하락해 아무도 이윤을 얻지 못할 상황에서 시장을 창출하려면 인위적으로 희소성을 만드는 수밖에 없다. 이시는 FDA의 발표를 두고 다음과 같이 말한다. "내 생각에 최선은 이대로 밀고 나가서 계속 건강한 동물을 만들고 사람들에게 알리는 거예요. 우리는 동물을 치료하는데 FDA가 방해한다고 말이죠." 어쩌면 그의 반응은 3차 대변혁 시대에 인위적인 희소성을 둘러싸고 벌어질 저항과 실천을 예고하는지도 모른다.

엘리시움에 오신 걸 환영합니다

미시시피에서 유전자 변형을 시도하는 데이비드 이시 이야기와 영화 〈엘리시움Elysium〉은 비슷한 면이 있다. 〈엘리시움〉의 배경인 2154년, 지구는 기후변화로 황폐해지고 경제는 완전히 붕괴한다. 부자들은 지구 주위를 공전하는 거대한 인공 거주지 엘리시움으로 이주한다. 엘리시움 주민과 지구에 남겨진 자들의 삶은 그야말로 하늘과 땅 차이다.

엘리시움 주민이 누리는 혜택 중 하나는 메드베이Med-Bay를 이용할 수 있다는 것이다. 메드베이는 병을 치료할 뿐만 아니라, 노화를 억제하고 손상된 신체 부위를 재생하는 최첨단 의료 기기다. 영화의 주인공 맥스는 폐허가 된 LA에 사는 전직 차량 털이범이다. 그는 치명적인 방사선에 노출돼 시한부 선고를 받자, 메드베이를 이용하기 위해 안간힘을 쓴다. 맥스의 어린 시절 친구 프레이도 같은 목적이 있다. 그녀는 백혈병에 걸린 딸을 치료할 방법을 백방으로 찾는 중이다. 문제는 메드베이가 엘리시움 주민만 치료하고, 외부인은 사용할 수 없다는 데 있다. 맥스와 프레이에게 남은 희망은 엘리시움의 운영체제를 수정해 외부인도 메드베이를 이용할 수 있게 만드는 것뿐이다.

영화는 스파이더라는 해커가 맥스의 뇌에 설치한 프로그램을 사용해 엘리시움의 운영체제를 다시 설정하고, 엘리시움의 시민권을 지구 주민에게 확대하는 것으로 끝난다. 그러자 엘리시움의 로봇들이 병들고 죽어가는 지구인을 향해 일제히 출발한다. 물론 자비심에서 비롯된 행동은 아니다. 로봇들은 엘리시움 주민을 치료하라는 규칙에 따를 뿐이다.

직접 드러나지 않지만 〈엘리시움〉은 권리의 문제를 다룬 영화다. 보편적 인권과 일부 계층에게 주어진 특권, 공공 의료 서비스를 이용할 권리와 사유재산권의 갈등을 그리기 때문이다. 대다수 사람은 막대한 부를 누릴 '권리'보다 생명권이 중요하다고 직관적으로 판단한다. 그렇기에 비록 맥스가 자기 목숨을 희생하더라도 영화는 해피엔드로 보인다.

〈엘리시움〉은 인류의 미래를 그럴듯하게 묘사하는 동시에, 3차 대변혁이 어떻게 전개될지 보여주는 우화다. 영화가 말하는 바는 명확하다. 지구에는 모두가 건강하고 행복하며 충만한 삶을 영위하기에 충분한 기술이 있다. 희소성은 어쩔 수 없이 받아들여야 할 자연스러운 조건이 아니다. 기술의 분배를 가로막는 것은 시장이 만드는 인위적 희소성이다. 시장은 모든 것이 이윤을 목적으로 생산되도록 보장하고 규제하기 위해서라면 수단과 방법을 가리지 않는다.

인위적으로 희소성을 만들어 생기는 불협화음은 갈수록 심해질 뿐이다. 영화처럼 의료 기술이 그 대상이 된다면 갈등은 더할 것이다. 그렇기에 우리는 영화 속 인물처럼 사회의 운영 시스템을 바꿔야 한다.

우리는 〈엘리시움〉 속 세계가 시작되려는 조짐을 목격하는지도 모른다. 2015년 12월 스페이스X가 팰컨 9 로켓 착륙에 성공했고, 이 로켓은 처음으로 발사 궤도에 진입한 뒤 비행해서 돌아온 재사용 가능 발사체가 되었다. 재사용 가능 로켓은 우주산업의 상업성을 보장할 열쇠이기에, 우주공학의 역사에 길이 남을 순간이었다.

이보다 몇 달 앞선 2015년 9월, 전 세계 언론이 터키 해변에서 시신으로 발견된 한 아이의 죽음을 대서특필했다. 알란 쿠르디Alan Kurdi는 2012년 시리아 코바니Kobani에서 태어났다. 코바니는 시리아와 터키의 국경 인근 쿠르디스탄[35]에 있는 도시이자, 시리아 내전의 중심지다. 쿠르디 가족은 ISIS가 도시를 포위하자 피란했다가 2015년 1월에 돌아왔지만, 몇 달 뒤 교전이 재개되면서 다시 고향을 떠나야 했다. 이번에는 쿠르디 가족도 수많은 동포를 따라 유럽으로 향했다. 9월 2일 새벽, 쿠르디는 가족과 함께 그리스 코스Kos섬으로 가는 밀입국 선박에 올랐다. 얼마 후 그들이 탄 배가 뒤집혔다. 오전 6시 30분경, 터키 보드룸Bodrum 주민이 해안가에 떠밀려 온 쿠르디를 발견했다. 며칠 뒤 쿠르디는 어머니 레하나Rehana, 형 갈립Ghalib의 시신과 함께 코바니로 운구됐다.

2015년 여름에 유럽으로 향한 난민 수천 명과 마찬가지로 쿠르디의 가족도 인간으로서 마땅히 누려야 할 안식과 존엄, 기회를 얻기 바랐다. 서유럽 국가들이 메드베이 같은 첨단 기술을 독점한 건 아니지만, 쿠르디의 죽음과 몇 달 뒤 역사적인 성공을 거둔 재사용 로켓의 대비는 〈엘리시움〉 속 현실과 너무나 비슷하다. 우리는 머지않아 지구상 모든 유기체의 유전자를 분석할 기술이 있으면서도 해마다 난민 수천 명이 지중해에 빠져 죽도록 두는 세계에 산다.

---

35 쿠르드족이 주로 거주하는 지역으로, 터키와 이란, 이라크, 시리아의 접경지대다.

영화 속 메드베이에 비할 바는 못 되지만, 유전자치료와 일상화된 염기 서열 분석은 해마다 수백만 명의 목숨을 앗아가는 질병을 근절해 의료 서비스에 일대 변혁을 가져올 것이다. 더 중요한 사실은 이런 기술이 고령화사회의 의료 문제를 해결할 수 있다는 점이다. 기하급수적 발전과 무한 공급 성향이 뒷받침된다면 고령화를 완전히 극복하는 일도 얼마든지 가능하다. 우리는 종종 이대로 사회의 고령화를 버텨낼 재간이 없으며, 공공 의료 서비스는 더더욱 유지하기 어렵다는 말을 듣는다. 실상은 정반대다. 공공 의료가 더 공정하고 효율적이라는 사실을 많은 연구가 입증한다. 우리 사회가 진일보하기 위해서는 새로운 기술을 도입하는 동시에 공공 의료를 계속 확대해야 한다. 모두가 이 사실을 직시하고 인정하며 의료 서비스가 점점 정보재에 가까워질 때, 우리는 공짜 백과사전이나 공짜 영화와 비교할 수 없는 진보를 누릴 것이다. 그러면 노인성 질환과 유전병이 사라진 세상도 꿈이 아니다.

그게 아니라면? 종전의 경제적 불평등에 새로운 생물학적 불평등이 더해진 미래가 우리를 기다릴 뿐이다. 부자가 후손의 유전자를 조작해 모든 면에서 우월한 인간을 만들고, '인간은 모두 평등하게 태어난다'는 대전제가 무너져 법 앞의 평등이라는 원칙마저 설 자리를 잃은 그런 미래 말이다.

8

동물 없는 음식 :
음식의 희소성이 사라진 미래

소는 식물성 단백질을 동물성 단백질로 바꾸는 데 터무니없이
비효율적이다. 고기를 얻기 위해 동물에게 먹이를 주는 건
음식을 내다 버리는 일이나 마찬가지다.

마크 포스트Mark Post[36]

우리는 생명의 근본 원리를 깨달았고,
이제 살아 있는 동물을 해치지 않고도 음식을 만들 수 있습니다.

저스트푸드Eat JUST, Inc.의 홍보 영상

음식과 잉여 그리고 대변혁

1차 대변혁은 무엇보다 식량 혁명이었다. 이전에 인류의
기술은 석기와 불이 고작이었고, 농경이 시작되기 전에는 써

---

36 네덜란드의 약리학자이자 배양육(cultured meat) 창안자(1957~).

먹을 데가 많지 않았다. 그 결과, 1만 2000년 전만 해도 지구 상의 인간은 기껏해야 오늘날 아일랜드 인구와 비슷한 500만 명 수준이었다.

그러나 농경과 목축 덕에 더 크고 복잡한 사회가 만들어지면서 새로운 세상이 펼쳐졌다. 인류는 이제 맹수와 기근, 자연재해에 속수무책으로 당하지 않았다. 풍작이면 잉여생산물을 저장하고, 각종 도구와 기반 시설을 활용해 차츰 부를 늘려가면서 미래를 도모할 수 있었다.

유전자조작 식품은 흔히 현대 과학기술이 낳은 끔찍한 괴물로 묘사된다. 우리 식탁에 오르는 수많은 농산물이 1차 대변혁 이후 유전자 변형을 통해 개량된 점을 생각하면 그야말로 아이러니다. 예를 들어 당근은 한때 흰색과 보라색 종이 다수였지만, 1만 1000년 전 아프가니스탄에서 처음 수확을 시작한 뒤 개량을 거쳐 우리가 아는 형태로 바뀌었다. 바나나는 마지막 빙하기가 끝난 1만 2000년 전부터 씨 없이 무성생식 하는 품종으로 개량되기 시작했고, 오늘날 세계에서 인기 있는 과일 자리를 차지했다. 많은 사람이 기술만으로 생태계 파괴와 식량 부족을 해결할 수 없다고 이야기한다. 지극히 타당한 비판이지만, 기술이 없었다면 인류의 역사는 첫발을 내딛지 못했으리라는 점도 잊어선 안 된다.

한계에 다다른 세계

인류는 농경을 통해 자연의 산물을 조작하는 유일무이한 능력을 꽃피우며 번영의 발판을 마련했다. 인류의 특별한 재능은 점차 자연을 고갈시켰고, 오늘날 지구가 한계에 다다랐다는 사실이 곳곳에서 드러난다. 단적인 예가 여섯 번째 대멸종이다. 전문가에 따르면 현재 포유류 25%가 멸종 위기에 처했으며, 대형 어류 90%가 지구상에서 사라졌다. 수십억 명이 마실 물을 공급하는 빙하는 서서히 녹아 없어지고, 토양은 지나친 공장식 농업으로 염류화가 진행된다. 요컨대 각종 무기물과 동식물을 비롯한 자연의 보고가 파괴되고, 환경오염이 날로 심각해진다.

원인은 단순하다. 현재 인류는 해마다 지구 1.6개분에 이르는 자원을 소모한다. 20억 명이 넘는 사람이 하루에 열량 2000Cal(칼로리) 미만을 섭취하는 데 말이다. 이런 통계는 결국 과도한 인구가 원인이라는 생각이 들게 한다. 이게 사실이라면 가난한 나라가 잘사는 나라와 비슷한 부를 누리기란 꿈도 꾸기 어렵다. 마찬가지로 지구적 불평등과 가난을 해결하자는 주장은 환경을 더 파괴하자는 이야기나 다름없이 취급돼 설득력을 잃을 것이다.

여기서 그치지 않는다는 게 더 큰 문제다. 2050년 무렵이 되면 세계 인구는 지금보다 약 20억 명이 늘어날 전망인데, 유엔식량농업기구Food and Agriculture Organization에 따르면 96억 명이 균형 잡힌 식사를 하기 위해서는 식량 생산량이 70% 정도 증가해야 한다. 즉 21세기 중반이 되면 인류가 적당한 생활수준을 유지하는 데 지구 2개분에 해당하는 자원이 필요하다는 얘기다.

이조차 낙관적인 예측일지 모른다. 인류가 오늘날 미국인처럼 하루 평균 3700Cal를 섭취한다면 30년 뒤에는 지구 5개분이나 되는 자원이 추가로 필요한 상황이다. 따라서 전 세계가 현재 미국 수준으로 음식을 소비하는 건 생태 용량 한계상 불가능하다.

기후변화가 농업에 미칠 영향까지 고려하면 전망은 훨씬 더 암울하다. 2009년에 나온 한 연구에 따르면 2000~2050년 지구의 기온이 3℃ 상승할 경우 남아시아 지역의 밀 생산량은 50%, 쌀과 옥수수 생산량은 각각 17%와 6% 감소한다. 남아시아의 인도와 파키스탄, 방글라데시는 세계 8위 안에 드는 인구 대국이며, 앞으로 인구가 더 늘어날 것으로 보인다. 게다가 이 지역의 수많은 주민은 브라마푸트라, 갠지스, 인더스 같은 큰 강에서 식수를 얻는데, 그 발원지인 빙하 지대마저 점차 사라지고 있다.

인용한 연구는 다른 지역 상황도 예측했다. 우선 동아시아에서는 같은 조건 아래 쌀과 밀 생산량이 각각 20%와 16% 감소한다. 사하라사막 이남 아프리카는 2050년까지 인구가 2배로 늘어나는데, 쌀과 밀 생산량은 각각 14%와 22% 줄어들 것으로 보인다. 중동은 아프리카와 마찬가지로 물 부족과 인구 증가라는 이중고에 시달릴 위험이 크고, 쌀과 옥수수, 밀 생산량이 각각 30%와 47%, 20% 감소해 식량난마저 심각하리라 전망했다.

북반구에 있는 선진국도 식량문제에서 자유롭지 못하다. 한 연구는 지구온난화가 비교적 천천히 진행되더라도 미국의 옥수수와 콩 생산량이 각각 30%와 46% 감소할 것으로 예측했다. 미국이 세계 최대 곡물 수출국이라는 점을 고려하면 전 세계 곡물 시장에 재앙이나 다름없다. 설령 러시아나 캐나다 같은 나라가 새로운 농업 강국으로 떠오른다 해도 식량난이 강대국의 분쟁으로 이어질 위험은 점점 커질 것이다.

탈희소성은 잠시 잊자. 인구가 늘고 기후가 바뀌며, 깨끗한 물이 부족해지고 생태 용량이 한계에 다다른 상황에서는 21세기 중반까지 대규모 식량난을 막아내기만 해도 놀라운 성과이리라. 그렇다면 대체 어떡해야 96억 인구를 지속적으로 먹여 살릴 수 있을까?

종전 식량 생산방식이 유지되는 한, 그 답은 사람들이 어떤 식습관을 채택하느냐에 달렸다. 미국인은 1인당 연평균 곡물 800kg을 음식과 동물 사료 형태로 소비한다. 미국인의 식습관이 세계 평균이 되면 20억 t이 조금 넘는 현재 곡물 생산량으로 고작 25억 명밖에 부양하지 못한다. 반면 식습관을 1인당 연평균 곡물 400kg을 소비하는 지중해 지역 수준에 맞추면 50억 명을 부양할 수 있다. 마지막으로 세계인의 직간접 곡물 소비량이 인도인 평균 수준이 되면 현재 식량 생산방식을 유지하더라도 21세기 말에 100억 명까지 늘어날 인구를 감당할 수 있다.

터놓고 말해 인류의 식량 소비가 생태계의 한계를 넘어선 데는 서구 선진국의 육류와 유제품 소비 탓이 크다. 우리 식탁에서 동물성 단백질을 없애면 2050년까지 식량 생산량을 늘리지 않아도 된다.

그렇다고 나쁜 소식만 있는 건 아니다. 2차 대변혁 이래 폭발적으로 증가해온 인구도 21세기 말 100억 명에 이른 뒤에는 감소하거나 유지될 공산이 크다. 세계 인구는 앞으로 최대 30억 명까지 늘어나겠지만, 이는 1974년부터 현재까지 증가량과 같고 인류가 감당 못 할 수준은 아니다. 오히려 식량문제를 해결하는 데 가장 큰 걸림돌은 서구 선진국 수준에 맞춰진 식습관과 기후변화로 줄어드는 곡물 생산량이다.

인구 증가와 자원 고갈에 대한 우려는 어제오늘 일이 아니다. 초기 정치경제학의 대표적 사상가 토머스 맬서스Thomas Malthus도 이 문제에 천착했다. 그는 1798년에 발표한 《인구론 An Essay on the Principle of Population》에서 식량 생산이 증가하면 생활수준이 개선되기는커녕 인구만 더 늘어난다고 주장했다. 그가 내린 결론은 냉혹하기 그지없다. "인구의 힘은 인간에게 식량을 제공하는 지구의 힘보다 훨씬 크기 때문에 인류는 어떤 식으로든 때 이른 죽음을 맞을 수밖에 없다."

이는 비단 맬서스의 생각이 아니었다. 영국의 경제학자 윌리엄 제번스William Jevons는 1860년대에 쓴 글에서 증기기관의 효율이 개선되면 석탄 소비가 일반적인 추측과 달리 늘어난다는 점을 지적했고, 이후 그 주장은 '제번스의 역설'로 일컬어졌다. 맬서스와 제번스의 주장은 같은 전제를 바탕으로 한다. 인간의 능력이 제아무리 뛰어나도 끝없는 욕망을 충족할 순 없다는 것이다.

그러나 20세기 중반 이후 농업의 역사는 두 사람의 예측과 정반대로 전개됐다. 인류가 맞은 5가지 위기 속에서 90억에 달하는 인구를 먹여 살리기란 터무니없는 목표처럼 보이지만, 지난 60년 역사에서 가장 중요한 성취를 고려하면 결코 불가능하지 않다. 그 성취란 바로 녹색혁명이다.

정보가 된 음식 : 녹색혁명

전 세계 토지 가운데 농업 용지는 약 37.5%로, 이 비율은 1970년대 후반 이래 유지되고 있다. 그간 부양해야 할 인구는 30억 명이 늘었고 평균 열량 소비량까지 증가했지만, 도리어 식량 부족은 완화됐다. 일례로 기아에 시달리는 인구 비율은 지난 20년간 절반으로 줄어 10% 수준까지 떨어졌다. 모두 농업 인구가 지속적으로 줄어드는 와중에 얻은 성취다.

우리는 이 같은 변화에서 90억 명을 먹여 살릴 또 다른 가능성을 엿볼 수 있다. 식습관을 제한하거나 바꾸지 않은 채 모든 사람이 먹고 남을 음식을 생산할 길이 있는 것이다. 어쩌면 에너지와 노동, 광물자원과 더불어 식량도 넘쳐날 만큼 풍족해져서 공짜나 다름없어질지 모른다. 식량의 가치가 토지와 노동력이 아니라 정보화된 내용물에서 비롯된다면 얼마든지 가능한 일이다.

미국의 농학자 노먼 볼로그Norman Borlaug는 대중에게 널리 알려지진 않았지만, 20세기 역사에 탁월한 업적을 남긴 인물이다. 그는 박사 학위를 받은 이듬해인 1942년 농업 연구를 위해 멕시코로 향했고, 밀 생산에 어려움을 겪던 멕시코에서 생산량이 높은 반왜성semi-dwarf 밀 품종[37]을 개량하는 데 성공했다. 이 개량종은 먹을 수 없는 긴 줄기 대신 알맹이를 키우는 데 에너지를 대부분 소모하며, 병충해에도 더 강하다. 유엔과 미국의 여러 정부 기관, 록펠러재단이 지원한 볼로그의 연구는 DNA와 유전의 원리가 밝혀지기 10년 전에 농학이 이룩한 최신 성과다.

개량종이 전파되자 멕시코의 밀 생산량은 가파르게 증가했다. 멕시코는 1956년에 밀을 자급자족했고, 1964년에는 50만t을 수출하는 쾌거를 이뤘다. 불과 20여 년 만에 멕시코의 밀은 볼로그가 개발한 새 품종으로 대체됐다. 하지만 식량 생산

---

37 보통 품종보다 키가 작고 줄기가 짧은 밀 품종.

에 어려움을 겪는 나라는 멕시코뿐만 아니었다. 서구 제국주의 열강에게서 갓 독립한 국가 사이에는 언제 대규모 기근이 닥칠지 모른다는 공포가 만연했다. 신생 독립국은 식민 지배를 받아 개발 수준이 낮으면서 인구는 늘고 국가 기반은 허약하다는 공통점이 있었다. 한 치 앞도 내다볼 수 없는 세상에서 이들의 앞날은 위태롭기만 했다.

같은 이유로 기근의 위험에 시달리던 신생 독립국 인도는 1961년 볼로그를 초청해 중앙아메리카 지역에서 성공한 기술을 배우기로 했다. 당시는 신설 국제 연구 기관인 국제미작연구소International Rice Research Institute, IRRI가 새로운 쌀 품종을 막 개발한 참이었고, 인도는 펀자브Punjab에서 이 개량종을 시험하기로 했다. 품종개량과 더불어 관개시설을 확충하고 화학비료를 도입한 결과, 인도는 멕시코 못지않게 도약했다. IRRI가 개발한 반왜성 쌀 품종 IR8 보급이 무엇보다 주효했다. 1968년에 나온 연구에 따르면, IR8의 생산량은 비료 없이도 ha(헥타르)당 5t 수준이고 최적 조건에서는 ha당 약 10t에 이른다. 이는 인도 재래종 쌀 생산량의 9배에 달한다. 같은 해 생물학자 파울 에를리히Paul Ehrlich는 베스트셀러 《The Population Bomb인구 폭탄》에서 향후 수십 년간 인도인 수억 명이 기아로 사망하리라고 예측했다. 그는 확신에 차서 단언했다. "인도가 1980년까지 2억 명 더 늘어날 인구를 먹여 살리기란 도저히 불가능해 보인다."

인도는 불가능해 보이는 일을 해냈다. 어디 그뿐인가. 21세기에 이르는 동안 기대 수명은 거의 2배 늘었고, 식민 지배를 받아 오랫동안 기근에 시달리던 인도는 세계 최대 쌀 수출국으로 탈바꿈했다. 아무도 예상치 못한 성공을 가능케 한 것은 볼로그와 IRRI의 기술, 더 넓게는 식량도 궁극적으로 정보임을 밝혀낸 녹색혁명이다.

우리가 익히 알듯, 세상 모든 정보는 재구성될 수 있다.

녹색혁명의 완성

아시아의 농업을 바꾼 녹색혁명은 선진국에서 보편화한 기술과 기반 시설을 전파하는 것을 포함했다. 대표적인 예가 현대적인 관개 계획, 화학 살충제, 합성 비료다. 뭐니 뭐니 해도 유전자 변형으로 대폭 개량된 곡물 품종이 핵심이다. 1970년대 초, 여러 개발도상국에서 밀 생산량이 3배 가까이 증가해 10억 명이나 되는 목숨을 구한 것은 이런 개량종 덕분이다.

더 적은 노동력으로 늘어나는 인구를 부양할 수 있게 한 녹색혁명의 성취가 시작에 불과하다면 어떻겠는가? 지구를 고갈시키는 대신 자연을 더 잘 이해해서 무한한 풍요를 누릴 방법이 있다는 사실을 이제 막 알았다면? 정보란 그 본성상 공짜가 되고 싶어하는데, 자연의 풍요 또한 고도로 복잡하게 배열된 정보라면 굶주림이 사라진 세상도 얼마든지 가능하지 않을까?

녹색혁명은 맬서스와 제번스, 에를리히의 예측과 달리 인류가 집단 지성을 활용해 자신의 욕망을 충족할 수 있음을 입증한 것처럼 보인다. 그러나 20세기의 수많은 업적과 같이 녹색혁명도 아무런 대가 없이 찾아오지 않았다. 늘어가는 화석 연료 사용으로 기후변화는 가속화했고, 자연 서식지는 파괴됐으며, 강과 호수는 오염되고 토양의 질은 부쩍 나빠졌다. 지난 세기 녹색혁명이 거둔 성취는 비관론자를 무색하게 만들었지만, 결국 시간 벌기에 지나지 않았을지 모른다. 사실이라면 벌어둔 시간이 얼마 남지 않았다.

또 하나 심각한 문제는 효율의 극대화를 추구하는 현대 농업이 동물을 대하는 방식이다. 오늘날 농업은 더 많은 단백질과 탄수화물, 지방을 제공하지만, 지구의 자원을 고갈시키는 동시에 지각이 있는 동물에게 끔찍한 고통을 준다. 예를 들어 수평아리는 알을 낳지 못한다는 이유로 태어나자마자 달걀 껍데기와 함께 벨트컨베이어에 실려 분쇄기로 들어간다. 살아남은 암탉은 대량 사육 농장의 A4 한 장 남짓한 공간에서 항생제를 맞으며 남은 생을 보낸다. 암소는 우유를 계속 생산하기 위해서 1년에 한 번씩 새끼를 배야 하므로, 인공수정과 출산을 반복한다. 자연 상태의 소는 새끼에게 9~12개월 동안 젖을 먹이는데, 농장에서 태어난 송아지는 며칠 만에 어미에게서 떨어진다. 이런 경험은 어미와 새끼에게 큰 충격을 준다. 수소는 낙농업에서 거의 쓸모가 없으며, 영국에서 해마다 수송아지 10만여 마리가 총살된다.

고도로 자동화된 식량 생산 시스템이 과거 어느 때보다 많은 사람을 먹여 살리지만, 그 이면에는 차마 눈 뜨고 볼 수 없을 만큼 참혹한 학살이 벌어진다.

배양육 : 동물 없는 고기

심해에 사는 독특한 생명체를 제외하면 지구상 대다수 생명은 태양에서 에너지를 공급받는다. 식물과 해조류는 태양 에너지를 이용한 화학반응인 광합성으로 공기 중의 이산화탄소와 물을 합성해 영양분을 만든다. 광합성은 녹색 색소인 엽록소가 빛 에너지를 흡수해 유기물을 합성하는 과정이며, 식물과 해조류가 녹색을 띠는 것은 바로 엽록소 때문이다. 바다에 사는 식물성 플랑크톤도 광합성을 하는데, 이 작은 유기체는 전 세계 산소의 절반을 생산하며 대다수 해양 생물이 살아가는 기반을 제공한다.

햇빛을 이용해 살아가는 식물은 들소, 코끼리, 동물성 플랑크톤 등 야생 초식동물이나 소와 양을 비롯한 가축에게 에너지를 제공한다. 초식동물은 대형 고양잇과 동물을 비롯한 맹수와 대형 어류, 인간, 일부 가축처럼 육식하는 동물의 에너지원이 된다. 인간은 주로 가축화된 잡식동물이나 초식동물을 먹어왔는데, 이들은 기르기 쉬울 뿐만 아니라 체지방이 많아 인간에게 높은 열량을 제공한다.

태양에너지를 음식으로 전환하는 과정을 놓고 보면, 육류는 곡류나 채소류보다 훨씬 많은 에너지를 소모하고 비효율적이다. 쌀과 콩, 채소와 과일을 주식으로 하는 방글라데시인은 한 가족이 먹고사는 데 필요한 땅이 4000m² 정도다. 반면 연평균 육류 120kg을 소비하는 미국인 한 사람에게 필요한 땅은 그 20배에 달한다. 콩과 육류에서 같은 양의 단백질을 얻는다고 가정할 때 투입되는 자원을 비교하면 육류가 콩보다 토지 12배, 화학연료 13배, 물 15배나 많이 소모한다. 심지어 콩은 비육류 식품 가운데서도 생산 효율이 낮은 것으로 유명하다.

　육류 생산에 비효율적으로 소모되는 건 태양에너지뿐만 아니다. 전 세계 토지 1/3이 가축을 기르는 데 직간접으로 사용되며, 세계 곡물 생산량 대부분이 가축의 먹이로 쓰인다. 코넬대학교 연구에 따르면 미국에서 축산에 이용되는 땅은 3억 200만 ha인데, 각종 채소와 쌀, 과일, 감자, 콩을 재배하는 땅은 1300만 ha에 불과하다. 이 엄청난 격차만 봐도 육류를 생산하는 데 얼마나 많은 자원이 낭비되는지 확인할 수 있다.

　2006년 유엔이 발표한 보고서에 따르면 전 세계 온실가스 배출량 가운데 축산업이 차지하는 비중은 14%로, 전 세계 차량을 합친 것보다 많은 이산화탄소를 배출했다. 전 세계 담수량 69%가 농업용수로 쓰이는데, 그중 대부분이 육류를 생산하는 데 사용된 것으로 나타났다. 구체적인 예를 들면 소 한 마리는 연평균 물 4만 1600ℓ를 소비한다. 소고기 분쇄육 1kg

을 생산하는 데는 약 1660ℓ가 필요하며, 달걀 한 개를 생산하는 데도 무려 200ℓ가 들어간다. 이 모든 일이 오염된 물 때문에 생기는 질병으로 해마다 340만 명이 목숨을 잃는 상황에서 벌어진다.

무엇보다 기막힌 사실은 기껏 막대한 물과 에너지, 토지와 노동력을 소비하고 온실가스를 배출하면서 키운 동물이 반은 소비되고 반은 버려진다는 점이다. 450kg짜리 소 한 마리를 도축하면 고기가 약 280kg 남는데, 뼈와 지방을 제거한 뒤 소매시장으로 나가면 이마저 195kg으로 줄어든다. 버려지는 가죽과 발굽, 2년간 소가 먹고 숨 쉬며 활동하는 데 드는 자원, 그 과정에서 소가 겪는 고통을 생각하면 태양에너지를 고기와 우유로 바꾸는 과정을 거쳐 식탁에 오른 음식이 새삼 지독한 낭비로 보일 것이다.

기후변화와 자원 부족, 늘어나는 인구를 고려하면 인류는 마땅히 육류 소비를 줄여야 한다. 가능하면 고기를 입에 대지 않는 것이 최선이다. 문제는 선택의 자유마저 무시할 수 없는 노릇이라는 데 있다. 과일과 채소 위주 식단이 바람직하다 한들 인간은 결국 잡식성이며, 고기처럼 맛 좋은 단백질도 없다. 더불어 육류 소비는 전 세계 많은 나라에서 오랫동안 이어온 문화며, 건강이나 환경문제와 별개로 이런 가치 체계를 바꾸는 데 족히 수십 년이 걸릴 것이다.

다른 위기와 마찬가지로 바꾸지 않으면 안 될 것 같은 생활양식을 유지하면서도 문제를 해결할 길이 있다. 다시 말해 더 많은 사람에게 질 좋은 음식을 제공하고, 에너지 소비를 줄이면서 지구를 살리고, 현대 농업이 동물에게 주는 고통까지 없앨 방법이 있다. 그 해결책은 녹색혁명의 최종 단계로, 음식의 정보화를 뜻하기도 한다. 바로 세포 농업이다.

32만 5000달러짜리 햄버거

네덜란드 마스트리흐트대학교의 혈관생리학과 마크 포스트 교수는 2008년 '배양육'이라는 새로운 개념을 검증하는 데 성공했다. 포스트는 5년 뒤, 런던의 한 TV 스튜디오에 나와 실험실에서 만든 배양육이 들어간 햄버거를 출연자들과 함께 먹었다. 구글 설립자 세르게이 브린Sergey Brin이 비밀리에 이 프로젝트를 지원했고, 페트리접시에 배양한 고기가 스튜디오의 식탁에 오르기까지 약 32만 5000달러가 들었다. 배양육 햄버거는 역사상 가장 비싼 한 끼 식사로 기록됐다. 다행히 결과는 성공적이었고, 출연자들은 "패티의 육즙이 부족하긴 해도 진짜 고기와 별다르지 않다"고 했다. 이로써 포스트가 제시한 배양육 개념은 실현 가능성을 입증했다. 관건은 고기의 질과 생산량을 높이고 값을 낮추는 데 있었다. 특히 값은 훨씬 더 낮아져야 했다.

마크 포스트는 세포 농업을 대중에게 알린 인물로 기억될 것이다. 하지만 그가 세포 농업의 완성자 자리에 오를 가능성은 크지 않다. 수많은 개인과 단체가 너도나도 이 분야에 뛰어들었기 때문이다. 세포 농업이란 새로운 메커니즘을 통해 종전의 음식을 전혀 다른 방식으로 만드는 분야다. 아직 대부분 배양육에 주목하지만 소 없는 치즈, 채소에서 미디엄 레어 스테이크 맛을 내는 효모 등 가능성은 무궁무진하다. 어쩌면 세포 농업은 노먼 볼로그의 업적을 이어받아 체스판에서 불어나는 쌀알처럼 기하급수적으로 발전할지도 모른다.

세포 농업이 염기 서열 분석과 소비자용 AI, 자율 주행 자동차와 비슷한 시기에 등장한 것은 우연이 아니다. 세포 농업도 정보의 가격 하락, 디지털 기술의 기하급수적 발전 등 3차 대변혁을 규정하는 변화에 기반을 두기 때문이다. 세포 농업이 계속 발전한다면 고기와 가죽, 우유와 달걀을 얻는 데 동물이 필요치 않은 세상이 열릴 것이다.

포스트가 제시한 배양육 개념은 실현은 어려워도 이해하기 쉽다. 먼저 동물의 근육에서 작은 샘플을 채취하고, 거기서 생물 반응기bioreactor[38]에 배양할 줄기세포를 추출한다. 그런 다음 적정 온도를 유지하면서 줄기세포에 산소와 설탕, 미네랄을 공급한다. 9~21일이 지나면 식용 골격근으로 성장한 세포를 얻을 수 있다. 아직 이 기술로 모든 고기 종류를 만들

---

38 유기체의 생화학적 반응을 활성화하는 기계장치.

순 없으며, 구성이 복잡하고 지방이 많은 고기는 만들기 어렵다. 하지만 어패류나 갑각류, 조류는 이야기가 다르다. 기름기가 적은 단백질로 구성된 고기는 초기 단계의 기술로 실험하기에 안성맞춤이다. 일례로 초기 실험 결과에 따르면 조류의 근육세포는 소고기나 돼지고기 같은 붉은색 고기를 배양하는 데 쓰이는 지지대scaffold가 필요 없고, 보리를 발효해서 맥주를 만드는 것과 유사한 방식으로 통 모양 용기나 생물 반응기에 배양할 수 있다.

현재 기술로 배양하기 유리한 것은 단연 생선 살이다. 인류는 다른 동물보다 늦게 물고기를 잡았겠지만, 배양육 시장에서는 정반대 상황이 펼쳐질 수 있다. 이 분야에 뛰어든 미국의 핀리스푸드Finless Foods는 '맥주 양조장과 비슷한 환경에서' 배양한 생선 살코기를 이르면 2019년 내 출시할 계획이다. 이들은 가격대가 높은 참다랑어의 배양육 개발에 주력하고 있으며, CEO 마이크 셸든Mike Selden은 2020년까지 자사 제품이 가격 경쟁력을 확보할 것으로 자신했다.

배양육은 발상도 획기적이지만, 가격 대비 성능이 발전하는 속도가 그보다 놀라웠다. 2013년 포스트가 만든 배양육 햄버거는 무려 32만 5000달러가 들었지만, 3년 뒤 미국 기업 멤피스미트Memphis Meats가 최초로 배양육 미트볼을 만드는 데 고작 1000달러가 들었다. 여전히 비싸지만, 햄버거 패티만 한 배양육 생산에 드는 비용이 2% 미만으로 떨어졌다는 점에서 괄목할 만한 성과다. 여기서 끝이 아니다. 2015년 배양육 기업 모사미트Mosa Meats를 설립한 포스트는 자신이 처음 도입한 공정을 그대로 활용해도 배양육 1kg당 생산비를 80달러까지 낮출 수 있으며, 배양육 햄버거 하나에 드는 비용은 처음보다 99% 이상 낮아진 12달러 수준이 되리라 장담했다. 다만 대량생산을 통한 산업화가 가능한지는 미지수다.

소 없는 스테이크가 상업적으로 성공하기까지 넘어야 할 산이 더 있다. 단적인 예로 줄기세포를 배양하는 데 소 태아의 혈청이 사용된다는 점을 들 수 있다. 배양육 산업의 선두주자들은 머지않아 대안을 찾으리라 자신하지만, 소를 도축해서 얻는 부산물을 사용해 '인공' 세포를 만드는 모순을 바로잡지 못하면 배양육의 취지가 훼손될 것이다.

또 다른 문제는 배양육 가운데 특히 소, 돼지, 닭 등 포유류의 고기를 만드는 데 드는 에너지다. 해산물 세포는 상온에서 배양할 수 있지만, 가축의 고기를 배양하기 위해서는 인간의 체온과 비슷한 온도를 유지해야 한다. 따라서 배양육 산업이 활성화되면 축산에 쓰이는 토지와 노동력, 물을 절약하고 온실가스 배출량도 크게 줄일 수 있겠지만, 에너지 소비는 오히려 늘 수 있다. 물론 앞서 논의한 대로 재생에너지와 보온 기술이 급격히 발전하면 에너지는 비교적 사소한 문제가 될 것이다.

그럼에도 막대한 생태학적 비용이 들고 자원을 소모하는 현재의 육류 산업을 고려하면 배양육은 패러다임을 바꾸는 전환점이 되기에 충분하다. 멤피스미트의 CEO 우마 발레티

Uma Valeti는 배양육 제품이 시장을 독점하지 못해도 주류로 올라서리라 전망하며 다음과 같이 말했다. "우리는 축산업을 끝장내려는 게 아닙니다. 소규모 가족 농가가 아닌 공장식 축산에 반대할 뿐입니다. 다만 소규모 가족 농가가 전 세계 육류 소비량을 충족할 순 없겠죠."

핀리스푸드의 CEO 마이크 셀든은 동물의 권리와 복지를 강조하며 다른 의견을 피력한다. "이제 먹을 것을 위해 동물을 죽이고 환경을 파괴하는 시대는 갔습니다. 우리 기술을 이용하면 훨씬 더 나은 방식으로 음식을 만들 수 있습니다." 어느 쪽이 옳건 그르건, 배양육은 3차 대변혁의 무한 공급 성향에도 부합하는 이점이 있다. 배양육 기술이 계속 발전하면 기후변화와 인구 증가에 따른 식량난이 해결되는 것은 물론, 전례 없는 풍요의 시대가 열릴 것이다. 상상해보라. 동물에게 고통을 주지 않으며 항생제와 건강, 위생에 대한 걱정 없이도 값싸고 건강한 고기를 즐기는 미래를.

배양육은 세포 농업 가운데 가장 주목받고 어마어마한 규모의 벤처 자본을 끌어들이지만, 동시에 기술적 난점이 가장 큰 분야다. 생선 살이나 분쇄육, 닭 가슴살은 상업화 가능성이 충분하지만, 갈비나 티본스테이크, 지방이 많은 베이컨 같은 고기는 생산이 훨씬 더 어려울 것으로 보인다. 근육세포를 배양하는 기술로 지방을 만들고 3D 프린터로 두툼한 스테이크와 얇은 베이컨, 양의 다리 같은 부위를 '찍어낼' 정도로 기술이 발전하지 않으면 돌파구를 찾기 쉽지 않을 것이다.

그럼에도 배양육 제품은 2020년대 초반이면 본격적으로 시장에 모습을 드러낼 전망이다. 미국의 저스트푸드는 2018년 말 배양육 치킨 너겟을 최초로 출시했다. 초기에는 비싼 값 때문에 경제적으로 여유가 있으면서도 환경에 관심이 많고 맛보다 윤리적 소비를 우선시하는 소비자가 주로 배양육 제품을 찾을 것이다. 그러나 미트볼이나 햄버거 패티, 핫도그에 사용되는 다진 고기처럼 대체 가능성이 큰 분야를 필두로 배양육이 차츰 보편화하면 10년 뒤 시장 상황은 얼마든지 달라질 수 있다.

나아가 배양육이 종전 육류 산업을 완전히 대체하면 녹색 혁명의 전무후무한 업적이 될 것이다. 당장 토지와 물, 노동력 소비, 메탄과 이산화탄소 배출이 얼마나 줄어들지 생각해도 그 이유를 짐작할 수 있다. 일각에서는 배양육에 들어가는 토지와 물이 종전 육류 대비 1/10 수준이라 추정한다. 예를 들어 2011년 암스테르담대학교와 옥스퍼드대학교가 발표한 연구에 따르면, 배양육은 종전 육류보다 에너지 45%와 토지 99%, 물 96%를 덜 소모하며, 온실가스도 96% 덜 배출한다. 미국의 육류 산업이 배양육으로 대체될 경우 차량 2300만 대가 사라지는 것과 같은 온실가스 감축 효과가 발생하며, '진짜' 햄버거 대신 배양육 햄버거 하나를 소비하면 샤워를 50번 하는 물을 아낄 수 있다.

전 세계 육류와 유제품 소비는 2000~2050년에 2배 늘어날 것으로 보인다. 따라서 배양육은 그럴듯한 대안이 아니라 늘어나는 수요를 감당하기 위한 필수 조건이라 해도 과언이 아니다. 배양육 개념이 등장한 지 고작 10년 만에 생산비가 얼마나 큰 폭으로 떨어졌는지 감안하면, 배양육은 종전 육류와 비교도 안 될 만큼 저렴해질 공산이 크다. 동물의 고통과 자원 낭비 또한 줄어들 것이라는 점은 더 말할 나위가 없으리라. 포스트는 배양육이 20년 내로 가격 경쟁력을 갖추리라 기대한다. 경험 곡선의 진가가 발휘되면 그 시기는 훨씬 더 앞당겨질지 모른다.

식물에서 얻은 고기

세포 농업에는 배양육만 있는 것이 아니다. 줄기세포를 이용해 다진 고기와 살코기, 가슴살을 만드는 과정은 아직 시간 대비 효율이 떨어지며, 배양육이 30년 내로 주류가 될 수 있다고 해도 지금은 요원한 일이다. 미국의 스타트업 임파서블푸드Impossible Foods는 이런 이유로 다른 방식을 택했고, 식물성 단백질을 동물성 단백질과 흡사하게 변형해 고기와 다르지 않은 식물성 제품을 만드는 데 주력한다.

임파서블푸드의 주력 상품 '임파서블 버거'에 활용되는 기술은 배양육보다 훨씬 단순하다. 하지만 새로운 생물학적 메커니즘을 활용해 종전 음식을 달리 생산한다는 점에서 세포 농업에 속한다. 마크 포스트를 비롯한 배양육 개발자들이 살아 있는 동물이 필요하지 않은 인공 고기를 추구한다면, 임파서블푸드는 한 발 더 나아가 식물을 이용해 고기와 똑같은 음식을 만들고자 한다. 황당무계한 이야기로 들릴지 몰라도 얼마든지 가능한 일이다. 생명공학 관점에서 보면 동물의 고기는 양분과 산소가 화학반응을 통해 변환된 결과라는 점에서 식물과 다르지 않다.

임파서블푸드의 접근 방식은 잠재적으로 활용 가능한 자원이 무궁무진하다는 점이 매력이다. 지구상에 식물이 약 35만 3000종 있지만, 구성이 완전히 밝혀진 종은 일부에 지나지 않는다. 그럼에도 전체 식물 종에 들어 있는 주 영양소를 합하면 단백질 180억 개, 지방 1억 800만 개, 탄수화물 400만 개에 이를 것으로 예상한다. 임파서블푸드는 식물이 제공하는 자연 성분을 활용하면 가공 설탕이나 소금, 나아가 고기까지 대체할 수 있으리라 자신한다.

이들이 만드는 새로운 식물성 음식의 핵심 성분이자 임파서블 버거가 내는 맛의 비결은 '헴heme'이다. 헴은 헤모글로빈의 색소 성분으로, 피를 붉게 만들고 유기체의 몸속에서 산소를 운반하는 역할을 한다. 임파서블 버거는 헴을 이용해 우리가 미디엄 레어 스테이크를 먹을 때 느끼는 풍부한 육즙과 피맛을 재현한다.

헴은 동물의 근육조직에 풍부하지만, 자연계 어디서나 찾을 수 있고 뿌리 속 세균을 이용해 질소를 고정하는 콩과 식물에 특히 많다. 문제는 콩에 함유된 식물성 헤모글로빈인 레그헤모글로빈 1kg을 얻으려면 대략 4000m² 땅에서 재배한 콩이 필요하다는 것이었지만, 임파서블푸드는 해결책을 찾았다. 이들은 콩 속의 레그헤모글로빈 유전자를 피히아 파스토리스Pichia pastoris라는 효모와 결합하고, 설탕과 미네랄을 공급해서 발효한 다음 헴을 추출하는 데 성공했다. 이 또한 맥주 양조와 마찬가지로 미생물을 이용해 음식(이 경우 특정 성분)을 '키우는' 방식이다.

헴은 임파서블 버거에 '진짜 고기'의 맛과 질감, 냄새를 더하는 가장 중요한 성분이다. 헴이 없었다면 임파서블 버거는 동물성 영양소를 밀이나 코코넛 오일, 감자에 들어간 식물성 영양소로 대체하는 수단에 지나지 않았을 것이다. 인공 고기를 사용한다는 점에서 진짜 햄버거와 똑같다고 할 순 없지만, 임파서블푸드는 그 차이를 구분하지 못할 정도로 좁히는 게 목표다. 인공육 시장이 가격 경쟁력을 갖추기까지 30년 정도 걸릴 것으로 보이지만, 임파서블푸드는 매달 다진 '식물성 고기' 450t을 생산하고, 비슷한 여러 제품이 어느새 우리 곁에 와 있다. 지금껏 임파서블푸드는 무려 2억 7500만 달러에 이르는 투자액을 유치했다. 그러나 세계 육류 시장 규모가 1조 달러 이상이고, 지구 환경의 제약에도 가파르게 성장하는 점을 고려하면 현명한 투자라 할 만하다.

고기 그 이상

배양육이나 유전자 변형 효모를 이용한 식물성 고기는 동물 없이 고기를 만든다는 공통점이 있지만, 세포 농업의 가능성은 여기에 그치지 않는다. 세포 농업의 원리를 이용하면 우유나 달걀흰자, 심지어 와인까지 고기보다 쉽게 만들 수 있다.

현재 인공 우유가 생산하기 가장 쉬워 보인다. 우유는 크림과 버터, 요구르트, 치즈 등 수많은 동물성 식품의 원료이므로, 우유를 효과적으로 대신할 제품이 나오면 그 파급력은 어마어마할 것이다. 유당불내증이나 윤리적인 이유로 유제품을 꺼리는 수억 명도 잠재적인 소비자가 될 수 있다는 점을 고려하면 인공 우유는 세포 농업에 첫발을 내디디려는 이들에게 충분히 매력적인 선택지다. 콩이나 견과류로 만든 우유라는 대체재가 있지만, 우유와 같은 맛을 내는 제품은 없고 이것만으로 늘어나는 수요를 감당하지 못한다.

미국의 퍼펙트데이Perfect Day는 소 없이 우유를 만드는 일에 처음 도전장을 내민 기업이다. 의료공학도 출신 공동 설립자 페루말 간디Perumal Gandhi와 라이언 판디야Ryan Pandya는 임파서블푸드가 헴을 '키우는' 것과 유사한 방식으로 인공 우유를 만드는 데 성공했다. 이들은 우선 미국농무부에서 지원받은 특수한 효모를 소의 DNA 염기 서열과 결합해 변형했다. 그런 다음 맥주를 양조하듯 효모와 설탕을 발효해서 '진짜 우유'를 구성하는 단백질인 카세인과 유청을 만들었다. 여기에 식물성 지방과 각종 영양소를 조합하면 유당이 없는lactose-free 인공 우유가 완성된다. 이는 소가 섭취한 음식물이 4개 위를 거치며 발효되는 과정과 같다. 진짜 소가 살아가는 데 필요한 에너지가 들지 않고, 메탄이나 이산화탄소와 같이 원치 않는 부산물이 없으며, 토지와 물 소비도 훨씬 적다는 차이가 있을 뿐이다.

이번에는 달걀을 살펴보자. 달걀을 대체하는 성분을 활용한 사례는 지금도 어렵지 않게 접할 수 있다. 일례로 저스트푸드에서 출시한 식물성 마요네즈는 최근 상업적으로 가장 큰 성공을 거둔 비건 제품이다. 저스트푸드는 임파서블푸드와 마찬가지로 식물 성분의 가능성에 주목했고, 수많은 식물을 조사해 마요네즈에 쓰이는 달걀의 유화 성분을 대신할 물질을 찾았다. 그 결과 후보 11종 가운데 캐나다산 노란 완두콩이 최종 선택됐다. 짜개(말려서 껍질을 벗긴 다음 반으로 쪼갠 콩) 완두의 일종인 이 콩에는 마요네즈를 만들기에 안성맞춤인 성분이 함유돼 유전자를 변형할 필요조차 없었다.

식물성 마요네즈는 분명 크게 성공했지만, 오믈렛이나 빵, 단순한 달걀 요리를 비롯해 달걀이 들어가는 조리법은 이외에도 무수히 많다. 미국의 클라라푸드Clara Foods는 이 점에 주목해 세포 농업에 뛰어들었고, 닭을 전혀 이용하지 않고 달걀흰자를 만드는 기술을 개발했다. 아니나 다를까, 이들도 유전자 변형 효모를 이용해 달걀흰자를 구성하는 단백질 12종을 '키우는' 방식을 택했다. 인공 달걀의 잠재적 이점은 누가 봐도 명확하다. 살모넬라균이나 조류독감, 항생제 남용 우려 없이 더 싼값에 달걀을 먹을 수 있는 것이다. 게다가 이 달걀은 온실가스를 덜 배출하고 땅과 물이 적게 들어가는 만큼 더 오래 지속 가능하다. 인공 달걀에 활용되는 기술은 계속 발전할 것이며, 클라라푸드는 2020년 내 인공 달걀흰자를 시장에 선보일 계획이다. 현재 이들은 더 건강하고 저렴한 달걀을 만드는 동시에, 공장식 양계와 관련한 동물 복지 문제를 해결하는 데 앞장설 유력한 후보다.

그렇다면 파스타와 오믈렛 같은 음식에 들어가는 달걀노른자도 대체 가능할까? 클라라푸드가 인공 달걀노른자 개발에도 관심을 쏟지만, 현재 이 분야 선두 주자는 저스트푸드다. 저스트푸드는 2018년 여름 녹두에서 추출한 성분으로 만든 인공 스크램블드에그 '저스트 스크램블'을 출시해 경쟁에서 한발 앞서고 있다.

샴페인 사회주의

세포 농업은 와인 같은 기호품과 관련해서도 주목할 만한 성과를 내고 있다. 와인은 대다수 음식이나 음료와 달리, 제품마다 맛과 향에 미묘한 차이가 있어 등급과 값이 천차만별이다. 따라서 인공 와인은 지금껏 살펴본 제품과 전혀 다른 방식으로 만들어지겠지만, 와인의 이런 특성은 어찌 보면 정보재의 성격에 가장 잘 부합한다.

지금은 인공 와인을 만드는 데 필요한 분자 정보를 수집해 복제하는 것부터 큰 난관이다. 하지만 기술이 계속 발전하면 1.5ℓ 빈티지 와인 한 병을 MP3 파일만큼이나 손쉽게 만들 수 있을 것이다.

와인의 매력은 저마다 고유한 포도 품종과 생산 환경, 생산 연도에서 비롯된다. 미각이 섬세한 애호가에게 1990년산 샤토 마고Château Margaux와 슈퍼마켓에서 파는 저가 와인은 말 그대로 천지 차이다. 이렇듯 와인은 널리 사랑받는 기호품이면서도 가격대가 다양해, 세포 농업에 첫발을 내딛는 기업도 인공 와인에서 틈새시장을 찾기 쉬울 것이다. 경제적 합리성이라는 관점에서 보면 와인은 인공 음식 혁명의 선두 주자로 올라서기 충분한 이점이 있다.

한때 아바와이너리Ava Winery라는 이름으로 알려진 미국의 엔들리스웨스트Endless West는 인공 와인 분야에 뛰어든 대표적인 기업이다. 이들은 포도와 발효 과정 없이 와인을 만드는 것은 물론, 결국 포도 품종과 생산지, 생산 연도에 따라 달라지는 와인의 풍미까지 정확히 재현할 수 있으리라 자신한다. 종전 와인의 분자구조를 분석한 뒤, 아미노산과 글리세린, 설탕, 에탄올 등을 조합해 같은 구조를 재현하면 마치 '스캔 후 인쇄하듯' 와인을 복제할 수 있다는 것이다. 이들의 최종 목표는 최고급 와인을 누구나 즐길 수 있는 값에 선보이는 것이며, 1992년산 돔 페리뇽Dom Pérignon을 만드는 데 도전했으나

아직 제품화 단계에 이르지 못했다.

엔들리스웨스트는 와인의 미묘한 차이를 재현하는 데 넘어야 할 산이 많기에 최근 인공 위스키 쪽으로 눈을 돌렸고, 얼마 전 세계 최초 '분자 증류주'인 글리프Glyph를 출시했다. 이들의 도전은 3차 대변혁 시대의 다른 기술과 마찬가지로 고가의 상품을 정보재로 바꾸려는 것이다. 적절한 기술이 뒷받침되면 높은 희소가치와 값을 자랑하던 고급 주류도 하룻밤 사이에 무한 복제 가능한 정보재로 탈바꿈할 수 있다. 이 과정에는 훨씬 적은 땅과 물, 노동력이 들어가며, 생산공정은 완전히 자동화될 공산이 크다. '샴페인 사회주의champagne socialism'라는 말은 본래 사치와 향락에 빠진 급진 좌파를 조롱하는 데 쓰였지만, 이제는 누구나 고급 샴페인을 즐길 수 있는 미래를 묘사하는 데 딱 들어맞는 표현이 됐다.

인공 와인은 지금 실제 와인과 쉽게 구별할 수 있다. 한 전문가는 엔들리스웨스트가 만든 모스카토 와인을 두고 '맛과 향은 조악한 수준'이며 '인공물 느낌'이 너무 짙다고 혹평했다. 하지만 글리프 위스키는 다르다. 〈월 스트리트 저널The Wall Street Journal〉은 감초와 사과 향을 품은 글리프가 최고급 버번위스키 브랜드 패피 반 윙클Pappy Van Winkle의 패밀리 리저브 Family Reserve 20년산보다 낫다고 호평했다.

합성생물학을 활용한 세포 농업은 노동력 · 시간 · 에너지 · 토지 · 물 소비를 대폭 줄여 식품 생산에 일대 변혁을 일으킬 것이다. 예를 들어 햇빛이 필요 없는 배양육은 도심 수직 농업vertical farming[39]에 안성맞춤이고, 절약한 농지는 인간과 자연의 관계를 근본적으로 바꾸는 데 활용할 수 있다.

일례로 토지 사용이 줄어들면 무분별한 삼림 파괴와 산업화로 황폐해진 땅을 자연의 품으로 되돌릴 수 있으며, 회복된 자연을 온실가스 흡수원으로 활용해 기후변화를 늦추는 것도 가능하다. 식품 생산에 이어 전 세계 식품 유통 구조까지 바꾼다면 어마어마한 자원을 절약할 수 있다. 현재 미국인의 한 끼 식사에 들어가는 재료는 식탁에 오르기까지 평균 2500km를 이동하며, 소비자가 내는 최종 소매가의 70%는 운송과 저장, 포장 등 유통 과정에서 발생한다. 3차 대변혁 시대에는 무한 공급만큼이나 효율적인 에너지 소비가 중요하다. 현재 유통 방식에 따라 미국에서 영국까지 비행기로 아이스버그 상추를 운송하는 데 상추 1Cal당 연료 127Cal가 소모된다. 머지않아 이런 낭비는 바보짓으로 여겨질 것이다.

나아가 세포 농업은 유전자 변형 기술처럼 누구나 배울 수 있는 DIY 문화로 발전할 잠재력이 있으며, 이를 통해 지역에 밀착한 자급자족 식품 생산이 번창할 수 있다. 그러면 늘어나는 여가를 활용해 집에서 술을 담그듯 인공 립아이스테이크와 그뤼에르치즈를 만들어 먹는 일도 꿈이 아니다.

---

39 제한된 실내 공간에서 수직으로 쌓아 올린 인공 시설을 활용한 농업.

3

유토피아는 어디에 있는가?

창조란 무가 아니라 혼돈에서 비롯된다는 사실을 겸허히 받아들여야
한다.

메리 셸리Mary Shelley[40]

우리는 사유재산을 폐지할 때 비로소 진실하고 아름다우며 건강한 개
인주의를 누릴 수 있다. 물질과 물질의 상징물을 모으느라 인생을 허
비하지 않아도 된다. 그제야 우리는 진정한 삶을 되찾을 것이다. 지금
세상에서 진정한 삶을 영위하는 것만큼 어려운 일은 없다.

오스카 와일드Oscar Wilde[41]

---

40 영국 소설가(1797~1851). 《프랑켄슈타인(Frankenstein)》 지은이.
41 아일랜드 소설가(1854~1900). 《행복한 왕자(The Happy Prince)》 지은이.

9

대중의 지지 :
럭셔리 포퓰리즘

우리는 모든 것을 원한다.

난니 발레스트리니Nanni Balestrini[42]

엘리트 중심 기술 관료제에 반하여

3차 대변혁 시대의 새 기술은 새로운 세계관을 수반한다. 그 결과 소유권과 노동, 희소성에 이르는 사회적 삶의 면면이 송두리째 바뀌고 있다.

이런 변화 속에서 우리는 자신에게 몇 가지 질문할 필요가 있다. 새로운 세계관을 정치적인 힘으로 전환하려면 어떻게 해야 할까? 실망스러운 현재와 우리가 바라는 미래의 간극을

---

42 이탈리아 작가(1935~2019). 《Vogliamo tutto(우리는 모든 것을 원한다)》 지은이.

좁힐 방법은 없을까? 어떻게 하면 각자의 개인적인 고민에 '우리'라는 두 글자를 붙여 모든 사람의 문제로 확장할 수 있을까?

이에 대한 답을 구하는 일은 한 가지 사실을 인정하는 데서 시작한다. 정보화로 생산비가 줄고 무한 공급 성향에 따라 음식과 교통, 의류를 비롯한 모든 것이 한없이 저렴해진다 한들, 3차 대변혁에 걸맞은 정치가 없다면 기술 발전이 가져올 이익은 소수에게 돌아갈 수밖에 없다. 마르크스가 "가장 발전된 기계는 노동자를 원시인보다, 노동자 자신이 가장 조악하고 단순한 도구를 가지고 일할 때보다 오래 일하도록 강요한다"고 한 말은 정치적 뒷받침이 없는 기술의 한계를 정확히 꼬집는다.

우리는 위의 사실을 바탕으로 한 가지 확신에 이른다. 3차 대변혁의 기술이 경제적 이익이 아니라 대중의 요구에 봉사하도록 이끌기 위해서는 포퓰리즘 정치가 필요하다. 그 외 다른 길은 실패로 이어질 뿐이다. 단적인 예로 자본주의 리얼리즘이 3차 대변혁의 기술과 결합하면 경영자와 기술 관료가 모든 권력을 틀어쥐는 극단적 정치체제가 탄생할 수 있다. 그렇기에 우리는 포퓰리즘 정치를 통해 자본주의 리얼리즘과 단절해야 하는 이유를 누구나 알기 쉽게 설명하고, 나아가 FALC로 전환이 사회에 어떤 이익을 가져올지 알려야 한다. FALC는 그럴듯한 대의명분을 내세워 구성원의 희생을 요구하기보다 함께 번영을 누리는 길을 추구한다. FALC는 각자원하는 삶을 살도록 이끄는 길잡이이자, 정치적 변화를 위한 원대한 기획이다. 우리는 FALC가 실현될 때 비로소 꿈에 그리던 이상적인 삶을 영위할 수 있다. 이제 과거의 경제 시스템이라는 굴레를 벗어던지고 FALC를 쟁취하기 위해 싸워야 할 때다.

포퓰리즘이란 경제를 움직이는 주류의 사고방식을 순순히 받아들이기 거부하는 정치다. 자본주의 리얼리즘에 경도된 사람들은 신자유주의의 대안이란 존재할 수 없다는 헛된 믿음 아래 포퓰리즘을 공격한다. 이들은 현 체제를 위협하는 5가지 위기와 2008년부터 이어진 장기 불황에도 아랑곳하지 않고 신자유주의에 맹목적으로 매달리며, 어떤 대안이나 긍정적인 전망도 제시하지 못한 채 반유토피아주의에 호소할 뿐이다. 이제는 기득권을 대변하는 각계 지도자조차 생활수준이 갈수록 나빠지고, 사회가 다방면에서 쇠퇴한다는 사실을 인정한다. 그럼에도 이들은 인종 청소가 자행되던 1990년대 르완다나 농노제가 있던 중세 유럽에 비하면 지금이 낫지 않느냐는 논리를 내세운다. 이런 시각에서 미래에 대한 희망 따위는 찾아볼 수 없다. 한때 자유주의적 자본주의를 떠받치는 기둥이던 계몽과 진보는 온데간데없이 사라지고, 조금씩 쇠퇴하더라도 최악의 수준으로 떨어지지 않으면 살 만한 세상이라는 사고방식이 그 자리를 대신한다.

때로는 광범위하고 신속한 변화가 필요하다는 데 동의하는 사람들조차 급진적인 변화를 이끄는 것은 소수 기술 관료 엘리트여야 한다고 말한다. 동의할 수 없는 얘기지만 어느 정도 이해는 간다. 민주주의는 탄생한 순간부터 '중우정치'를 조장한다는 의심을 받았기 때문이다. 대중 정치 운동을 조직하기보다 정책 결정권자만 교체하는 피상적인 변화가 훨씬 고안하기 쉽고, 실행에 옮기기도 편하다. 그러나 대중을 배제한 강압적인 사회적 합의는 3차 대변혁이 몰고 올 격변의 소용돌이 속에 결코 오래 유지될 수 없다.

과거의 지식이 통용되지 않는 세상에서 지속 가능한 변화를 꾀하는 길은 포퓰리즘 정치뿐이다. 우리는 포퓰리즘 정치를 통해 개인과 사회를 쇄신할 새로운 문화와 통치 체제를 확립하고, 어느 저서의 표현을 빌리면 '미래를 발명할' 것이다. 다른 어떤 대안으로도 여기에 이를 순 없다.

포퓰리즘 정치는 '민중'에 뿌리를 두고, '민중'을 대변할 것을 표방한다. 민중이란 영원불변한 실체를 가리키는 말이 아니며, 그 대상은 구성원의 종류, 사회의 특성이나 수용력 등 여러 변수 가운데 무엇을 강조하느냐에 따라 달라진다. 예를 들어 혈연과 지연을 중심으로 묶인 공동체는 '민족적 민중'으로, 선거를 통해 적법한 권력을 선출하는 데 동의한 공동체는 '민주적 민중'으로 정의할 수 있다. 엘리트 계층은 짐짓 '무지한 민중'을 위하는 체하면서 그들을 주변부로 밀어내고 하나의 세력으로 뭉치지 못하게 만든다. 따라서 포퓰리즘의 핵심은 누가 진정한 '민중'인지 결정하는 동시에, 한없이 무능하고 때론 위험하며 때론 수동적인 존재로 여겨지던 민중을 사회 변화의 주역으로 내세우는 데 있다.

포퓰리즘은 인류가 맞이할 대격변을 함께 헤쳐 나갈 유일한 길이다. 2차 대변혁이 시작되던 19세기 초 유럽을 떠올려 보라. 당시 사람들은 새로운 집단의식을 형성해 변화하는 세계를 파악하고자 했다. 그 결과가 바로 자유주의적·권위주의적 민족주의, 제국주의, 인종주의, 사회주의다. 지금 우리는 그때와 비슷한 갈림길에 있으며, 이번에야말로 희소성과 노동을 극복하고 신자유주의가 강요하는 협소한 자아와 정체성 개념을 넘어선 집단적 정치를 선택해야 한다. 문명사적 전환기에 변화를 이끌 수 있는 건 엘리트 계층뿐이라는 주장은 일고의 여지도 없는 허튼소리다. 우리가 오늘날에 적합한 새로운 집단의식을 만들지 못하면 이전 세대의 집단의식이 낳은 끔찍한 망령이 되살아날 것이다.

붉은색과 녹색 정치

'럭셔리' 포퓰리즘은 붉은색과 녹색 정치를 한데 결합한다. 붉은색 정치는 3차 대변혁의 힘을 인류의 필요에 맞게 활용해, 전에 없던 개인적 자유를 보장할 것을 약속한다. 녹색 정치는 기후변화의 심각성을 분명히 인식하며, 화석연료의 대안 마련을 시급한 과제로 여긴다. 녹색 정치가 추구하는 대안이란 삶의 질을 낮출 필요 없이 누구나 마음껏 사용할 수 있는 재생에너지를 뜻한다. 재생에너지로 전환은 화석연료의 제약에서 벗어나 더욱더 번영한 사회를 만드는 길이다.

부의 분배를 중시하는 붉은색 정치 없이 생태학을 기반으로 한 녹색 정치만 추구해선 민중의 지지를 얻을 수 없다. 반대로 화석연료와 한정된 자원을 바탕으로 번영을 추구하는 붉은색 정치는 자본주의와 마찬가지로 기후변화 앞에 무너질 수밖에 없으며, 가난한 민중의 삶이 처참하게 파괴되는 상황에 속수무책일 것이다. 우리는 두 정치를 결합한 새로운 포퓰리즘을 통해 기후변화에 맞서는 한편, 쪼그라든 삶이 아니라 충만하고 확장된 삶을 꿈꾸며 FALC를 요구해야 한다.

20세기 환경 운동 관점에서 FALC는 이단이나 다름없다. 환경 운동가들은 너무나 오랫동안 '작은 것이 아름답다'는 공허한 구호를 외치며 지구를 살리기 위해서는 근대성과 거리를 둬야 한다는 주장을 반복했다. FALC는 이런 사고방식에 찬성하지 않는다. 무한 공급이 가져올 풍요로운 삶은 화석연료 자본주의fossil capitalism의 무분별한 소비(예를 들어 통근과 무의미한 직장 생활, 사방에 만연한 광고, 계획적 노후화[43] 등에 따른 낭비)와 백팔십도 다르기 때문이다. FALC에서 우리는 세상을 보는 눈을 넓히며, 듣도 보도 못한 음식을 맛보고, 원하면 오

---

43 소비자가 계속 새 상품을 사도록 의도적으로 제품 수명을 단축하는 행위.

늘날 백만장자처럼 호사를 누려 삶의 가능성을 온전히 실현할 수 있다. 임금노동에 기초한 사회가 봉건사회와 다름없는 구시대 유물로 전락하면 FALC가 가져올 화려함이 그 자리를 대신해 온 세상을 메울 것이다.

오늘날 사회 최상류층은 구제할 길 없는 허무주의에 빠졌으며, 넘치는 부를 주체하지 못해 과시적 소비에 병적으로 집착한다. 그에 반해 FALC로 나가는 과정은 행복한 삶에 필요한 자원과 모두 공유하는 목표 의식을 제공할 것이다.

럭셔리 포퓰리즘은 윤리적 소비를 중시하고 '지역적인 것'만 선으로 간주하는 협소한 민중 정치와도 다르다. 오늘날 인류가 처한 5가지 위기에 대처하기 위해선 지구적 차원의 해결책이 필요하다. 이를 실천으로 옮기기까지 많은 고통과 불편이 따르겠지만, 다음 장부터 구체적인 실천 방안을 다룰 것이다, 인류가 합심해 역사적 전환점을 마련해야 한다는 사실을 외면해선 안 된다. 오늘날 인류는 프로메테우스 같은 야심을 품어야 한다. 스튜어트 브랜드가 말한 대로 기술이 우리를 신에 버금가는 존재로 만드는 이상, 그 역할을 잘하는 편이 낫기 때문이다.

이제 '풀뿌리' 운동은 망가진 현 체제와 단절하고 탈희소성 시대에 걸맞은 대안으로 발전해야 한다. 투자 기관이 화석연료 관련 기업에 대한 투자를 회수할 것을 촉구하는 '화석연료 투자 회수 운동'은 풀뿌리 운동이 나아갈 방향을 보여주는 대표적 사례. 화석연료에 대한 비판은 기후 정의를 실현하기 위해 근대성에서 거리를 둬야 한다는 식의 주장과 달리, 화석연료 사용을 줄여 생활수준을 높일 수 있다는 시각과 맞닿는다. 화석연료는 태양광이나 풍력과 비교하면 한때 램프 연료로 쓴 고래기름과 마찬가지로 시대에 뒤떨어진 에너지원이다. 에너지를 얻기 위해 땅에서 연료를 캐내 불태우는 일은 이제 구시대 유물로 남겨야 한다.

우리는 같은 관점에서 셰일 가스 추출도 반대해야 한다. 셰일 가스는 2차 대변혁이 남긴 유산 가운데 '희소성의 시대'에 매달리는 근시안적 사고를 가장 잘 보여주는 예다. 프랑스와 독일, 뉴욕 등에서는 셰일 가스 전면 금지를 주장하는 목소리가 높지만, 그와 동시에 더 나은 대안을 고민할 때다. 우리는 대안을 찾는 과정에서 프래킹fracking[44] 위협에 시달리는 지역 공동체와 함께 고민하고 그들의 목소리를 적극적으로 반영하며, 셰일 가스 추출 중단과 더불어 토착민의 권리, 지역 민주주의, 전면적인 토지 개혁 등을 함께 요구해야 한다. 알래스카와 캐나다, 오스트레일리아 등에서 이런 관점을 반영한 저항운동을 전개해왔는데, 영국의 발콤Balcombe이 대표적인 예다. 서식스Sussex의 작은 마을 발콤에서는 운동가와 주민이 연대해 프래킹에 반대하는 동시에, 지역 주민이 공동소유 하는 태양광발전소 건설을 대안으로 요구했다. 이들의 주장처럼

---

44 고압 액체를 이용해 퇴적암 층을 깨고 화석연료를 추출하는 방식. 환경오염과 지진, 소음의 원인이 될 수 있어 많은 논란을 빚는다.

청정에너지란 훨씬 더 저렴한 에너지원이자, 공공의 재산이어야 한다. 번영과 민주주의, 공유 자원the commons은 단순히 영향을 주고받는 것을 넘어 서로 완성하는 관계다.

새로운 포퓰리즘은 붉은색과 녹색 정치를 통해 진보와 공동의 번영이란 이상을 되살리는 동시에 화려함을 추구한다. FALC는 이윤과 경제성장이라는 명분을 내세워 끝없는 희생을 요구하는 신자유주의와 다르다. 정치인은 '자녀 세대를 위해 허리띠를 졸라매고 부채를 줄입시다'라거나 '내년'에는 반드시 경기가 풀리고 임금도 오를 거라는 말을 입에 달고 살지만, 호시절은 돌아오지 않으리라는 사실이 갈수록 명백해진다. 그럼에도 이런 현실을 알기 쉽고 공감할 수 있게 터놓고 이야기하는 정치인은 없다.

터키 대통령 에르도안Recep Tayyip Erdoğan이든, 미국의 트럼프든, 영국의 테레사 메이든, ECB든 관계없이 정치인은 갖은 말로 희생을 호소하지만, 그 바탕에는 대중이 알지 못하는 지배층의 계급의식이 있다. 그들이 수리경제학으로 현실을 설명하는 모습에서 낫 놓고 기역 자도 모르는 농부에게 고전 라틴어로 만물의 본질을 설교하는 중세 유럽의 사제가 연상된다. 오늘날 정치인은 십계명 대신 경제성장이 선이라는 하나의 계명을 부르짖고, 신실한 대중은 더 열심히 일하고 더 많이 소비해 신앙을 유지한다는 점이 다를 뿐이다.

납세자와 부지런히 일하는 가정, '성공에 미친 사람들'은

이 계명에 따라 끊임없이 일하고 소비하지만, 생활수준은 도무지 나아질 기미가 보이지 않는다. 이런 현실은 1970년대 이후 동구권 사회주의국가의 상황과 별다를 게 없다. 당시에 두드러진 문제가 오늘날 고스란히 반복되기 때문이다. 바로 경제성장의 둔화와 이데올로기 권력의 붕괴다. 사제의 뜬구름 잡는 소리에 지친 대중은 부조리한 현실을 설명해줄 새로운 신앙(때로는 과거의 신앙)을 찾아 눈길을 돌릴 수밖에 없다.

따라서 오늘날 '민중'이 다시금 정치의 주역으로 올라서는 것은 당연한 수순이다. 민중은 귀족적 엘리트 계층에 길든 하층계급부터 부활한 극우 세력의 지지 기반이자 혈통과 영토를 중시하는 민족Volk,[45] 장차 역사를 이끌어갈 변화의 주체인 인민까지 다양한 모습으로 존재를 드러낸다. 이제는 점점 더 많은 사람이 인류가 유례없는 대위기에 맞닥뜨렸으며, 그에 걸맞은 지구적 대책이 필요하다는 사실을 깨닫고 있다. 그렇기에 새로운 포퓰리즘은 3차 대변혁의 무한한 가능성을 활용해 민중이 마땅히 누려야 할 것, 다시 말해 모든 것을 주기로 약속해야 한다.

우리는 껍데기만 남은 고장 난 시스템이 손에 쥔 것마저 앗아 가는 현실에 맞서 모든 것을 요구할 권리가 있다. 우리는 본래 의미에서 벗어나 유치하고 우스꽝스러운 허상으로 전락한 정체성 개념을 벗어던지고 모든 것을 되찾을 권리가 있

---

45 민족을 뜻하는 독일어로, 여기서는 나치 독일이 내세운 단일민족 개념을 암시한다.

다. 우리는 누구나 화려함을 누려야 한다는 주장에 반하는 모든 것을 거부할 권리가 있다. 우리는 통제할 수 없는 힘에 따라 주어진 삶이 아니라 진정으로 바라는 삶을 영위할 권리가 있다.

뒷날 우리가 희소성을 극복하고 3차 대변혁의 성과를 나눠 이 모든 목표를 이루면 제아무리 냉정한 사람이라도 오늘날의 세계를 안타깝고 가엾게 여길 것이다. 너무나 많은 삶과 이야기가 잠재력을 꽃피우지 못한 채 잊히고 만 것을 안타까워하리라. 인위적인 희소성을 강요하는 자본주의가 남부럽지 않은 삶을 보장한다고 철석같이 믿은 수많은 사람이 가엾게 보이리라.

지금은 1917년이 아니다

FALC는 20세기 초의 공산주의와 전혀 다르며, 겨울 궁전을 급습[46]하는 식으로 이룰 수 있는 목표도 아니다. 3차 대변혁이라는 조건이 마련되기 전에 공산주의를 실현한다는 것은 1차 대변혁 전에 잉여생산물을 얻거나, 2차 대변혁 전에 전기를 만드는 것과 마찬가지로 불가능한 일이었기 때문이다.

---

46 러시아 상트페테르부르크에 있는 겨울 궁전 급습은 1917년 11월 러시아혁명의 발단이 됐다.

20세기 초에 전 세계 사람에게 희망의 등불이 된 새로운 체제는 진정한 의미의 공산주의가 아니라, 희소성과 노동을 기반으로 한 사회주의다.

재생에너지와 자동화, 정보화처럼 희소성과 노동에서 벗어난 사회를 실현하는 데 필요한 기술은 20세기 초 제정러시아는 물론 1960년대 말까지 세상 어디에도 없었다. 볼셰비키 정권은 유럽과 미국의 발전한 자본주의경제를 따라잡고자 테일러의 과학적 관리법을 받아들였고, 인간의 시간을 효율적인 생산이라는 목적에 종속시켰다. 실상 그들에게 다른 대안이 없었다.

일찍이 마르크스는 자본주의 근대성이 최고조에 달한 곳에서 혁명이 시작되리라 예견했다. 우리는 지금에야 그 말의 진정한 의미를 깨닫는다. 혁명을 위해선 정치만큼이나 기술이 중요하며, 3차 대변혁은 계급의식과 집단 투쟁처럼 꼭 필요한 선행 조건이란 것 말이다. 3차 대변혁 이전에 공산주의를 실현한다는 건 2차 대변혁 이전에 비행기를 만들겠다는 소리와 같았다. 레오나르도 다 빈치 같은 천재처럼 2차 대변혁 전에도 하늘을 나는 기계를 상상할 수 있겠지만, 아무도 그것을 만들 순 없었다. 이는 의지나 지적 능력이 부족해 실패한 게 아니라 역사에 따른 필연이었다.

1917년 러시아혁명은 반자유주의적 쿠데타로 얻은 결과였고, 혁명을 공고히 하는 과정에서 군부가 모든 요직을 장악함에 따라 사회 변화는 더욱 요원해졌다. 공산당 정권이 극도로 위계적인 구조를 갖춘 것은 자연스러운 수순이다. 이들이 혁명 이후 나라 안팎에서 겪은 온갖 역경을 생각하면 소비에트 연방을 70년간 유지한 것만 해도 20세기에 가장 놀라운 정치적 성과로 꼽을 만하다.

설령 역사가 달리 전개됐다 한들 과거의 혁명이 FALC와 같을 순 없다. FALC는 인간의 기본권 가운데 개인의 행복추구권을 가장 중시하며, 누구나 자신의 행복에 필요한 자원을 누리는 사회를 추구한다. FALC의 정치는 프랭클린 루스벨트가 강조한 '가난한 사람은 결코 자유로울 수 없다'는 명제를 인정하는 데서 시작한다. 주거, 교육, 교통, 의료, 정보와 같은 자원을 이용할 권리 없이 자기 주도적인 자유를 누린다고 말할 수 있는 사람은 없다. 공산주의라는 수단이 없다면 각자 고유한 삶을 꾸리는 진정한 자유주의는 헛된 공상일 뿐이다. 앞서 말한 자원이 필요보다 이윤에 종속된 상품으로 존재하는 한, 삶에서 행복과 의미를 찾기란 하늘의 별 따기다.

현실에 적합한 정치조직의 형태는 우리가 추구하는 유토피아의 모습과 마찬가지로 시대에 따라 달라져야 한다. 새로운 기술이 과거에는 상상도 못 한 풍요를 약속하는 지금 우리에게 필요한 정치는 FALC이며, 폐쇄적인 저개발 사회에 맞는 정치조직이 설 자리는 점차 사라지고 있다. 마찬가지로 노동조직은 성향이 급진적이든 개혁적이든 노동 중심 사회가 영원히 지속되리라는 잘못된 가정에 매달리는 한, 도태될 수밖에 없다. 그런 사회는 유지될 수 없고, 우리의 정치적 목표여서도 안 된다. 노동운동의 역할은 수명이 다한 시스템을 억지로 끌고 가는 것이 아니라 노동자계급, 나아가 사회 전체를 해방하는 데 있다.

정치적 변화를 위한 수단은 우리가 좇는 새로운 세상에 맞게 바뀌어야 한다. 이제는 노동에 반대하는 노동자 정당을 만들어 포퓰리즘적이고 민주적이며 개방적인 정치를 추구하는 한편, 어떻게든 FALC를 저지하고자 국가와 시민사회에 영향력을 행사할 기득권에 맞서 싸울 때다.

선거주의와 사회

FALC는 3차 대변혁이 시작되는 오늘날에야 비로소 실현 가능한 정치다. FALC의 혁명적 가능성은 종전의 지배계급을 또 다른 계급으로 대체하는 것이 아니라 마르크스가 그 유명한 '생산양식'이란 말로 지칭한 이념과 사회적 관계, 기술을 근본적으로 바꾸는 데 있다. FALC는 우리에게 시대의 변화를 받아들여 공동 목표가 있는 집단적 주체로 거듭날 것을 요구한다.

선거 정치는 우리가 집단으로서 힘을 갖추기 위해 꼭 필요한 수단이다. 안타깝게도 대다수 사람은 선거가 치러지는 순간에만 정치적 영향력을 행사한다. 이는 대중의 무관심을 조장하고, 그 영향력을 제한하려 하는 현대의 정치 문화 탓이 크다. 그러나 대중의 입장에서 정치에 대한 무관심은 지극히 자연스러운 반응이다. 우리는 대부분 하루하루 반복되는 고된 노동과 가족에 대한 책무, 현대사회의 과도한 감각적 자극에 지쳐서 정치에 참여할 여력이 없다. 그러므로 진짜 문제는 대중의 무관심이 아니라, 관심을 가질 틈조차 없게 만드는 팍팍한 현실이다. 지난 10년간 현 체제의 무기력함과 붕괴 가능성이 드러나면서 대중의 목소리가 조금씩 커지고 있지만, 아직 갈 길이 멀다.

FALC는 이런 현실 때문에라도 럭셔리 포퓰리즘을 등에 업고 선거 정치라는 주류에 뛰어들 필요가 있다. 우리 사회의 다수, 특히 가장 억압받는 계층은 선거에 참여할 때 비로소 사회를 움직일 가능성에 눈을 뜨며, 그전에는 별개로 보이던 문제가 공통의 원인과 해결 방안으로 연결된다는 사실을 깨닫는다. 게다가 투표 행위는 그 자체로 큰 힘을 발휘하지 못해도 적극적인 참여와 실천으로 이어질 가능성이 있다. 물론 선거 정치만으로 우리가 원하는 세상을 만들 순 없다. 하지만 3차 대변혁의 잠재력과 정치 참여의 필요성을 알리는 운동을 병행한다면 선거는 우리의 가능성을 확인하는 계기가 될 것이다.

우리는 선거 정치든, 다른 무엇이든 정치만으로 역사의 흐름을 바꿀 수 없다는 사실을 명심해야 한다. FALC로 전환하기 위해서는 정치 외에 이념, 사회적 관계, 일상적인 생활양식, 자연과 관계를 일신할 필요가 있다. 과거의 정치 이데올로기는 이 가운데 하나에 매몰돼 다른 요소를 가벼이 여겨서 실패를 자초했다. 예를 들어 현대 아나키스트는 사회적 관계를 가장 우선시하며, 이념이나 일상적인 삶, 노동과 별개로 생각하는 경향이 있다. 레닌주의는 생산, 나아가 노동계급의 주체성을 중시했지만, 20세기 초의 이념과 기술이 통용되지 않는 세상이 오리라고는 꿈에도 생각지 못했다. 한편 캘리포니아 실리콘밸리에 흔히 있을 법한 기술 유토피아주의자는 기술이 있으면 정치, 사회, 역사에 대한 고려 없이도 더 나은 미래를 만들 수 있다고 믿는다. 마지막으로 일부 환경주의자는 인간과 자연의 관계를 중시하며, 우주 속 인간을 다른 생명체와 연관성 속에 이해하려는 노력을 정치의 원동력으로 삼는다. 대신 이들은 계급적 관점에서 자본주의의 생산과 착취를 다루는 데 무관심할 때가 많았고, 자본주의가 본질상 자신들의 목표에 반한다는 사실을 직시하지 못했다.

오늘날 세계와 FALC가 실현된 세계에는 말할 수 없는 간극이 있다. 선거주의를 수용할지, 국가권력을 거부할지 선택하는 것은 이 간극을 메우는 일부 과정에 지나지 않는다. 그보다 FALC의 세계관을 체득하고, 역사의 구성 요소 하나하나에 그 세계관을 입히는 일이 중요하다. 우리는 하나의 꿈을 동력으로 삼아 모든 과정에 임해야 한다. 모두가 진정으로 자유롭고 희소성과 직업이 사라진 세계에 대한 꿈을. 그곳은 누구나 원하는 바를 이룰 보편적 자유가 있고, 필요한 건 뭐든 힘들이지 않고 얻을 만큼 풍요가 있는 세계다. 이 꿈을 이루기 위해 선거에 참여하고 나아가 정권을 세워야겠지만, 그 자체가 우리의 목표는 아니다.

세계화가 아니라 국제주의로

FALC는 국제주의internationalism를 지향한다. 우선 FALC는 재화, 사람, 자본, 기후 시스템의 흐름과 세계경제의 통합적 성격을 분명히 파악한다. FALC의 뿌리는 지난 200여 년간 아이티부터 중국에 이르기까지 전 세계 많은 나라가 쟁취하고자 한 보편적 가치에 있다. FALC를 추구하는 우리는 국민국가가 권력층에 의해 지역 간 불평등을 조장하는 도구로 이용돼온 사실을 외면해선 안 된다. 한 국가가 다른 국가에 비해 덜 발전했다는 말은 폄하가 아니라, 불평등을 낳은 세계 체제에 대한 고발의 의미를 담아야 한다. 요컨대 바꿔야 할 것은 우리가 사용하는 말이 아니라 그 말에 담긴 현실이다.

변화를 가로막는 가장 큰 장애물은 세계화에 대한 맹신이다. 세계화는 인류가 맞닥뜨린 대위기는 오직 국제 협력을 통해 극복할 수 있다는 논리를 내세운다. 우리는 어느 나라도 혼자서 기후변화와 이민, 자원 부족을 해결할 수 없다는 이야기를 귀에 못이 박이도록 듣는다. 틀린 말은 아니지만, 논의가 무성할 뿐 지금까지 아무도 행동에 나서지 않는 상황은 되레 정치적 무력감을 조장해왔다. 세계화를 외치는 이들의 의도가 바로 여기 있다.

기후변화에 대한 대응은 세계화의 문제점을 단적으로 보여준다. 전 세계는 1992년 리우회의를 계기로 지구온난화가 초래할 파국을 깨닫기 시작했다. 회담 결과는 즉각 반향을 불러일으켰고, 지금까지 이어지는 세계화의 기본 가정이 여기서 확립됐다. 기후변화는 말 그대로 지구적 위기이므로 국가들이 협력하지 않으면 해결할 수 없고, 다른 대안도 없다는 것이다.

그러나 리우회의 이후 지금까지 전 세계 탄소 배출량은 오히려 크게 늘었고, 세계 경제 위기 직후 몇 년은 역사상 가장 많은 배출량을 기록했다. 지금까지 기후변화에 대한 대응은 '일치단결'이 아니라 협력을 가장한 수수방관에 지나지 않는다. 각국 엘리트 계층은 범국제적 대응책을 마련한다는 명분을 내세워 책임을 회피하는 동시에, 시장 자본주의와 호환되는 경제적 세계화를 추진했다. 결국 '지구적 협력'이란 자본주의 리얼리즘을 전 세계로 확대하고, 환경오염에 가장 큰 책임이 있는 강대국의 의무를 면제하기 위한 구실일 뿐이다.

우리는 또 다른 국제정치, 그중에도 19세기 '본보기 정치 prototype politics'를 재조명해 모범으로 삼을 필요가 있다. 2차 대변혁이 전 세계에 동시다발적 변혁을 가져오는 초유의 상황에, 본보기 정치가 제시한 대응책은 모방이었다. 마찬가지로 다자간 협력이 엘리트 계층이 이익을 추구하는 수단으로 변질된 지금, 우리에게는 허울뿐인 통합보다 검증된 사례를 본보기로 삼는 모방이 절실하다. 세계화를 맹신하는 사람은 이런 주장을 두고 아무런 효과가 없을뿐더러, 최악의 경우 각국이 세계 질서의 붕괴 앞에 속수무책이던 1930년대를 재현할 수 있다며 비난을 퍼붓는다. 이들의 논리는 자본주의 리얼리즘 확산의 일등 공신인 반유토피아주의와 유사하다. 아무리 애써봐야 달라지는 건 없다는 이야기다.

그러나 본보기 정치는 제아무리 사소한 결정이나 행동도 말뿐인 협력보다 낫다고 보기에, 오늘날의 세계화와 차원이 다르다. 2차 대변혁 이후 인류가 기차와 케이블, 도로로 전 세계를 연결한 것은 서로 모방한 덕분이다. 보편적인 교육제도와 위생 시설을 마련하고, 민주주의와 대중의 요구에 봉사하는 정부를 세울 때도 마찬가지다. 주위를 둘러보며 '우리라고 왜 못 하겠어?'라는 생각을 품는 순간, 변화가 시작됐다. 이제 우리도 같은 방식으로 오늘날에 적합한 제도와 문화, 기술을 만들어 기후변화와 고령화, 기술 실업 같은 문제를 해결해야 한다. 그러기 위해선 프랜시스 후쿠야마가 역사의 종말을 선언한 뒤 대다수 좌파가 이단시한 명제를 받아들일 필요가 있다. 신속하고 효과적인 행동을 위한 최선의 수단은 바로 국민국가라는 것이다. 모든 국가가 서로 모방해 행동에 나선다면 완전한 탈탄소화는 도로 건설이나 보편적 교육, 전력화 사업과 별다르지 않은 과제가 될 수 있다. 지체하지 말고 다시 역사를 만들어가야 한다.

마르크스는 자본주의와 자본주의 이후의 미래를 다룬《정치경제학 비판을 위하여Kritik der politischen Ökonomie》서문에서 어떤 요인이 맞물려 역사의 톱니바퀴를 움직이는지 예리하게 짚었다.

인간은 자신의 생활을 사회적으로 생산하는 과정에서 의지와 무관하게 필연적으로 어떤 관계에 들어서는데, 이때 관계란 물질적 생산력의 발전 단계에 상응하는 생산관계를 말한다. 이 생산관계의 총체가 사회의 경제적 구조라는 토대다.

마르크스에 따르면, 새로운 물질적 관계는 새로운 정신의 탄생으로 이어진다.

이런 토대 위에 법적 · 정치적 상부구조가 세워지며, 일정한 형태의 사회적 의식이 이 토대에 조응한다. 물질적 삶의 생산양식이 사회적 · 정치적 · 정신적 삶의 전반적인 과정을 조건 짓는다. 인간의 의식이 그 존재를 결정하는 게 아니라, 오히려 인간의 사회적 존재가 의식을 결정한다.

폴 로머나 래리 서머스가 지적하듯, 정보재의 가격 메커니즘에 심대한 변화가 일어난다는 사실을 고려하면 이어지는 대목은 그야말로 의미심장하다.

일정한 발전 단계에 이르면 사회의 물질적 생산력은 지금까지 자신이 작동하는 틀이 된 생산관계 혹은 그 생산관계의 법률적 표현이나 다름없는 소유관계와 충돌한다. 이제 생산관계는 생산력의 발전 형식을 규정한 데서 생산력의 발목을 잡는 족쇄로 변한다. 그때 비로소 사회혁명의 시대가 온다. 경제적 토대의 변화는 머지않아 거대한 상부구조의 전복으로 이어진다.

대중이 공유하는 문화, 자연에 대한 이해, 우리가 자신의 정체성을 형성하는 방식까지 포괄하는 상부구조는 오늘날 변화의 문턱에 들어섰다. FALC에 적합한 정치는 이 사실을 이해하는 동시에, 단순 명료한 모토 하나를 내걸고 상부구조의 모든 영역 깊숙이 침투해야 한다. 그 모토란 자유와 화려함, 탈희소성의 추구다.

10

기본 원칙 :
신자유주의와 결별

불태워야 할 것은 사람이 아니라 신자유주의다.

클라이브 루이스Clive Lewis [47]

카릴리온의 도산과 이스트코스트 간선철도

FALC는 3차 대변혁에 상응하는 정치 기획이지만, 그것을 실현하는 역사적인 순간이 오기까지 수십 년이 필요하다. 와트의 증기기관이 나온 뒤 2차 대변혁이 본격적으로 시작되기까지 시간이 걸린 것처럼 말이다. 그렇다고 두 손 놓고 기다릴 이유는 없다. 우리는 신자유주의와 단절하고 실현 가능한 대안을 마련해 지금 당장 변화를 시작해야 한다.

---

47 영국 노동당 정치인(1971~).

따라서 우리는 노동과 희소성을 극복한 세상을 정치적 목표로 삼는 동시에, 눈앞의 시급한 과제에 집중해야 한다. 그 과제란 노동조합을 약화하고 노동시장을 불안정하게 만들며, 임금을 낮추고 사영화를 확대하는 신자유주의 원칙을 폐기하는 것이다. 이제 변화의 방향을 신자유주의 원칙과 정반대되는 쪽으로 돌려 완전히 새로운 미래를 만드는 일에 전념해야 한다. 반反긴축 정치는 이제 막 시작됐을 뿐이지만, 모든 변화의 출발점이기도 하다.

신자유주의와 단절하기 위해선 사영화와 외주화라는 핵심 장치부터 멈춰야 한다. 이유는 간단하다. 두 장치는 사적 이윤과 주주 가치를 위해서라면 의료와 교육, 주거를 비롯해 어떤 공공재도 희생할 수 있다는 논리로 작동하기 때문이다. 이 점에서 사영화와 외주화는 동전의 양면 같다. 지난 50년간 진행된 대규모 사영화에서 보듯 전자가 국가의 공공재 공급 기능을 약화하는 주범이라면, 후자는 국가의 소유와 책임이라는 허울을 유지하면서 특정 계층에 이익을 몰아주는 데 효과적이다. 사영화와 외주화는 대개 '소비자 선택의 폭'을 넓힌다는 명분을 내세우지만, 그 결과 노동자는 더 가난해지고 공공 서비스의 질은 낮아졌으며 지역 공동체는 자본과 기술을 빼앗겼다.

2018년 초 영국의 건설과 '시설 관리' 기업 카릴리온Carillion이 도산한 사건은 외주화의 문제점을 단적으로 보여준다. 약

90%를 하청에 의존하던 카릴리온이 파산하자, 신자유주의를 기반으로 한 잘못된 경영의 결과를 3만여 하청 업체가 고스란히 떠안아야 했다. 반면 런던 금융가의 헤지 펀드는 도산을 예상하고 투기로 막대한 이익을 챙겼다.

기득권을 대변하는 지식인은 세계 유수의 역사학자와 사회과학자가 내놓은 연구에는 아랑곳없이 신자유주의에 실체가 있느냐고 묻는다. 거대 건설 기업 카릴리온을 둘러싼 일은 이런 의문에 명쾌한 대답이다. 정부 사업을 수주해서 이윤을 내던 기업이 파산하자, 노동자가 피해를 떠안고 경제를 도박판으로 만드는 투기 자본은 이득을 챙긴다. 이 상황을 신자유주의가 아니고는 달리 어떻게 설명하겠는가?

특히 2010년 이후 영국에서 카릴리온이 수행한 경제적 기능은 신자유주의라는 맥락을 빼놓고 설명할 수 없다. 정부가 긴축을 확대하는 상황에서 카릴리온과 세르코Serco, 소덱소 Sodexo, 카피타Capita, G4S 같은 외주 전문 기업은 하청 업체를 압박해 임금 하락을 부추기는 주역으로 자리매김했고, 그사이 영국은 세계 2위 외주 시장으로 떠올랐다.

신자유주의 규범에 따라 지방정부를 비롯해 공공 부문을 축소하고 민간 부문의 우위를 확립해야 한다는 압력이 거세지는 가운데, 외주 기업은 수십만 개 일자리를 민간으로 이전하고 임금을 낮추는 일에 앞장섰다. 영국이 2010년 이후 민간 부문에서 '고용 기적'을 이룬 건 어디까지나 외주화 덕분이다. 그 성공은 노동자의 이익에 반하는 것으로, 임금 삭감과 노동 빈곤층 증가, 생산성 악화라는 부작용을 낳았다.

카릴리온의 급격한 몰락을 보면 외주화가 기본적으로 노동자의 삶을 피폐하게 하며, 최악의 경우 국가 경제 전반을 혼란에 빠뜨린다는 사실을 확인할 수 있다. 우선 외주화는 노동자의 지위를 불안정하게 만드는 동시에, 이를 바탕으로 사회의 주요 서비스와 기반 시설 공급까지 악화시킨다. 게다가 카릴리온 같은 다국적기업이 공공사업으로 번 이익을 전 세계 부유한 대도시의 주주에게 나눠주면, 지역은 오히려 더 가난해진다. 이렇듯 외주화는 임금을 낮추고 쇠퇴한 지역 도시에 돌아가야 할 자원을 남김없이 빨아들이는 데 소름 끼칠 만큼 효율적이며, 소득 불평등과 지역 불평등을 유발한다.

카릴리온의 도산이 외주화의 위험성을 입증한다면, 에든버러Edinburgh와 런던을 잇는 이스트코스트 간선철도East Coast Main Line(이하 이스트코스트선)을 둘러싼 황당무계한 일은 사영화의 문제점을 여실히 드러낸다. 최근까지 이 노선을 운영한 스테이지코치Stagecoach는 불황으로 순이익이 너무 낮다고 불평했다. 하지만 이스트코스트선은 1990년대 철도 사영화를 거쳐 2009년 다시 국유화된 이후 총수입 대비 정부투자의 효율 면에서 민간이 운영하는 모든 노선을 압도했고, 12개 산업 부문 상을 휩쓸며 모범 경영 사례로 손꼽혔다. 독자 여러분이 잘못 이해한 게 아니다. 당시 이스트코스트선은 유일한 국영 철도였음에도 민간이 소유한 어떤 노선보다 적은 세금이 들어갔다. 놀라지 마시라. 그렇게 잘나가던 이스트코스트선은 2013년 다시 사영화됐고, 2018년에는 운영 기업이 정부 보조금을 받으면서도 수익을 내지 못하자 또다시 '일시적으로' 국유화됐다. 이스트코스트선을 둘러싼 이야기는 한 편의 코미디 같다. 이 모두가 우리 눈앞에서 벌어진 현실이라는 점만 빼고 말이다.

영국의 민간 철도 기업이나 외주 전문 기업은 서비스 이용객과 노동자가 치른 비용을 주주의 이익으로 바꾸는 장치라 해도 과언이 아니다. 철도 기업은 국민이 낸 세금을 보조금으로 받으면서도 이용객에게 터무니없이 비싼 값을 부과했다. 2011년 영국 교통부가 발표한 보고서에 따르면, 영국의 민간 철도는 유럽 국영 철도보다 요금이 40%가량 비싼 것으로 드러났다.

많은 사람이 오늘날의 경제를 '조작된 시스템'이라 비난하는 일부 정치인의 주장에 공감한다. 사영화와 외주화가 점점 더 많은 공공서비스를 잠식하는 현실을 정확히 짚어낸 말이기 때문이다. 사영화는 서비스나 성과를 개선하는 것과 아무런 관계가 없으며, 다수의 부를 소수 엘리트에게 집중한다는 정치적 목적에 충실할 뿐이다. 사영화는 '시장의 자유'와도 무관하다. 그것은 시장 자본주의와 국가사회주의state socialism의 단점을 결합한 끔찍한 잡종에 지나지 않는다.

해링게이개발계획

카릴리온의 도산만큼 경제적으로 파장이 크거나 이스트코스트선만큼 황당하진 않지만, 신자유주의의 해악을 잘 보여주는 사례가 하나 더 있다. 런던 북부 해링게이 구에서 야심 차게 추진했으나, 결국 실패로 돌아간 해링게이개발계획Haringey Development Vehicle, HDV이다.

HDV는 노동당이 다수를 차지한 해링게이 지방의회가 다국적 부동산 개발 기업 렌들리스Lendlease와 합작한 사업이다. 본래 목적은 중앙정부의 긴축으로 지역 예산이 줄어든 상황에서 주택난을 해결하는 것이었지만, HDV가 제시한 계획은 외주화와 다르지 않았다. 외주화가 실업에 대처한다는 명목으로 빈부 격차를 확대하는 저임금 일자리를 양산했다면, HDV는 주택을 공급한답시고 서민은 엄두도 못 낼 고급 주거단지를 짓는 재개발 계획을 추진했다. 해링게이 구의 평균 집값이 지역 주민 평균 연봉의 15배가 넘는 상황에서 HDV는 주택난을 해결하기는커녕 악화시킬 게 뻔한 대책을 내놓은 셈이다.

이런 악순환은 우연히 만들어진 게 아니다. 신자유주의는 주거난이나 빈부 격차 같은 사회문제를 심화하는 동시에, 공공 기관의 재정 기반을 무너뜨린다. 그 결과 정책 입안자는 자신의 성향과 별개로 시장 지향적 대책을 선택할 수밖에 없는 상황에 놓인다. 신자유주의에서 각종 불평등과 공공 부문의 무력화라는 문제는 자기 꼬리를 먹으며 자라는 신화 속 뱀 우로보로스ouroboros처럼 벗어날 수 없는 순환 고리에 빠지는 것이다.

이 점에서 노동당 의원들이 HDV를 주도했다는 사실은 의미심장하다. 이스트코스트선이 신자유주의 이데올로기에 대한 맹신이 낳은 부조리를 드러낸다면, HDV는 신자유주의가 불가피한 대책으로 둔갑하고 '신자유주의의 대안은 없다'는 말이 자기실현적 예언으로 바뀌는 과정을 명확히 보여준 셈이다.

그렌펠타워 화재 참사

신자유주의 체제는 스프레드시트와 경제 데이터로 측정할 수 없는 인적 피해를 낳는다. 그 해악은 노동 빈곤층이 늘고, 갈수록 오르는 집세와 각종 비용으로 부유한 건물주와 기업 주주만 이득을 챙기는 현실에 그치지 않는다. 이제 뼈대만 남은 채 방치된 그렌펠타워Grenfell Tower는 신자유주의의 폐해를 가장 참혹한 방식으로 드러낸 상징으로, 다른 모든 사례를 무색하게 만든다. 2017년 6월, 런던 서부에 있는 24층 아파트 그렌펠타워에서 발생한 화재는 72명의 목숨을 앗아간 대형 참사다.

사건은 테레사 메이 총리가 이끈 보수당이 총선에서 과반 의석을 확보하는 데 실패하고 며칠 뒤에 일어났다. 4층에서 시작된 화재는 불과 15분 만에 건물 전체를 집어삼켰다. 지난 수십 년간 영국에서 벌어진 어떤 사건보다 충격적인 광경이었다. 1974년에 완공된 그렌펠타워는 화재가 발생했을 때 확산을 최소화하도록 설계됐지만, 사건 몇 해 전 건물 리모델링에 사용한 가연성 외장재가 불길이 삽시간에 번지는 주원인이 됐다. 여기에 허술한 안전 기준과 스프링클러 미작동 같은 문제가 복합적으로 작용했다. 이 모든 사안은 입주민 모임인 그렌펠액션그룹Grenfell Action Group이 화재가 나기 전부터 지적해온 문제다.

리모델링에 사용된 폴리에틸렌 외장재는 석유만큼이나 불에 잘 타는 저렴한 소재다. 재료과학이 발전함에 따라 우리는 어느 때보다 안전하면서도 효율적인 건물을 지을 수 있다. 하지만 빈곤층 주거지를 지을 때는 원가를 최대한 절감하고 겉만 그럴듯하게 꾸미면 된다는 생각이 당연시된다. 이런 사고방식은 그렌펠타워 화재 참사에서 안전 불감증에 따른 인명 피해라는 최악의 결과로 드러났다.

그렌펠타워 화재 참사는 '자율 규제'가 어떤 파국을 초래하는지 보여주는 사례로, 정치적으로도 중요한 시사점을 남긴다. 과거 마거릿 대처 정부는 주거 건물의 화재 안전 기준에 관한 규제를 철폐했고, 안전과 관련된 강제 요건을 건설사가 선택할 수 있는 '가이드라인'으로 대체했다. 사건이 있기 전, 일부 보수당 의원들은 브렉시트 이후에는 이런 겉핥기 정책을 확대할 수 있으리라고 공공연히 이야기했다. 일례로 보수당의 주요 우익 인사 제이콥 리스 모그Jacob Rees-Mogg는 영국이 EU에서 탈퇴하면 환경·안전 기준을 더 낮출 가능성이 열린다는 사실을 두고 이렇게 말했다. "이를테면 인도에서 문제가 없는 기준은 영국에도 그대로 적용할 수 있습니다. 그러지 못할 이유가 전혀 없죠."

반면 노동당 소속의 예비 내각[48] 재무부 장관 존 맥도널John McDonnell은 그렌펠타워 화재 참사를 '사회적 살인'으로 규정하며 "정치적 결정으로 희생자들이 목숨을 잃었다"고 주장해, 리스 모그의 생각에 동조하는 기득권 세력을 경악케 했다. 또 다른 노동당 의원 클라이브 루이스의 발언이 이보다 훨씬 큰 논란을 불러일으켰다. 그는 트위터에 전소된 그렌펠타워 사진과 함께 '불태워야 할 것은 사람이 아니라 신자유주의다'라고 올렸다. 현 체제를 유지하기 바라는 기득권 계층은 루이스의 말이 대중에게 공감을 얻으리라는 사실을 알았기에, 한층 더 격앙된 반응을 보였다.

정치인은 흔히 자신의 결정에 따른 결과를 불가피한 현실인 양 포장하기에 한눈에 드러나지 않지만, 그렌펠타워 화재는 분명 정치적 선택이 낳은 비극이다. 대처 정권에서 시작해 신노동당New Labour[49] 정권에서 확대한 규제 완화 정책은 신자

---

48 정권 교체에 대비해 야당 인사들이 구성한 재야 내각.
49 1990년대 초 이후 제3의 길을 표방하며 우경화한 노동당의 새 노선.

유주의 이데올로기의 핵심을 담고 있다. 정부의 개입을 줄이고 시장이 알아서 균형을 이루도록 두면 최상의 성과가 따라온다는 것이다. 수많은 사례가 현실은 정반대임을 입증하지만, 이 위험한 이데올로기는 외주화와 사영화, 재개발 등의 형태로 널리 전파됐고, 그 결과 72명이 하룻밤 사이에 목숨을 잃었다.

신자유주의는 심각한 폐해를 낳지만 결코 넘어서지 못할 벽이 아니며, 우리가 할 일이 무엇인지 점차 분명해지고 있다. 신자유주의와 단절함으로써 고장 난 현 체제를 멈추고 FALC로 가는 발판을 마련하기 위해선 크게 3가지 방안이 필요하다. 첫째 진보적인 조달 정책과 지역 보호주의municipal protectionism를 통해 경제의 지방분권화를 실현하는 것, 둘째 노동자 소유의 경제를 확립하기 위해 재정을 사회화하고 지역 은행 간 네트워크를 형성하는 것, 셋째 보편적기본서비스Universal Basic Services, UBS를 도입해 국가 경제를 상당 부분 공공소유로 전환하는 것이다. 이 가운데 일부는 20세기에 널리 시행된 국유화 정책과 비슷하지만 대부분 그렇지 않다.

좌파 진영이 정권을 잡지 않는 한 국가 차원의 개혁을 추진하기 어렵겠지만, 지역 단위의 작은 변화는 지금 당장이라도 시작할 수 있다. 아래에서 비롯된 혁명은 나름의 방식으로 세상을 바꾸고 있다.

신자유주의를 끝장낼 방법 하나 : 프레스턴 모델

산업혁명기의 발명가 리처드 아크라이트Richard Arkwright의 고향이기도 한 프레스턴Preston은 19세기가 시작될 무렵 랭커셔Lancashire주의 다른 도시와 더불어 증기와 석탄이라는 신기술을 도입해 2차 대변혁을 선도했다. 시간이 흘러 공장이 이전하고 산업혁명 초기에 누린 이점이 사라지자, 도시는 쇠락의 길로 접어들었다. 프레스턴의 경제는 영국 대부분 지역과 마찬가지로 전망이 어두웠고, 생산성이 낮은 서비스 부문 일자리를 최대한 유치하는 정도가 할 수 있는 최선이었다. 지역 정치인들이 수천 개나 되는 일자리 창출을 기대하며 '타이드반Tithebarn'이라는 쇼핑센터 건설에 사활을 건 것은 이 때문이다.

타이드반 프로젝트가 2011년 끝내 무위로 돌아가자, 프레스턴의 정치인들은 망연자실할 수밖에 없었다. 그들의 바람과 달리 타이드반 프로젝트는 2008년 세계 경제 위기가 시작된 순간, 실패할 것이 불 보듯 뻔했다. 소매업과 소비자 부채를 기반으로 한 경제모델로는 발전을 기대할 수 없었다. 국가적 긴축으로 지방정부도 허리띠를 졸라매야 하는 상황에서 프레스턴의 경제는 위태로워 보였다.

프레스턴은 벼랑 끝에서 위기를 기회로 바꾸는 놀라운 일을 해냈다. 몇 해 앞서 비슷한 위기를 극복한 미국 클리블랜드 사례가 프레스턴에 영감을 줬다. 클리블랜드는 재정 위기에 맞서 아무도 시도하지 못한 파격적인 대책을 마련했다. 사영화와 외주화라는 신자유주의의 기본 처방을 거부한 대신, 학교와 병원, 대학 같은 '앵커 시설anchor institution'이 지역에서 자원을 조달하도록 장려해 지역 경제를 살리기로 한 것이다. 이 선택은 얼마 지나지 않아 '클리블랜드 모델'로 널리 알려질 만큼 성공을 거뒀다.

프레스턴은 클리블랜드 모델을 지역 상황에 맞게 적용해 예상을 뛰어넘는 성과를 얻었다. 2011년 프레스턴 지역 의회는 맨체스터에 있는 국책 연구 기관인 지역경제전략센터 Centre for Local Economic Strategies와 협력해 도시의 경제 현황을 조사하는 한편, 앵커 시설이 가능한 한 지역 경제 내에서 자원을 조달하도록 요청했고 6개 기관이 이에 응했다. 정부 기관과 앵커 시설이 합심한 결과, 지역 업체들이 학교 급식부터 대규모 건설 계획까지 수많은 사업에 참여하게 됐다. 그사이 프레스턴 의회와 협력한 6개 앵커 시설은 지역에서 점점 더 많은 돈을 사용했다. 예를 들어 이들이 프레스턴과 랭커셔주 전체에서 지출한 금액을 각각 살펴보면 2013년 3800만 파운드, 2억 9200만 파운드에서 2017년 1억 1100만 파운드, 4억 8600만 파운드로 늘어난 것을 확인할 수 있다. 이 수치로 지역 중심 조달 정책이 끼친 영향을 전부 파악하기는 어렵지만, 자본이 지역 경제에서 순환하며 승수효과를 일으켰다는 자체가 대단한 성과다. 대규모 예산 삭감과 국가 경제의 침체에도 프레스턴의 지역 내 지출은 큰 폭으로 늘어난 셈이니 말이다. 랭커셔 중부 신도시들은 영국 내 여느 지역과 마찬가지로 2008년 이후 실질임금이 줄었지만, 프레스턴에서는 정부의 긴축과 무관하게 실질임금이 늘었다.

더불어 프레스턴은 다른 지역이 사영화에 나서는 동안 지역 기반 산업을 성장시키고 노동자 소유의 협동조합 설립을 장려하는 쪽을 택했다. 그 결과 프레스턴은 2016년 말 맨체스터와 리버풀을 제치고 잉글랜드 북서부에서 가장 살기 좋고 일하기 좋은 도시로 선정됐으며, 2018년에는 영국에서 가장 빠르게 발전하는 도시로 꼽혔다.

프레스턴 모델을 모방하면 국가권력을 빌리지 않으면서도 신자유주의와 단절하는 대안을 마련할 수 있다. 프레스턴 모델은 각 지역 상황에 따라 적용되더라도 지역을 넘어 더 큰 변화로 이어질 잠재력이 있다. 예를 들어 NHS는 고용 인력 규모가 무려 140만 명에 이르는데, 이런 거대 기관의 기능이 전국의 앵커 시설로 분산되면 영국 경제를 뿌리부터 바꾸는 일도 충분히 가능하다. 영국처럼 수도 쏠림 현상이 심각한 나라에서는 이런 변화가 꼭 필요하다.

'프레스턴 모델'의 확대는 지나친 긴축이 낳은 폐해를 최소화하는 이상의 의미가 있다. 프레스턴 모델은 누구는 살아남고 누구는 도태되는 구명보트 사회주의lifeboat socialism가 아니라, 마을과 거리마다 활기를 되찾고 지역 경제와 국가 경제가 모두 번영하는 미래를 위한 발판이 될 것이다.

이 과정에서 필요한 또 다른 과제는 지역 보호주의를 통해 다국적기업이나 대기업 대신 지역 노동자가 소유한 사업체를 적극 지원하는 것이다. 지역 보호주의는 사영화의 흐름을 뒤바꾸는 동시에, 회복 탄력성이 높고 사회적으로 더 정의로운 대안을 마련하는 효과적인 수단이다. 현 체제는 비용 절감과 주주 이익 극대화를 가장 중요한 가치로 여기지만, 지역 보호주의에서는 지역과 계층 간 불평등을 줄이고 다양한 대안적 소유 모델을 찾는 것이 중시된다. 지역 보호주의를 실현하려면 우선 지역 사업에 입찰하는 기업의 자격을 제한하는 방안이 필요하다. 예를 들어 반경 10km 이내 혹은 특정 지역구 내 등으로 거리 제한을 두거나, 노동자 소유 협동조합과 유기농 제품 생산 기업, 재생에너지 사용 기업 등 사업체의 특성에 따라 입찰을 허용하는 것이다. 그 기준은 주주의 이익이 아니라 우리가 중요하게 여기는 가치에 따라 얼마든지 달라질 수 있다.

민중의 사업, 민중의 은행

협동조합이나 노동자 소유 기업을 가로막는 가장 큰 장벽은 금융에 대한 접근성이다. 이들이 신용거래를 효과적으로 이용하지 못하는 한, 프레스턴 모델이나 지역 보호주의 도입은 요원한 일이다.

종전 금융기관은 자신이 통제할 수 없는 사업체에 자금을 빌려주기 꺼리므로, 협동조합과 노동자 소유 기업은 자본주의경제에서 장기 금융을 이용하는 데 어려움을 겪는다. 이들은 금융 지원을 받지 못해 투자 부족과 자금 압박에 시달리며, 때로는 신용거래상 혜택을 누리는 일반 기업의 손에 쉽게 넘어간다. 노동자 소유 기업은 종전 기업보다 생산성을 '꾸준히' 유지한다는 이점에도 오랫동안 구조적으로 불리한 여건에 놓였으며, 그 결과 지금도 전체 경제에서 지극히 미미한 비중을 차지한다.

영국 전체 예금의 80%를 보유한 국립은행 가운데 대기업 한 곳에 1000만 파운드를 빌려주는 대신 중소기업 200곳에 5만 파운드씩 빌려주기를 택하는 곳은 없을 것이다. 따라서 독과점과 자본도피가 만연한 현재 경제체제와 단절하기 위해선 지역 은행과 신용조합의 네트워크를 형성하는 게 무엇보다 중요하다.

앵커 시설을 비롯한 공공 부문은 여기서도 해결의 실마리를 제공한다. 공공 부문이 보유한 막대한 연금 기금은 새로운 금융 네트워크를 만들기 충분한 자본이다. 영국의 노동조합이 국가적 긴축 상황을 견디는 동안 조합원이 연금에 투자한 금액은 2000억 파운드에 달한다. 이 돈을 지역 개발은행에 예금하면 일자리 창출에 활용 가능할 뿐 아니라, 조합원에게도 더 나은 수익을 줄 수 있다. 이윤을 남기는 게 핵심 목표는 아니다. 하지만 노동당 소속 정치인이자 연금 기금 전문가

존 클랜시John Clancy에 따르면, 연금을 해외 주식에 투자할 때 수익이 기대 이하인 경우가 많은 만큼 투자자는 지속 가능하면서도 지역 경제를 활성화하는 대안을 적극 모색할 필요가 있다.

한편 지역 은행이 지역 보호주의 이념을 실현하기 위해선 대출 규모와 지리적 범위를 제한해 지역 내 사업체를 우선하는 게 중요하다. 더불어 이들 은행은 수익성뿐 아니라 사회적 가치를 극대화할 책임이 있으므로, 노동자 소유 기업을 지원하는 동시에 재생에너지를 비롯한 사회 주요 영역의 발전에도 관심을 기울여야 한다.

협동조합과 노동자 소유 기업의 성장에 따른 긍정적인 영향은 충분히 입증됐다. 여기에는 소득 불평등과 지역 간 격차를 줄이는 것은 물론, 생산성을 높이고 투자 부족에 시달리는 중소기업을 살리는 것 등이 포함된다. 하지만 3차 대변혁 시대에 핵심이 될 이점은 따로 있다. 자동화와 AI의 발전을 사회 전체를 위해 활용하려면 협동조합과 노동자 소유 기업의 역할이 중요하다. 자동화와 AI는 분명 일대 격변을 몰고 오겠지만, 노동자가 직접 생산수단을 소유하면 자본이 노동을 대체하는 상황에도 충분히 대응할 수 있기 때문이다.

나아가 중앙정부는 지역 은행 네트워크 외에도 국가적 · 지역적 규모의 투자 기관을 설립해 사업체뿐만 아니라, 온실가스를 줄이거나 설비 투자를 통해 노동자 소유 기업의 생산 효율을 높이는 등 사회적 가치를 창출하는 주요 기반 시설에 자금을 지원해야 한다. 이 모든 변화는 11장에서 다룰 중앙은행의 개혁과 더불어 금융의 역할을 완전히 바꿀 것이다.

국가의 귀환 : UBS

지역 보호주의와 '프레스턴 모델'의 확대는 가슴을 뛰게 하는 큰 변화지만, 우리 과제는 여기서 그치지 않는다. 두 방안은 사영화의 물결에 제동을 걸고 노동자 소유 기업이 성장할 토대를 마련하기에 효과적이지만, 3차 대변혁의 성과를 모든 사람에게 골고루 나누는 데 적합하지 않다. 이런 결점을 보완하기 위해 UBS 도입이 필요하다.

정부가 다양한 산업과 서비스를 소유하고 통제하는 국유화는 UBS를 실현하는 대표적인 방법으로, 우리에게도 전혀 낯설지 않다. 2차 세계대전 이후 유럽을 중심으로 등장한 현대 복지국가는 에너지와 교육, 광업이나 제조업 같은 기간산업을 비롯해 경제 전반에서 중심 역할을 했다. 소련의 정치적 영향 아래 국가사회주의를 도입한 나라는 노동을 위시한 이른바 경제적 권리를 시민적 · 정치적 권리보다 우위에 두면서 시장생산을 전면 금지했다. 혼합경제를 도입한 나라도 국가사회주의 정책을 일부 도입했는데, 영국의 NHS가 대표적이다. 1948년에 시작한 NHS는 지금까지 무상 의료를 실현하며, 전 세계에서 가장 많은 국가 재정이 투입되는 의료 제도다.

일각에서는 NHS에 한물간 구시대적 제도라는 딱지를 붙이고 빠르게 변하는 세상을 따라잡지 못한다고 비난하지만, 실상은 정반대다. NHS는 늘 재원 부족에 시달려도 선진국의 가장 뛰어난 의료 제도라고 평가받으며, 효율성에서 두드러진 성과를 보인다. 예를 들어 미국은 GDP 대비 국민 의료비 비중이 약 17%로 1인당 의료비 지출이 연 9892달러인데, 영국의 1인당 의료비 지출은 그 절반에도 못 미치는 4192달러 수준이다. 그럼에도 영국은 미국보다 많은 국민에게 보편적 의료 서비스를 제공하며, 영·유아 사망률이나 임산부 사망률, 기대 수명 등 주요 지표에서 더 나은 성과를 보인다.

많은 정치인은 고령화와 기후변화, 기술 실업을 비롯한 5가지 위기가 진행되는 와중에도 NHS 같은 제도를 유지할 여력이 없다는 말만 앵무새처럼 반복한다. 그러나 우리가 정말 거부해야 할 것은 차별적이고 비싸고 비효율적인 종전 서비스 모델이다. 3차 대변혁의 풍요를 윤리적으로 분배하는 동시에 5가지 위기에 효과적으로 대응하려면 NHS 같은 보편적 서비스가 절실하다.

오늘날 UBS는 결코 소수의 관심사가 아니며, 공공서비스 공급에 관한 논의에서 핵심 주제로 떠오르고 있다. 2016년 유니버시티칼리지런던의 세계번영연구소Institute for Global Prosperity, IGP가 발표한 보고서 〈미래를 위한 사회적 번영Social Prosperity for the Future〉은 UBS의 위상을 잘 보여준다. 보고서는 3차 대변혁을 명시적으로 언급하지 않지만 5가지 위기가 초래할 몇 가지 도전을 전제로 UBS의 필요성을 강조하며, 의료 외에 6가지 공공재(교육, 민주주의와 법률 서비스, 주거, 음식, 교통, 정보)를 공급하기 위해 NHS와 유사한 제도를 마련해야 한다고 주장한다.

IGP 보고서는 UBS가 최근 부각한 각종 위기에 대한 대응책일 뿐만 아니라, 시민 각자가 필요한 자원을 마음껏 이용해 더 충만한 삶을 누리도록 하는 수단임을 역설한다. UBS는 넓게 보면 우리가 처한 '부자유unfreedom' 상황, 즉 통제할 수 없는 경제적 요인이 우리 삶을 결정하는 상황을 극복할 기반이다.

FALC로 이행하는 초기 단계에는 IGP 보고서에서 말한 7가지 공공재를 전부 UBS로 공급할 필요는 없다. 지역 보호주의와 노동자 주도 경제가 뒷받침된다면 5가지 공공재(주거, 교통, 교육, 의료, 정보)가 우선이다. UBS의 목적은 이런 공공재를 거래와 이윤을 위한 상품이 아니라 삶을 영위하는 데 필요한 기본 자원으로 바꿔 누구나 무상으로 이용하게 만드는 것이다. 그렇다고 주택의 사적 소유 같은 종전 제도가 폐지된다는 뜻은 아니며, 집이 필요한 개인에게 국가가 주거를 보장해줄 뿐이다. 마찬가지로 시장생산과 가격 메커니즘은 유지되겠지만, UBS로 분류된 분야에선 점차 영향력을 잃을 것이다. 에너지와 노동, 자원이 정보와 마찬가지로 공짜에 가까워지고 무한 공급이 확대되는 한, 역사는 UBS 편이다.

3차 대변혁 시대에 UBS의 잠재력은 그야말로 무궁무진하다. 예를 들어 교통은 60세 이상이면 지역 버스를 무료로 이용할 수 있는 영국의 '프리덤 패스Freedom Pass' 같은 제도를 사회 전체로 확대하는 방안을 생각해볼 수 있다. 앞서 살펴봤듯이 교통은 에너지와 노동력의 탈희소성이 동시에 적용되는 분야인 만큼 실현 가능성이 충분하다. 재생에너지와 자율 주행 자동차의 발전으로 에너지와 노동력의 제약이 사라지면 대중교통 이용료가 급격히 떨어지는 건 시간문제다. 관건은 기술의 이점을 소수 사업자가 아니라 사용자와 시민, 노동자에게 나누는 것이다. UBS를 통해 무상 대중교통을 확대하는 것은 사회의 이익을 보장하는 최선의 방안이다.

마찬가지로 염기 서열 분석, 유전자치료, 유전자 변형 같은 의료 기술이 대폭 저렴해지면 수십 년 뒤 공공 의료 서비스에 들어가는 비용도 해마다 줄어들 것이다. 다만 그 혜택을 모두가 누리기 위해선 변형된 유전자를 의약품이나 특허 같은 이윤의 수단으로 취급하려는 시도에 맞서야 한다. 의료 기술의 완전한 정보화는 인류가 20세기에 천연두를 근절했듯이 파킨슨병이나 헌팅턴병, 겸상적혈구빈혈 같은 유전병을 제거하는 식으로 사회를 위해 활용돼야 한다.

의료 기술 발전에 따른 혜택은 여기서 그치지 않는다. 염기 서열 분석이 공짜나 다름없어지면 종전의 대응 의료를 예방 의료로 전환해 영·유아 사망 요인을 근절하고, 모든 암을 '0기'에 조기 진단하는 일도 가능하다. 다시 강조하지만 이런 변화는 소수 기업이 이윤을 독점하고 의료계 종사자 수백만 명이 실직으로 내몰리는 상황이 아니라, 모두를 위한 보편적 무상 의료로 귀결돼야 한다. 의료는 말 그대로 삶과 죽음을 다루는 분야이므로, 의료 기술이 가져올 풍요를 시장 논리에 내맡기면 참혹한 대가를 치를 것이다.

주거와 교육, 정보(여기서 정보는 각종 매체와 인터넷에 대한 접근성을 가리킨다) 또한 마찬가지다. 앞으로 수십 년 뒤에는 버스나 인터넷 요금, 대학 등록금이나 집세 때문에 걱정하는 사람이 없을 것이다. 그때가 되면 각종 공공재에 비용을 지불한다는 말이 지금 우리더러 이메일 계정을 만들거나 위키피디아를 검색할 때 돈을 내라는 소리나 마찬가지로 생뚱맞게 들릴지 모른다. 왜 안 되겠는가? 자원과 에너지, 의료와 노동력, 음식은 정보로서 공짜가 되고 싶어하는 성질이 있다. 우리는 정보의 특성과 무한 공급(무한 공급 성향)에 따라 UBS 확대를 21세기 정치의 핵심 과제로 삼아야 한다.

지역 보호주의와 UBS를 도입하기 위해선 (무한 공급 성향을 고려하면 그렇게 비대해질 필요는 없지만) 정부의 역할이 지금보다 훨씬 커져야 한다. 지역 노동조합이 음식 공급과 시설 관리, 청소 등의 지원 서비스뿐만 아니라 주택과 병원, 학교 건설에도 참여할 수 있도록 조달 정책을 혁신하려면 국가의 책임이 막중하다. 신자유주의에서는 외주화 경제가 이 모든 영역을 장악하므로 노동자는 임금 하락과 근로조건 악화에 시달리고, 고객은 울며 겨자 먹기로 질 낮은 서비스를 이용할 수밖에 없다. 그러나 FALC로 이행하는 과정에서 UBS가 경제의 핵심 부문에 적용되면 앵커 시설의 영향력은 계속 확대될 것이다. 자동화로 수많은 직업이 사라진다 해도 모라벡의 역설에 따라 남는 일자리는 노동자 소유 기업의 몫이 될 공산이 크며, 이로써 사람과 사회, 사람과 직업, 사람과 사람의 관계는 완전히 달라질 것이다.

우리는 UBS를 인간의 권리를 확장하는 수단이자, 2차 대변혁과 더불어 코르시카, 미국, 프랑스, 아이티 등지에서 출현한 근대적 헌법의 개정판으로 이해할 필요가 있다. 법적·정치적 권리는 언제까지나 중요하겠지만, 사회적·경제적 자원을 이용할 권리가 뒷받침되지 않는 한 유명무실해질 수밖에 없다. 다시 강조하건대, 자아실현과 자기 주도적 삶이라는 자유주의의 이상은 공산주의적 수단 없이 헛된 공상일 뿐이다. 3차 대변혁의 기술이 FALC의 정치와 만날 때, 비로소 그 공상은 눈앞의 현실로 탈바꿈할 것이다.

탈탄소화

향후 50년간은 고령화가 더 큰 문제를 일으키겠지만, 넓게 봐서 인류를 위협하는 최대 위기는 기후변화다. 기후변화가 심각한 까닭은 앞으로 몇 세대에 걸쳐 예측하기도 어려운 영향을 끼칠 것이라는 데 있지만, 현세대는 당장 과감한 행동에 나서야 한다.

우리는 에너지 전환을 통해 지구의 환경을 개선함으로써 인류의 존속을 도모하되, 모든 사람에게 무한한 에너지를 제공하는 것을 정치적 과제로 삼아야 한다. 태양과 바람을 이용하면 지구를 오염시키지 않으면서도 마음껏 에너지를 쓸 수 있기에, 우리는 에너지 전환과 UBS를 추구하는 과정에서 두 마리 토끼를 잡겠다는 포부를 분명히 밝힐 필요가 있다. 요컨대 재생에너지는 기후변화에 따른 혼란을 막는 동시에, 모두에게 더 큰 번영을 주는 수단이 돼야 한다.

이렇듯 재생에너지는 커다란 기회가 될 수 있고 생태학과 경제 발전을 별개로 생각할 이유가 없다는 사실도 분명하지만, 장밋빛 전망에 젖어 있을 여유가 없다. 지구 기온이 2℃ 넘게 올라가는 사태라도 막기 위해선 21세기 중반까지 반드시 세계경제의 탈탄소화를 이뤄야 한다.

그런 만큼 우리에게 단순하면서도 대담한 목표가 필요하다. 선진국은 2020년까지 이산화탄소 배출량을 해마다 8% 감축하고, 2030년부터 제삼세계 국가도 같은 수준의 감축을 시작해야 한다. 이 계획이 성공하려면 2040년까지 전 세계가 재생에너지로 전환을 끝마쳐야 한다. 말처럼 쉽지 않은 일이고, 20여 년 만에 이 모든 것을 해낸다면 인류가 힘을 합쳐 이룩한 가장 위대한 업적으로 남을 것이다. 이 일이 아무리 어려워도 다른 대안이 없다. 다행히 인류는 목표를 이루기에 충분한 기술이 있다. 지금까지 정치적 의지가 부족했을 뿐이다.

재생에너지를 생산·저장하는 데 새로운 수단은 필요치 않으며, 지금 이용 가능한 기술을 더 발전시키는 것으로 충분하다. 5장에서 살펴봤듯이 현재 추세라면 화석연료는 머지않아 구닥다리로 전락할 공산이 크다. 19세기 산업화와 정반대로 제삼세계 국가가 재생에너지의 혜택을 공평하게 누리도록 하는 게 관건이다. 2035년까지 늘어날 세계 에너지 수요는 대부분 제삼세계 국가의 성장에서 비롯할 것이므로, 탈탄소화를 위해 반드시 재생에너지 기술을 전 세계에 보급해야 한다. 이렇듯 재생에너지로 전환은 단순히 기술의 발전을 의미하지 않는다. 친환경 기술은 구태여 재촉하지 않아도 계속 성장할 것이므로, 우리는 발전의 혜택을 모두에게 나누는 데 중점을 둬야 한다. 진정한 에너지 혁명은 모듈화와 보급하기 쉬운 친환경 기술을 바탕으로 지속 가능한 발전과 에너지의 민주화를 동시에 이루는 것이다.

한편 재생에너지로 전환하는 데 투입될 재정은 지역 차원에서 노동자 소유 기업과 협동조합을 지원할 때와 마찬가지로 사회적인 관리가 필요하다. 곧 대규모 탈탄소화를 시작할 선진국은 인구와 1인당 에너지 소비량 모두 정점을 찍고 감소하는 추세이므로, 재정을 한결 수월하게 운용할 수 있다. 게다가 선진국은 국가기관이 탄탄하고, 재생에너지를 생산할 기반을 어느 정도 갖췄다.

　노동자 주도 경제를 재정적으로 뒷받침하는 기관은 지역에 기반을 두고 지리상으로도 가까워야 한다. 그러나 에너지 전환은 시급한 과제인 만큼 규모가 큰 기관이 지원을 도맡을 필요가 있다. 이를테면 대규모 국가 재정을 출자해 국립에너지투자은행National Energy Investment Bank, NEIB을 설립해서 지역의 허브hub 기관을 관리하는 방안을 생각해볼 수 있다.

　NEIB의 기본 역할은 공공시설과 가정, 기업이 재생에너지를 생산·저장하도록 지원하고, 새로운 에너지 기반 시설이 지역 차원에서 민주적으로 운영되도록 관리하며, 지역의 에너지 협동조합에게 자금을 대출하는 것이다. 각종 에너지 효율 개선 프로그램을 지원해 종전 난방 방식 대신 스마트 시스템과 LED 조명을 보급하는 것도 NEIB의 몫이다. 북유럽이나 러시아, 북아메리카 등 날씨가 추운 나라에서는 난방이 중요한 문제인 만큼 지난 수십 년간 난방에 따른 에너지 소비를 줄이는 방안을 꾸준히 연구했지만, 대부분 시장 논리에 맞지 않아 실현되지 못했다. 그러나 추운 나라는 지능형 난방 시스템을 전면 보급하기만 해도 에너지 소비가 절반 가까이 줄어드는 만큼, 이산화탄소 배출량을 해마다 8% 감축한다는 목표도 충분히 달성할 수 있다.

　이처럼 국가적 지원을 통해 재생에너지 사용을 확대하면 선진국은 2030년까지 이산화탄소 배출량을 0에 가깝게 줄일 수 있으며, 선진국의 가난한 시민은 에너지 빈곤과 추위에 따른 '과잉 사망'의 위협에 시달리지 않아도 된다. 재생에너지 기술은 화석연료와 달리 시간이 갈수록 저렴해질 것이므로 발전 가능성은 활짝 열려 있다.

제삼세계 국가가 처한 상황은 훨씬 더 복잡하다. 선진국이 진행 중인 변화를 앞당길 방법이 관건이라면, 개발도상국은 재생에너지로 전환하기 위해 세계화의 경향을 뿌리부터 바꿔야 한다. 이는 다국적인 협력 없이 시도조차 불가능한 과제다. 그러나 앞서 강조했듯, 제삼세계가 재생에너지를 통해 누릴 풍요는 상상을 뛰어넘는다는 사실을 잊어선 안 된다. 제삼세계에 속하는 많은 국가는 지리적인 이점을 활용해 선진국을 '따라잡는' 수준을 넘어 태양에너지 부국으로 발돋움할 수 있다. 에너지 전환은 국가와 지역에 상관없이 누구나 저렴하게 에너지를 사용하는 시대를 열겠지만, 역사적으로 발전에서 뒤처진 나라가 비교 우위를 누릴 수 있다는 점 또한 그에 못지않게 중요하다.

일례로 사우디아라비아를 살펴보자. 사우디아라비아는 석유 자원 덕분에 막대한 부를 얻었지만, 중동이나 아프리카, 남아시아 여러 국가처럼 태양에너지를 활용하기에도 안성맞춤이다. 사우디아라비아가 태양에너지 기술 관련 투자를 늘리는 것은 당연한 수순이지만, 그 규모는 입이 떡 벌어지는 수준이다. 2018년 초 사우디아라비아는 2030년까지 200TW 발전 용량을 갖춘 태양광발전소를 건설할 계획을 발표했다.

사우디아라비아보다 인구가 2배 가까이 많은 영국의 1일 최대 전력 소비량이 50TW 수준임을 고려하면 그 위용을 실감할 수 있다. 계획대로 완공되면 사우디아라비아는 인류 역사상 최대 태양광발전 시설을 갖추는 셈이다. 사우디아라비아가 그만한 부가 있기에 가능한 일이지만, 한편으로 전 세계가 2040년까지 재생에너지 전환을 완료하기 위해 얼마나 야심찬 계획이 필요한지 단적으로 보여준다.

제삼세계 대다수 국가의 자원 상황을 고려하면, 사우디아라비아처럼 원유 수출로 번 돈을 재생에너지에 투자하는 방식은 적절한 대안이 될 수 없다. 근본적인 대책은 제삼세계 국가도 선진국과 마찬가지로 NEIB를 설립하되, 세계은행의 개혁을 동시에 추진하는 것이다. 세계은행은 주로 가난한 국가의 자본 투자 계획에 자금을 빌려주는 국제 금융기관으로서 국제부흥개발은행International Bank for Reconstruction and Development, IBRD과 국제개발협회International Development Association, IDA로 구성되며, 해외투자와 국제무역을 촉진해 세계의 빈곤을 줄이겠다는 목표를 내세운다. 그러나 바람직한 취지와 별개로 세계은행이 제 역할을 하기란 점점 더 어려울 것이 틀림없다. 세계은행이 추구하는 개발은 자유무역이라는 이념과 3차 대변혁에 걸맞지 않은 자본주의적 세계관에 뿌리를 두기 때문이다.

새로운 기술이 무한 공급을 향해 나가는 지금, 시장 근본주의에 대한 맹신은 가난을 퇴치하기는커녕 오히려 심화할 뿐이다. 이런 문제를 직시하지 못하면 글로벌 자본주의는 가난한 지역을 더 심각한 저개발 상태로 몰아넣고, 장차 에너지 대국이 될 수 있는 제삼세계 국가는 국민에게 전기조차 제대로 공급하지 못하는 지경에 이를 것이다.

따라서 제삼세계 국가의 재생에너지 전환이 경제 발전과 기후변화 저지라는 두 마리 토끼를 동시에 잡는 방향으로 이뤄지려면 세계은행에 또 다른 기구를 추가해야 한다. 국제에너지번영은행International Bank for Energy Prosperity이라 이름 붙일 수 있는 이 기구는 '지구세One Planet Tax'라는 새로운 규약으로 기금을 조성해 개발도상국의 NEIB 설립을 지원하는 것을 목표로 한다. 전 세계에 적용될 지구세의 목적은 단순하다. 기후변화에 막중한 책임이 있는 선진국의 자원을 개발도상국으로 이전해 가난한 나라가 기후변화의 가장 큰 희생양이 되는 부당한 상황을 막는 것이다.

예를 들어 선진국에 이산화탄소 배출량 1t당 지구세 25달러를 부과한다고 하자. 제삼세계의 에너지 전환을 돕는 것은 물론, 선진국이 2020년 이후 탈탄소화에 더 적극적으로 나서도록 장려하고 탄소 격리carbon sequestration[50] 기술의 상용화를 앞당길 수도 있다. 현재 이산화탄소 배출량을 기준으로 지구세는 연 2500억 달러에 이를 텐데, 이 정도면 충분히 많은 일을 할 수 있는 규모다. 설령 예상보다 적은 금액이 모인다 해

---

50 대기 중으로 방출되는 이산화탄소를 모아 지하나 지상 공간에 저장하는 기술.

도 이는 탈탄소화 측면에서 긍정적인 신호이고, 기금이 부족할 경우 1인당 GDP를 기준으로 상위에 있는 국가가 더 부담하는 방안도 생각해봄 직하다.

지구세가 정착되면 개발도상국의 NEIB가 선진국과 같은 역할을 수행하도록 지원하는 한편, 개발도상국에 대한 기술 이전이나 기반 시설이 부족하고 소득이 낮은 지역에 적합한 모듈식 재생에너지 장치를 연구·개발하는 데 재정을 투입할 수 있다. 여기서 우리는 21세기 초에 엄청난 속도로 전 세계에 보급된 휴대폰의 사례를 참고할 필요가 있다. 20세기에 등장한 각종 국가 기반 시설이 선진국의 전유물이었다면, 재생에너지가 가져올 풍요는 그와 백팔십도 다른 방식으로 널리 퍼져야 한다. 현재 선진국과 개발도상국은 전력, 깨끗한 식수, 생활수준 등에서 넘을 수 없는 차이가 있지만, 가정용 태양전지가 2000년대 이후 휴대폰이 보급된 만큼 빠른 속도로 퍼진다면 단숨에 격차를 좁힐 수 있다. 아시아와 아프리카 개발도상국이 주도하는 새로운 에너지 혁명은 여기부터 시작될 것이다.

각국이 친환경 에너지 시설을 보급하고 민주적인 공공 소유를 보장해 2040년까지 완전한 탈탄소화에 성공한다면, 인류는 기후변화의 파국을 막는다는 목표와 더불어 또 다른 위대한 업적을 이룰 수 있다. 오랜 세월 빈곤에 시달려온 제삼세계 국가가 지구상에서 가장 풍요롭고 저렴한 에너지원을 갖추는 것이다. 나아가 이들은 풍부한 에너지를 바탕으로

UBS를 확대해 건강, 교육, 주거에서도 얼마든지 에너지 못지 않게 도약할 수 있다. 그리하여 제삼세계가 유례없이 발전할 때, 약탈과 착취의 역사가 만든 경제적 의존의 고리가 비로소 끊어질 것이다. 서구 열강이 제국주의와 대서양 노예무역이라는 역사의 불의에 속죄하고 배상해야 한다는 주장은 지금도 힘을 얻는다. 지구세는 이런 시의적절한 문제의식을 반영한 구체적인 대안으로, 부유한 선진국이 제삼세계의 재생에너지 전환을 책임지고 지원할 것을 요구한다.

11

자본주의국가 뜯어고치기

(GDP는) 모든 것을 측정한다. 삶을 가치 있게 만드는 것만 빼고.

로버트 케네디Robert Kennedy[51]

눈먼 돈

국가가 특정 재화의 공급을 보장하는 것은 어제오늘 일이
아니고 20세기 이후 더욱 보편화했다면, 최근에는 한 발 더
나아가 보편적기본소득Universal Basic Income, UBI을 지급해야 한
다는 주장이 주목받는다. 그 까닭은 어렵지 않게 이해할 수
있다. 많은 사람이 UBI를 통해 5가지 위기의 다양한 문제 가
운데 '불평등의 심화, 자동화의 물결, 경제성장이 생태학적

---

51 미국 정치가(1925~1968). 존 F. 케네디 대통령 동생으로, 미국 법무부 장관과 상원
   의원을 엮임했다.

한계에 이르렀다는 위기의식의 삼중고'에 대처할 수 있으리라 믿기 때문이다.

UBI에 깔린 발상은 UBS와 마찬가지로 단순하다. UBI는 특정 재화를 누구나 무료로 사용할 수 있도록 하는 대신, 모든 사람에게 일정 금액을 주기적으로 지급한다는 점이 다를 뿐이다. 간단히 말해 UBI는 노동 없는 임금이다.

UBI의 급진적이고 획기적인 가능성을 열렬히 전파하는 사람들은 UBI가 임금을 대체한다면 자본주의의 근간을 흔들 수 있다고 주장한다. 생존을 위해 노동력을 팔도록 강요해 노동자를 길들이는 것은 자본주의의 핵심 기능 중 하나이기 때문이다. 설령 그 정도는 아니더라도 19~20세기에 노동조합이 그랬듯이, UBI가 자본에 대한 노동의 힘을 강화해 자동화와 기술 실업의 사회 민주적 해결책이 된다는 것이 지지자들의 생각이다.

이런 예상이 실현되지 말란 법은 없지만, UBI는 여태껏 시도된 적 없는 정책인 만큼 그 효과를 섣불리 단정해선 안 된다. UBI가 어떤 정치 환경에 도입되느냐에 따라 전혀 다른 결과가 나타나리라는 점은 확실하다. 진보적 · 사회주의적 정권에서 UBI는 대중에게 더 많은 자율성과 소득을 보장하는 강력한 수단이 될 수 있다. 반대 경우라면 UBI는 다른 모든 복지 제도를 시장 자유에 내맡기는 명분으로 이용돼, 신자유주의의 대안이 아니라 항복 선언으로 전락할지 모른다. 이렇듯 UBI는 민중 해방의 수단 혹은 강화된 대처리즘Thatcherism

의 도구라는 양극단 사이에서 어떤 식으로든 활용 가능하다. 여기서 우리는 신자유주의 역사에 가장 중요한 인물인 밀턴 프리드먼과 프리드리히 하이에크Friedrich Hayek가 UBI를 열성적으로 지지한 이유를 짐작할 수 있다.

이보다 현실적이고 예상하기 쉬운 문제점은 UBI가 천문학적인 비용에 비해 큰 효과를 발휘하지 못할 공산이 크다는 것이다. 2016년 영국의 싱크탱크인 컴퍼스Compass는 생산 가능 인구에 월 284파운드를, 그 외 계층에는 그보다 적은 금액을 UBI로 지급할 때의 결과를 예측했다. 이에 따르면 종전 사회복지 제도를 유지한 채 UBI를 지급할 경우 추가되는 비용은 연 1700억 파운드에 달하는데, 이는 영국 GDP의 6.5%에 해당하며 NHS에 들어가는 재정을 넘어선다.

반면 예상되는 성과는 막대한 지출에 비해 초라하기 짝이 없다. 컴퍼스는 UBI를 광범위하게 지급하더라도 아동 빈곤율은 16%에서 9%로 감소하는 데 그치며, 연금 수령자의 빈곤율은 현재와 비슷한 14% 수준으로 유지되리라 전망했다. 영국 배스대학교에서 진행한 기본 소득 연구 프로젝트에 참여한 루크 마르티넬리Luke Martinelli는 UBI의 문제점을 다음과 같이 요약한다. "감당 가능한 UBI로는 충분한 효과를 낼 수 없고, 충분한 효과를 낼 만한 UBI는 감당이 불가능하다." 이 모든 사항을 고려하면 UBI를 대신할 혁신적인 방안을 강구할 필요가 있다.

UBS는 여러 가지 면에서 UBI보다 바람직한 대안이다. 주거나 의료 같은 주요 자원을 이용할 보편적 권리는 기본 소득보다 정치적으로 건전한 수단이며, 럭셔리 포퓰리즘에도 더적합하다. UBS는 효과가 널리 입증된 국유화와도 비슷한 면이 있는 만큼 대중이 더 쉽게 받아들일 수 있다. 그에 반해UBI는 단일 사업으로는 역대 최대 규모 재정이 투입돼야 한다는 사실 외에 모든 것이 불확실하다.

3차 대변혁과 무한 공급으로 전환이라는 맥락을 고려하면UBS의 이점은 더욱 명확해진다. 모든 것의 가격이 0에 수렴하고 교환과 이윤을 목적으로 한 생산이 설 자리를 잃는다면, 가격 메커니즘은 자원 배분 수단으로서 기능할 수 없기 때문이다. UBS는 의료와 주거처럼 인간다운 삶에 꼭 필요한 자원을 이윤의 수단이 아니라 기본 권리로 간주한다는 점에서 공산주의로 나가는 출발점이기도 하다. 결핍에 시달리는 사람은 결코 자유로울 수 없기에 우리는 UBS를 통해 그 결핍을끝내야 한다.

중앙 설계자로서 중앙은행

현대 시장경제에는 근본적인 모순이 있다. 흔히 소련의 경제를 좌지우지한 악명 높은 국가계획위원회Gosplan를 예로 들어 소련이 계획경제를 운영했다고 이야기한다. 그 대척점으로 강조되는 것이 '자유로운' 현대 자본주의경제다. 자율적인 주체들이 자신의 이윤을 극대화하기 위해 시장 교환에 참여하고, 그 결과 저절로 사회의 후생이 증대된다는 것이 우리가 아는 자본주의경제의 기본 원리다.

이는 결코 사실이 아니다. 중앙 계획은 이른바 '자유 시장' 경제에서도 핵심 요소이며, 월마트나 아마존 같은 대기업조차 거기서 자유로울 수 없다. 단적인 예가 중앙은행이다. 흔히 공명정대한 기술 관료 조직으로 묘사되지만, 실상 중앙은행의 의사 결정은 인플레이션과 고용, 자산 가격에 관한 문제에 정치적 우선순위를 부여한다. 일반 은행은 사회의 자원을 어떤 사업에 배분할지 결정하고, 사업에 실패해 돈을 잃는 경우 '시장의 심판'을 대신 집행한다는 점에서 중앙은행의 축소판이라 할 수 있다.

중앙은행의 '독립성'을 강화해야 한다는 주장은 자본주의 리얼리즘이 절정에 이른 2000년대에 경제정책으로 주목받았으나, 따지고 보면 역사의 종말이 왔다는 소리만큼이나 어처구니없는 말이다. 현대 자본주의경제를 움직이는 핵심 주체들은 특정 집단의 이익을 위해 다른 집단을 희생시키는 막강한 권한을 행사하면서도 이데올로기가 아닌 '상식'을 내세워 중립적인 태도를 가장한다.

우리는 중앙은행의 기능이 본질상 정치적이라는 사실을 명심해야겠지만, FALC를 추진하는 과정에서는 오히려 은행의 정치성을 숨김없이 드러내며 적극 옹호할 필요가 있다. 오늘날 미국의 자유 지상주의 우파libertarian right는 '연방준비제도

Federal Reserve System를 폐지하라'는 구호를 외쳐대지만, FALC 는 그와 정반대 목표를 추구한다. 그 목표란 현대 자본주의의 핵심인 전략적 계획을 사회 분열이 아니라 번영을 위한 용도로 뜯어고치는 것이다. 잉글랜드은행이나 미국의 연방준비제도, 소련의 국가계획위원회에 공통점이 많다는 사실은 '진정한' 자유 시장의 걸림돌로서 규탄해야 할 대상이 아니라, 새로운 정치로 나아가는 발판이다. 진정으로 자유로운 시장 따위는 지금껏 존재한 적도, 앞으로 존재할 수도 없는 거짓 신화일 뿐이다.

그렇다면 현재의 중앙은행 제도를 어떻게 바꿔야 할까? 지역 보호주의와 UBS, 탈탄소화에 필요한 기반 시설을 확대하는 과정에서 중앙은행은 환골탈태 수준의 변화를 겪을 것이다. 그에 앞서 시급히 해결해야 할 문제는 저低인플레이션을 지상 과제로 삼는 통화정책을 폐지하는 것이다. 이런 통화정책은 영국의 마거릿 대처와 미국의 로널드 레이건 정부가 들어선 뒤에 전 세계로 퍼졌고, 1970년대 초부터 선진국을 괴롭힌 인플레이션의 해결책이자 신자유주의를 떠받치는 기둥으로 자리매김했다. 이후 신자유주의 사상가들은 인플레이션을 효과적으로 억제해야 지속적인 경제성장이 가능하며, 중앙은행은 이 새로운 원칙을 실현하는 주역이 돼야 한다고 주장해 왔다.

그러나 앞서 살펴봤듯이 전 세계 평균 GDP 성장률은 10년마다 줄어드는 실정이며, 저인플레이션 기조의 목적이 자산 보유자와 채권자가 채무자보다 유리한 환경을 조성하는 데 있다는 의혹은 점차 확신으로 바뀌었다. 통화주의와 저인플레이션 이데올로기는 투기 자본과 부자의 이익을 위해서 어떤 희생도 마다치 않는 조작된 시스템의 일부일 뿐이다.

우리는 FALC로 이행하는 과정에서 다시 한번 중앙은행의 역할을 바꿔야 한다. 그 첫걸음은 정책의 초점을 인플레이션 억제(예를 들어 잉글랜드은행은 인플레이션율 2%대를 목표로 삼는다)에서 임금·생산성 향상과 주택 가격 안정으로 옮기는 것이다. 이를 바탕으로 중앙은행은 '중립성'이라는 허울을 벗어던지고, 정치적 과제를 실현하는 중앙 설계자이자 민주적인 기관으로 거듭나야 한다.

영국의 공공정책연구소Institute for Public Policy Research, IPPR가 2018년 발표한 보고서는 경제의 금융화financialization[52]로 부동산이 이윤을 추구하는 수단으로 변질된 오늘날, 중앙은행이 어떻게 부동산 가격을 억제할지 유용한 시각을 제공한다. 보고서가 제시하는 방안은 단순하다. 잉글랜드은행의 통화정책위원회Monetary Policy Committee가 소비자물가 인플레이션을 조절하는 것과 마찬가지로, 금융정책위원회Financial Policy Committee도 주택 가격 인플레이션 억제를 목표로 삼아야 한다는 것이다. 중앙정부와 지방정부가 대규모 주택 공급을 통해

---

52 금융 부문의 비중이 실물경제보다 커지는 현상.

주거의 UBS화를 추진하는 동시에, 중앙은행이 주택 가격 안정에 적극 나선다면 명목 주택 가격 상승률을 0에 가깝게 억제하는 일도 충분히 가능하다. 보고서는 중앙은행이 활용할 주요 방안으로 자기자본 요건, 담보인정비율loan-to-value ratio, LTV, 총부채상환비율debt-to-income ratio, DTI 같은 거시 건전성 정책과 외국자본의 국내 부동산 구매 제한을 제시한다. 여기에 수백만 가구의 주택을 공급한다면 향후 30년간 주택 가격은 틀림없이 하락할 것이다.

중앙은행은 비슷한 방식을 활용해 생산성 향상에도 기여할 수 있으며, 영국 노동당이 최근 이와 관련한 정책을 제안했다. 요점은 금융 투기 대신 생산성 향상에 집중하는 경제주체에게 인센티브를 제공해 임금을 높이고 고정자본을 늘리도록 장려하는 것이다. 이제는 재정 정책과 통화정책 모두 자동화의 혜택이 대중에게 돌아가도록 하는 것을 핵심 과제로 삼아야 할 때다.

투기 경제를 어떻게 억제할까

중앙은행이 인플레이션을 대신할 유의미한 정책 목표를 세우고, 지역 은행이 노동자 소유 기업에 자금을 지원하는 것은 새로운 경제체제로 나아가기 위한 발판을 마련하는 일이다. 이에 못지않게 중요한 과제가 투기적 금융 경제의 횡포를 막는 것이다. 미국이나 영국을 비롯한 많은 나라에서는 부동산 가격 상승을 억제하는 것이 급선무다. 중앙은행이 인플레이션 억제 위주 정책에서 벗어나면 채권자에게 유리한 구조적 편향을 바로잡을 수 있다.

국경을 넘나드는 자본의 흐름을 효과적으로 관리하기 위해서 외교를 통한 국제 협력이 필요하다. 단적인 예로 각국이 외환 거래에 금융거래세를 부과하는 것은 자본을 통제하는 확실한 방안이다. 금융거래세는 목적에 따라 크게 2가지로 나눌 수 있다. 먼저 일상적인 거래에는 0.005% 수준의 세율을 부과해 변동성을 억제하고, 투기 자본의 공격이나 대규모 자본 유출에는 더 높은 세율을 부과하는 것이다. 점점 더 많은 나라가 신자유주의에 등을 돌리는 지금, 금융거래세를 도입할 개연성은 충분하다. 금융거래에 더 높은 세금을 부과하는 것은 투기적 공격으로 얻는 이윤에 매기는 '횡재세windfall tax'와 유사한데, 이를 제대로 시행하기 위해선 중앙은행의 역할이 중요하다. 중앙은행은 금융거래세 도입 여부와 관계없이 자본의 유동성을 무기로 삼는 국제 투기 세력에 대항하는 주역이 돼야 한다.

이것이 끝이 아니다. FALC로 전환에 발맞춰 금융 구조를 개혁하기까지 가장 중요한 마지막 단계가 남았다. 바로 금융시장과 자본시장의 점진적 사회화다.

자본시장의 사회화

소련과 동구권 공산주의 국가들의 몰락이 가까운 1980년대 말, 그 지역의 일부 반체제 지식인은 공산주의가 본래 의도와 달리 서구 자본주의만큼 높은 생활수준을 보장하지 못한 데서 교훈을 찾고자 했다. 폴란드 출신 브워지미에시 브루스Włodzimierz Brus와 카지미에시 라스키Kazimierz Łaski는 마르크스와 케인스의 이론을 결합한 것으로 유명한 미샤우 칼레츠키Michał Kalecki의 제자이자, 사회주의 경제학자로서 이 문제에 천착했다. 그 결과물이 소련의 몰락 이후 사회주의경제학에 대한 전망을 담은 《From Marx to the Market 마르크스에서 시장으로》이며, 이 책은 1989년 영국에서 출간됐다. 두 사람은 오랫동안 폴란드의 민주적 개혁을 요구한 명망 있는 지식인이지만 라스키는 1968년에, 브루스는 1972년에 폴란드를 떠나야 했고, 각각 오스트리아와 영국에 정착해서 연구 활동을 이어갔다.

브루스는 1961년에 발표한 《The General Problems of the Functioning of the Socialist Economy 사회주의경제의 기능에 따른 제반 문제》에서 《From Marx to the Market》과 유사한 문제를 다뤘다. 칼레츠키의 사상적 영향이 짙게 드러나는 이 책은 사회주의로 이행하기 위해 민주주의와 시장 메커니즘이 필요하다는 주장을 담았다.

브루스와 라스키는 《From Marx to the Market》에서 이 논

의를 더욱더 발전시킨다. 이 책에 따르면 시장 메커니즘을 받아들인 사회주의에서는 공공 소유 기업이 시장 자본주의와 마찬가지로 자율성을 갖춰야 하며, 여기에는 사회화된 자본 시장의 뒷받침이 필요하다. 이들의 주장은 1960년대 초는 물론, 1989년에도 사회주의국가라면 어디서나 이단으로 취급될 수밖에 없었다. 소련과 쿠바, 북한처럼 국가가 산업을 통제하는 수직 체계가 경제를 완전히 장악한 곳에선 용납할 수 없는 제안이었기 때문이다.

두 사람은 거대한 국가조직이 산업을 주도할 때 경제를 가장 효율적으로 운용할 수 있다는 주장에 반대했고, 그와 전혀 다른 사회주의를 내세우며 다음과 같이 말했다. "국영기업의 역할은 국가의 관리 행정 책임과 구별돼야 한다. …(기업은) 역할에서 국가와 구별돼야 할 뿐만 아니라 차별성이 있어야 한다." 이는 비판자들이 보기에 자본주의나 이윤을 위한 생산 체계와 다르지 않은 위험한 생각이었다.

두 사람의 주장은 앞서 논의한 지역 보호주의에서 협동조합과 노동자 소유 기업이 어떻게 자생력을 갖출 수 있는지 설명한다. UBS가 도입되고 경제의 탈탄소화라는 대전환이 이뤄진다면 노동자 소유 기업은 각국의 경제를 책임지는 주역으로 빠르게 올라설 것이다. 다만 노동자가 기업을 소유하려면 금융을 사회화해 이윤에 매몰되지 않는 사업체와 협동조합이 신용상 혜택을 누릴 수 있어야 한다. 따라서 국가는 지역 은행이나 NEIB와 더불어 각종 투자 은행을 설립할 필요가 있으며, 이런 은행이 무한 공급과 UBS를 확대하고 5가지 위기에 대처하는 발판이 되도록 역할을 부여해야 한다.

GDP의 종말

피터 드러커는 현대 경제에서 정보의 중요성을 밝힌 대표적 이론가지만, 경제학이나 역사학이 아니라 경영학의 관점에서 정보에 주목했다. "측정할 수 없으면 관리할 수도 없다"는 그의 격언도 경영에 대한 천착에서 비롯됐다. 이 말은 지난 수십 년간 많은 경영자에게 계율과 같았고, 오늘날에는 데이터를 기반으로 한 의사 결정을 상징하는 표현이 됐다.

드러커의 격언은 공공 정책에도 고스란히 적용된다. 신자유주의와 단절하고 FALC로 이행하기 위해선 그에 걸맞은 정책을 기획해야겠지만, 성공을 가늠하는 새로운 지표 없인 어떤 정책도 효과를 발휘하기 어렵다. 우리가 5가지 위기와 그다지 관련이 없는 지표에 집착하고 정작 갈수록 중요해지는 정보의 가치를 제대로 파악하지 못한다면, 중앙은행을 개혁하고 UBS를 도입해 성과를 얻는다 한들 FALC에 이르지 못할 것이다. 요컨대 우리에겐 2차 대변혁이 아니라 3차 대변혁에 적합한 새로운 지표가 필요하다. 이제 GDP가 성공의 기준이 되는 세계에서 벗어나야 할 때다.

오늘날 GDP는 경제활동을 측정하는 핵심 지표다. 우리는 GDP가 높아지면 경제가 성장하고, 낮아지면 경제가 침체했다고 말한다. GDP는 주로 1년을 기준으로 발생한 모든 경제적 거래의 가치를 나타낸다. 즉 생산·판매·구매 활동을 거친 재화와 서비스는 모두 GDP에 포함된다.

GDP는 바람직한 경제모델을 논하는 곳이면 어디서든 빠지는 법이 없다 보니, 자칫 GDP의 역사가 자본주의만큼이나 오래됐다거나 애덤 스미스와 데이비드 리카도 같은 고전 경제학자가 만든 개념이라고 생각하기 쉽다. 그러나 GDP는 비교적 최근에 등장한 개념으로, 1930년대 대공황 시기 미국의 경제학자 사이먼 쿠즈네츠Simon Kuznets가 고안했다. 마찬가지로 경제성장 자체를 목적으로 삼아야 한다는 생각은 GDP 등장 이후, 즉 2차 대변혁이 시작되고 약 150년이 지나서야 현대사회를 움직이는 지상 명령으로 자리매김했다.

더 놀라운 사실은 GDP가 탄생한 순간부터 그에 대한 비판역시 끊이지 않았다는 점이다. 1968년 미국의 정치인 로버트케네디는 "(GDP는) 모든 것을 측정한다. 삶을 가치 있게 만드는 것만 빼고"라는 말로 GDP의 한계를 지적했다. 심지어 GDP를 고안한 쿠즈네츠조차 "국민소득을 측정한다고 해서 곧장 한 나라의 후생을 알 수 있는 건 아니다"라며 GDP만으로 한 사회의 진정한 성공에 기여하는 모든 요인을 파악할 수 없음을 인정했다.

두 사람의 말이 GDP의 무분별한 사용에 대한 우려를 나타냈다면, 1980년대 이후에는 더 직접적인 비판이 제기되기 시작했다. GDP는 경제성장조차 제대로 측정하지 못한다는 것이다. 미국의 경제학자 로버트 솔로Robert Solow는 1987년 "우리는 컴퓨터 시대가 왔다는 사실을 도처에서 확인하지만, 생산성 통계는 예외다"라는 말로 GDP에 대한 문제의식을 드러냈다. 솔로의 말은 당시 경제학자를 괴롭힌 '생산성 역설'을 단적으로 보여준다. 1980년대 미국은 정보 기술에 대대적으로 투자했지만, 생산성 지표에는 거의 영향을 미치지 못했고, 생산성의 증가세는 오히려 둔화했다.

이를 디지털 기술이 생산성을 개선하는 데 실패했다고 해석하기보다, 그것이 가져온 변화가 지대해서 과거의 지표로는 성공 여부를 제대로 측정할 수 없다고 보는 편이 타당할 것이다. 그렇다면 3차 대변혁에 따라 경제의 대격변이 시작되는 지금, GDP는 새로이 창출되는 가치를 파악하는 데 더욱 쓸모가 없어지지 않겠는가?

이는 가정이 아니라 현실이다. 무한 공급은 여러 분야에서 디플레이션을 유발하며, 3차 대변혁 시대에 GDP가 설 자리는 점점 줄어든다. 재화와 서비스 생산의 한계비용이 0에 수렴하는 분야가 늘어날수록 가격과 무관한 비非시장 거래가 확대될 수밖에 없다. 스포티파이가 디지털 파일 공유에 맞서 음원 스트리밍 서비스를 내놓았듯이 특정 상품에는 여전히 가격 메커니즘이 영향을 미칠 수 있겠지만, 이 경우에도 시장에서 유통되는 상품은 무한 공급으로 줄어들 것이다. 예를 들어 선진국에서는 20년 전만 해도 20달러를 내고 음악 앨범을 사는 일이 당연하게 여겨졌지만, 이제는 아무도 그만한 금액을 지불하려 하지 않는다. 음악 산업이 디지털화하고 20년이 지난 지금, 스포티파이나 타이달Tidal 같은 스트리밍 서비스는 날로 인기가 높아지지만 시장가치는 대폭 줄어든 원인도 여기에 있다. 1999년 미국의 음악 산업은 수익이 약 146억 달러였지만, 2016년 수익은 76억 5000만 달러로 감소했다. 물가 상승률을 감안하면 실질적인 수익은 더 줄었을 것이다.

우리가 GDP를 볼 때와 같은 방식으로 이런 통계를 이해한다면, 음악 산업이 폭삭 망했고 좋아하는 가수의 노래를 듣는 사람이 예전보다 훨씬 줄었다는 결론을 내릴 수밖에 없다. 사실은 정반대다. 음악은 정보재의 무한 공급 성향을 보여주는 대표적인 사례이며, 음악이 정보재가 됨에 따라 사람들은 어느 때보다 음악을 즐겨 듣는다. 우리가 그토록 중시하는 통계가 달라진 현실을 반영하지 못할 뿐이다.

시장경제의 기본 가정을 무너뜨리는 또 다른 사례는 위키피디아다. 위키피디아는 누구나 무료로 사용할 수 있고 사용자의 자발적인 참여를 통해 만들어지지만, 세상에서 가장 뛰어난 백과사전이다. 위키피디아가 성공을 거둔 후, 244년 역사를 자랑하는 《브리태니커 백과사전》도 2012년 온라인 서비스로 전환했다. 인쇄본으로 1400달러나 되는 《브리태니커 백과사전》을 이제 월 17달러에 이용할 수 있지만, 위키피디아와 경쟁하기는 여전히 힘겨워 보인다. 많은 사람이 참고 자료로서 위키피디아의 위상을 비웃는다. 그러나 가슴에 손을 얹고 생각해보자. 우리가 위키피디아를 얼마나 자주 이용하고, 거기에 얼마만큼 가치를 부여할 마음이 있는지. 장담하건대 사용료가 공짜라고 그 가치도 0이라 말할 사람은 없을 것이다. 한 조사에 따르면, 구글에서 임의의 단어를 검색했을 때 위키피디아 문서가 상위 10개 검색 결과 안에 들어갈 확률이 무려 99%다. 이 정도면 위키피디아의 가치에 대해 두말할 필요가 없으리라.

탈脫자본주의 국가의 등장으로 시장경제를 통해 유통되는 상품의 가격은 낮아지고, 비시장 경제를 통해 공급되는 무료 재화는 늘어나는 경향이 가속화하면 GDP는 결국 삶의 질과 무관한 지표가 될 수밖에 없다. 여기에 UBS까지 도입되면 지표로서 GDP의 한계는 더욱더 분명해질 것이다. 더군다나 GDP는 대기 중 이산화탄소 농도, 고령 인구의 건강과 수명, 환경오염, 깨끗한 공기와 식수, 정신 건강, 사회적·감정적으로 만족을 주는 직업 등 5가지 위기 상황에서 중요한 사항을 전혀 고려하지 않는다는 근본적인 결함이 있다.

따라서 탈자본주의를 추구하는 국가는 이 모든 사항과 더불어 점점 더 많은 재화와 서비스를 무료로 공급하는 새 경제모델까지 반영할 수 있도록 '풍요 지수abundance index'를 만들어야 한다. 여기에는 기본적으로 이산화탄소 배출량, 에너지 효율, 에너지·자원·노동 가격 감소, UBS가 적용된 범위, (임금을 받고 일하는 시간을 제외한) 여가, 건강과 수명, 자가 측정한 행복도 등이 포함될 수 있다. 우리는 이처럼 지역과 문화에 상관없이 적용 가능한 종합 지표를 만들어 FALC로 가는 과정에서 탈자본주의 경제가 거두는 성과를 측정할 수 있다. 풍요 지수는 3차 대변혁이 공익 실현에 얼마나 기여하는지 보여줘, 사회의 진보를 가늠할 근거를 제공할 것이다.

2차 대변혁이 시작된 이후 GDP라는 발전 지표가 나오기까지 대략 150년이 걸렸듯, 3차 대변혁에 걸맞은 지표를 만드는 일 또한 기약 없는 도전이다. 한 가지 분명한 사실은 종전 지표를 가지고 새롭게 출현하는 경제모델(예를 들어 화폐를 통한 거래는 줄고 대여는 활발해지는 공유 경제모델)이 창출할 풍요를 정확히 측정할 수 없다는 것이다. 이대로라면 지표와 현실의 괴리는 시간이 갈수록 심각해질 수밖에 없다.

UBS는 FALC로 나가기 위한 기반이며, UBS를 보급하기에 유리한 환경이 점차 만들어지고 있다. 가격 시스템을 기반으로 한 거래 규모를 가지고 UBS의 성공 여부를 평가한다면 저물어가는 구시대의 잣대를 새 시대에 들이미는 꼴이다.

12

완전히 자동화된 화려한 공산주의 :
새로운 시작

사회주의는 진화를 완성하는 최종 단계도, 역사의 종말도 아니다.
어떤 의미에서 그것은 시작일 뿐이다.

아이작 도이처Isaac Deutscher[53]

기술과 정치의 관계는 단순하지 않다. 미국의 사학자 멜빈
크란츠버그Melvin Kranzberg가 정리한 '기술의 6가지 법칙' 가운
데 첫째 법칙은 둘의 복잡하고 미묘한 관계를 한마디로 정리
한다. "기술은 선하지도 악하지도 않지만, 중립적이지도 않
다." 다시 말해 기술이 어떻게 만들어지고 사용되며 누구에
게 이익을 줄지는 그 기술이 등장한 정치적 · 윤리적 · 사회적
맥락에 달렸다. 마르크스의 말을 살짝 바꿔보면 기술은 역사
를 만들지만, 그에 필요한 제반 조건까지 마련하진 못한다.

---

53 폴란드 출신 작가(1907~1967). 트로츠키와 스탈린의 전기를 썼다.

크란츠버그의 다섯째 법칙도 같은 맥락에서 이해할 필요가 있다. "모든 역사는 현재와 밀접한 관련이 있지만, 그중에 가장 관련이 깊은 것은 기술의 역사다." 이 말은 기술이 홀로 역사를 결정하지 않지만, 기술만큼 역사의 향방에 큰 영향을 미치는 게 없다는 뜻이다. 1차 대변혁의 기술이 몰고 온 변화가 단적인 예다. 농업, 가축화와 작물화, 유전에 관한 실용 지식은 도시와 문화, 글쓰기를 탄생시켰으며, 이는 다시 더 복잡한 사회조직을 만드는 기반이 됐다.

위의 법칙은 뒤집어 생각하면 역사의 궤도를 결정하는 건 기술뿐만 아니라는 뜻이 된다. 예를 들어 와트의 증기기관을 비롯한 2차 대변혁의 핵심 기술은 자본주의로 이행하는 기나긴 과정의 마지막 단계에 출현했다. 산업혁명은 중앙집권 국가, '토지 없는 노동자'계급, 사적 소유와 지식재산권 개념이 등장한 뒤에야 비로소 가능했다. 요컨대 기술은 역사의 전환을 이끌 잠재력이 있지만, 그 힘은 어떤 사건이 선행하느냐에 따라 전혀 다른 양상으로 나타날 수 있다.

3차 대변혁의 기술에서도 이런 양면성이 드러난다. AI와 재생에너지, 유전자 편집은 현 체제 바깥에서 불쑥 튀어나온 혁신적 기술이 아니라 체제 안에서 자연과 자아, 생산양식에 대한 새로운 생각이 발전한 결과물이다.

환경 운동을 예로 들어보자. 환경 운동가들은 지난 수십 년간 활동을 통해 세계를 보는 시각을 바꾸고자 노력했다. 8장에서 다룬 동물 없는 고기의 성패는 이 새로운 세계관에 달렸다 해도 과언이 아니다. 기술적 측면에서 인공육은 디지털화의 산물이다. 하지만 농업이 기후변화와 동물 복지에 끼치는 영향에 대한 개발자의 관심과 친환경적인 대안을 요구하는 채식주의자의 목소리가 없었다면, 디지털 기술이 인공육의 탄생으로 이어지지 않았을 것이다.

재생에너지 또한 마찬가지다. 환경 운동은 기후변화의 심각성을 대중에게 널리 알린 일등 공신이다. 국제정치는 지난 25년간 각국의 이산화탄소 배출량을 줄이지 못했다는 점에서 명백히 실패했지만, 환경 운동의 유산마저 무위로 돌아가진 않았다. 풍력과 태양광을 통한 에너지 공급이 점차 늘어나는 것은 기술상의 혁신 덕분이지만, 지난 수십 년간 화석연료의 문제점을 지적해온 환경 운동가의 노력이 없었다면 그런 혁신도 구체화할 수 없었을 것이다. 최근 세계 여러 지역에서 거세지는 프래킹 반대 운동은 환경 운동의 영향력을 보여주는 생생한 사례다.

반면 어느 분야에서든 자동화와 경험 곡선 효과를 위해 투자를 늘리는 원동력은 자본주의의 핵심인 경쟁 논리다. 기업은 생산비를 낮춰 경쟁 우위를 점할 수 있다면 언제든 노동력을 기계로 대체할 준비가 돼 있다. 지난 수십 년은 저임금 노동력을 활용하는 편이 수익성이 높았기에 자동화의 발전이 예상보다 더뎠다. 앞으로 자동화가 어떤 맥락에서 전개될지가 미래의 모습을 결정할 것이다. 자본주의에 내재한 모순을 해결하지 못한 채 자동화를 확대하면 대규모 기술 실업과 극심한 소비 부족, 불평등 확대를 낳을 것은 불 보듯 뻔하다.

이제 기술의 중요성이야 더 말할 나위가 없지만, 기술을 뒷받침하는 사상과 사회적 관계, 정치도 그에 못지않게 중요하다는 사실을 잊어선 안 된다. 따라서 AI와 인공육을 비롯한 신기술이 속속 등장하는 오늘날의 현실을 제대로 이해하려면 무한 공급이라는 기술적 원동력과 더불어 원주민의 토지 권리나 동물 복지 등과 관련된 각종 사회운동에도 관심을 기울여야 한다.

이렇듯 기술과 역사의 관계를 다른 수많은 요인과 연관성에서 파악할 때, 우리는 나날이 복잡해지는 현실을 이해하는 동시에 더 나은 미래로 나가는 길을 그릴 수 있다. 더불어 이런 시각은 왜 어떤 사건이 특정 시점에 일어날 수밖에 없는지, 공산주의의 실현은 왜 지금껏 불가능했는지 이해하는 단초가 될 것이다.

연기된 미래

앞을 내다보는 통찰력이 있는 선지자들은 자신의 시대와 불화를 겪곤 한다. 14세기 영국의 신학자이자 라틴어 성경의 영어 번역을 주도한 존 위클리프John Wycliffe도 그런 인물 중 하나다. 위클리프는 성인 숭배와 수도원 제도 같은 핵심 교리는 물론 교황 제도까지 반대했고, 결국 사후에 이단으로 탄핵을 당했다. 이렇듯 위클리프는 마르틴 루터Martin Luther가 태어나기 100년도 전에 개혁적인 주장을 펼치며 성경의 번역과 보급에 앞장섰지만, 종교개혁의 역사에서 그의 이름은 널리 알려지지 않았다.

그 까닭은 기술에 있다. 위클리프의 영어 성경은 널리 전파됐지만, 근대적 의미의 인쇄본이 아니기에 보급에 한계가 있었다. 반면 100년 뒤 종교개혁 시기에 나온 책은 각 지역의 언어로 출판된 덕분에 훨씬 더 많은 독자를 확보할 수 있었다. 루터가 종교개혁의 대명사 자리에 오른 것은 남다른 카리스마나 새로운 사상이 아니라 기술혁신에 따른 결과인 셈이다. 1500년대 초 유럽 전역에서 유통된 인쇄물은 무려 2억 권에 이르렀으며, 이는 인터넷의 탄생을 뛰어넘는 거대한 정보혁명이었다.

종교개혁이 시작되기 몇 세기 전에 핵심 사상이 마련됐다는 사실을 외면한 채, 인쇄기라는 기술이 종교개혁을 탄생시켰다는 말은 얼토당토않다. 그러나 새로운 기술은 분명 그전까지 불가능했고, 종교개혁의 주역조차 예상치 못한 사건이 일어나는 데 결정적인 역할을 했다. 루터는 1517년 10월 31일 비텐베르크Wittenberg 성당 정문에 〈95개조 반박문Die 95 Thesen〉을 내걸 때만 해도 앞으로 무슨 일이 벌어질지 꿈에도 상상하지 못했다.

〈95개조 반박문〉은 곧 인쇄본으로 만들어져 6주 만에 라이프치히와 뉘른베르크, 바젤까지 퍼졌다. 루터는 이 글을 라틴어로 썼지만, 얼마 지나지 않아 독일어 번역본이 나오면서 전파되는 데 한결 쉬워졌다. 루터의 친구 프리드리히 미코니우스Friedrich Myconius는 당시 일을 다음과 같이 회상했다. "루터가 쓴 글은 2주가 지나지 않아 독일 전역에 알려졌고, 한 달 뒤에는 기독교 신자라면 모르는 사람이 없을 만큼 유명해졌다."

이후 루터가 독일어로 처음 쓴 소책자《Ein Sermon von Ablass und Gnade면죄부와 은총에 대한 설교》는 1518년 한 해 동안 14차례 증쇄했다. 1520~1526년 독일에서 출판된 소책자 6000여 종 가운데 약 1700종이 루터의 글을 모은 것이다. 〈95개조 반박문〉은 수기로 작성했지만, 루터의 글을 담은 소책자는 10년간 200만 부가량 출판됐다. 기술이 위클리프의 시대에는 상상도 못 한 일을 루터 시대에 역사적 필연으로 바꾼 것이다.

어찌 보면 마르크스는 위클리프와 닮은 점이 있다. 마르크스 시대에도 그의 사상을 실현하는 데 필요한 기술이 없었으니 말이다. 금속활자가 발명되기 전에 지역어로 번역한 성경을 대량생산 할 수 없었듯, 2차 대변혁의 제약 속에 공산주의를 실현하기란 불가능했다. 한정된 화석연료에 의존하는 한, 전 세계의 생활수준을 현재 선진국 수준으로 끌어올리려면 환경 파괴를 유발할 수밖에 없다. 육체·인지 노동이 희소한 자원으로 남은 이상, 누군가의 여가는 다른 누군가의 과로로 이어질 수밖에 없다. 하지만 이제 모든 것이 달라지려 한다. 아니 변화는 진작 시작됐다.

1450년대에 최초의 근대적 인쇄물로 꼽히는 《구텐베르크 성서》가 출판되고 루터의 〈95개조 반박문〉이 종교개혁의 시작을 알리기까지 50년이 넘게 걸렸다. 구텐베르크의 인쇄기는 엄청난 혁신을 내포했지만, 새로운 기술이 사회 변화로 이어지려면 사람들의 일상 속으로 파고들 시간이 필요했다. 무명 신학자가 쓴 글이 그의 얼굴조차 모르는 사람들에 의해 출판되고, 몇 달 뒤 수백만 독자에게 전파되자 비로소 그 기술의 진정한 힘이 만방에 드러났다.

3차 대변혁의 주요 기술도 마찬가지 상황이다. 오늘날 전세계 이목을 집중시키는 신기술은 1950년대 이후 발전을 거듭했다. 예를 들어 1950년대에는 태양전지와 실리콘트랜지스터가 개발되고 DNA 구조가 밝혀졌으며, 1960년대 초에는 LED 조명이, 1970년대에는 리튬전지가 차례차례 등장했다. 이 모든 혁신은 정보와 노동, 자원의 무한 공급이라는 흐름을 만들어 자본주의를 지탱하는 2가지 핵심 가정을 뒤흔들고 있다. 첫째 희소성은 영원하다는 것, 둘째 한계비용이 0이 되면 아무도 재화를 생산하지 않는다는 것이다. 전통 경제학은 두 가정이 무너지는 현실을 설명하지 못한다.

3차 대변혁의 핵심 기술은 갑자기 튀어나온 것이 아니다. 15세기 후반 구텐베르크의 인쇄술이 그랬듯, 이들도 사회 주변부에 머물다가 경험 곡선 효과와 기하급수적 성장에 힘입어 서서히 중심으로 떠오른 것이다. 앞으로 무슨 일이 일어날지, 이들을 어떤 식으로 현대사회의 구조에 끼워 넣을지는 우리 손에 달렸다. 새 기술이 소득 불평등을 확대하고 사회 전반의 붕괴를 가져오리란 법은 없지만, 인류를 해방하고 지구 생태계를 지키리란 보장도 없다. 우리는 알고리즘이나 유니콘 기업[54]의 예측이 아니라 정치를 통해 나아갈 방향을 결정해야 한다. 우리 삶에 영향을 미치는 결정은 우리 몫이다.

FALC는 시작일 뿐, 종착지가 아니다

3차 대변혁이 가져올 혁신은 종착지가 아니라 시작에 불과하다. FALC의 이상은 이제 변화가 필요치 않은 에덴동산이 아니다. 지상낙원에 대한 꿈은 어떤 식으로든 좌절로 끝나게 마련이다. FALC는 슬픔과 고통이 사라지고, 다툼과 상처가 옛말이 된 세상을 약속하지도 않는다. 자존심과 욕심, 질투는 인간의 본질이기에 사람들의 불화를 중재하는 일은 정치의 본질로 더불어 살아가는 모든 사회에 없어선 안 된다. 대신 FALC는 새로운 유토피아를 상징하는 선수상으로, 우리가 나아갈 길을 알려준다. 과거의 이상이 무용지물이 될 만큼 빠르게 변하는 세상에는 그에 걸맞은 길잡이가 필요하다.

——

54 기업 가치가 10억 달러 이상인 비상장 스타트업.

"사회주의는 진화를 완성하는 최종 단계도, 역사의 종말도 아니다. 어떤 의미에서 그것은 시작일 뿐이다"라는 아이작 도이처의 말은 FALC의 핵심과 맞닿는다. 우리에게 FALC란 지도이자 발판이다. 우리는 FALC를 지도 삼아 희소성과 노동 기반 사회라는 미로에서 벗어나야 한다. 우리는 FALC를 발판 삼아 세상에서 가장 어려운 물음의 답을 구해야 한다. 그 물음은 언젠가 케인스가 말한 '현명하고 즐겁고 좋은' 삶이란 무엇인가 하는 것이다.

모름지기 좋은 지도는 사용자가 내딛는 걸음걸음을 목적지만큼 분명히 알려줘야 한다. FALC는 이상주의나 인간 본성에 대한 지나친 낙관을 늘어놓는 대신 지금 당장 필요한 행동을 제시한다. 농경의 시작만큼 심대한 변화가 밀어닥치는 지금, FALC는 구체적이고도 단순 명료한 정치적 방안을 요구한다. 바로 신자유주의와 단절, 노동자 소유 경제로 이행, 재생에너지로 전환하기 위한 국가 재정 지원, 교환과 이윤을 위한 상품이 아닌 기본권으로서 UBS다.

FALC는 몽상에 빠진 시인의 선언문 따위가 아니다. 그 토대는 나날이 분명해지는 진실을 똑바로 마주하는 데 있다, 3차 대변혁 속에 희소성은 극복할 수 없는 현실이 아니며, 현 체제가 강요하는 정치적 제약에 지나지 않는다. 이것이 FALC가 우리에게 말해주는 '진실'이다.

이 책은 머나먼 미래가 아니라 그동안 의식하지 못한 현재를 다룬다. 과감히 고개 들 수 있다면 우리는 오늘날과 비교할 수 없을 만큼 평등하고 풍요로우며 창조적인 세상을 어렴풋하게나마 내다볼 수 있다. 그러나 깨달음만으론 아무것도 바꿀 수 없다. 우리에게 필요한 것은 용기다. 이제 용기 내서 주장하고, 설득하고, 행동할 때다.

쟁취해야 할 세계가 눈앞에 있다.

버소출판사의 편집자 레오 홀리스에게 특별한 감사의 말을 전한다. 당신은 나와 마음이 통하면서도 비판적인 편집자다. 당신이 아니었다면 이 책이 지금처럼 훌륭하게 나오지 못했을 것이다. 이 책이 나오기까지 도움을 준 버소출판사의 다른 모든 팀원께도 감사를 전한다. 급진적인 생각을 최대한 폭넓은 독자에게 전달하는 과정에서 여러분이 해준 일은 값을 매길 수 없을 만큼 소중하다. 그 값진 일이 오래 계속되기를.

노바라미디어의 모든 팀원께도 감사를 표하고 싶다. 우리가 5년 전에 시작한 낯선 여행이 흥미로운 전환점을 맞고 있다. 특히 제임스 버틀러와 애시 사카에게 빚을 졌다. 당신들이 시작 단계에서 회의적인 태도를 보여준 덕분에 이어진 우리의 토론이 훨씬 더 활기를 띠었다.

앤드루 채드윅에게도 감사드린다. 당신은 내가 박사 학위 논문을 쓰는 동안 나만의 목소리를 찾을 수 있는 자유를 줬다. 무엇보다 간결한 문장과 명징한 주장의 중요성이 뭔지 내게 보여줬다. 간결한 문장과 명징한 주장이야말로 나한테 부족한 점이었다.

끝으로 나는 무료 의료 서비스와 저렴한 학비를 위한 정치적 합의를 이끌어내기 위해 싸운 많은 사람에게 빚을 졌다. 그들이 아니었다면 책을 쓰는 것은 고사하고 이렇게 살아 있지도 못했을 것이다. 그들이 남긴 업적이야말로 우리 앞에 놓인 투쟁에 영감을 주는 가장 큰 원천이다.

서론_ 미래를 찾는 사람들

더그

Amazon. 'Introducing Amazon Go and the World's Most Advanced Shopping Technology'. *YouTube.com*, 5 December 2016.

Clifford, Catherine. 'Mark Cuban: The World's First Trillionaire Will Be an Artificial Intelligence Entrepreneur.' *CNBC*, 13 March 2017.

Golson, Jordan. 'Tesla Built a Huge Solar Energy Plant on the Island of Kauai'. *The Verge*, 8 March 2017.

Rosenblum, Andrew. 'A Biohacker's Plan to Upgrade Dalmatians Ends Up in the Doghouse'. *MIT Technology Review*, 1 February 2017.

'Space Act Of 2015 Passes in the House (H.R. 2262)'. *Planetary Resources*, 14 July 2015.

'Wisconsin Board Clears Way For $3 Billion Foxconn Deal'. *Reuters*, 8 November 2017.

1부_ 하늘 아래서 벌어지는 혼란

1_ 거대한 무질서

Fukuyama, Francis. 'The End of History'. *National Review* 16 (Summer 1989).

자본주의 리얼리즘

Cox, Christoph, Molly Whalen and Alain Badiou. 'On Evil: An Interview with Alain Badiou'. *Cabinet*, Winter 2001-2.

Fisher, Mark. *Capitalist Realism: Is There No Alternative?* Zero Books, 2010.

Menand, Louis. 'Francis Fukuyama Postpones the End of History'. *New Yorker*, 3 September 2018.

위기의 시작

'Depression Looms as Global Crisis'. *BBC News*, 2 September 2009.

Hertle, Hans-Hermann and Maria Nooke. *The Victims at the Berlin Wall 1961–1989: A Biographical Handbook*. Links Verlag, 2011.

'IOM Counts 3,771 Migrant Fatalities in Mediterranean in 2015'. *International Organization for Migration*, 1 May 2016.

Jones, Owen. 'Suicide and Silence: Why Depressed Men Are Dying for Somebody to Talk To'. *Guardian*, 15 August 2014.

2008년 : 역사가 돌아왔다

Allen, Katie and Larry Elliott. 'UK Joins Greece At Bottom of Wage Growth League'. *Guardian*, 27 July 2016.

Bastani, Aaron. 'Property Owning Democracy'. *LRB Blog*, 2 March 2017.

Boyce, Lee and Press Association. 'How 17m Adults Have Less Than £100 Saved for a Rainy Day'. *ThisIsMoney.co.uk*, 29 September 2016.

Butler, Patrick. 'Report Reveals Scale of Food Bank Use in the UK'. *Guardian*, 29 May 2017.

——. 'Record 60% Of Britons in Poverty Are in Working Families'. *Guardian*, 22 May 2017.

Evans, Judith. 'Home Ownership in England Falls To 30-year Low'. *Financial Times*, 2 March 2017.

Gopal, Prashant. 'Homeownership Rate in the U.S. Drops to Lowest Since 1965'. *Bloomberg News*, 28 July 2016.

McGrath, Maggie. '63% Of Americans Don't Have Enough Savings to Cover A $500 Emergency'. *Forbes*, 6 January 2016.

Noack, Rick. 'Here's How the Islamic State Compares with Real States'. *Washington Post*, 12 September 2014.

Pflaum, Nadia. 'Trump: 43 million Americans on food stamps'. *Politifact*, 21 July 2016.

Wark, McKenzie. *The Beach Beneath the Street*. Verso Books, 2017.

무력감 측정하기

Allen, Katie. 'Chinese Growth Slips to Slowest Pace For 26 Years'. *Guardian*, 20 January 2017.

Burgen, Stephen. 'Spain Youth Unemployment Reaches Record 56.1%'. *Guardian*, 30 August 2013.

'Donald Trump's Election Victory Speech: Read the Full Transcript'. *Sky News*, 9 November 2016.

'Greece Unemployment Hits a Record 25% in July'. *BBC News*, 11 October 2012.

Jackson, Gavin and Sarah O'Connor. '"Lost Decade" For UK Workers as Productivity Falls Beneath 2007 Level'. *Financial Times*, 5 July 2017.

Peck, Tom. 'Nigel Farage's Triumphalist Brexit Speech Crossed the Borders of Decency'. *Independent*, 24 June 2016.

Safi, Michael. 'India's Slowing Growth Blamed on "Big Mistake" Of Demonetisation'. *Guardian*, 1 June 2017.

York, Stephen. 'Greenspan Says Crisis Left Him in "Shocked Disbelief"'. *Independent*, 24 October 2008.

2_ 세 차례 대변혁

산업 : 2차 대변혁

Brynjolfsson, Erik and Andrew McAfee. *The Second Machine Age: Work, Progress, and Prosperity in a Time of Brilliant Technologies*. W.W. Norton, 2014.

Hobsbawm Eric. *The Age of Revolution: Europe 1789–1848*. Abacus, 2014.

자본주의 비평가들

Gawenda, Alex and Ashok Kumar. 'Made In Post-China™'. *Counterpunch*, 14 June 2013.

Harvey, David. *A Companion to Marx's Capital*. Verso Books, 2012.

Marx, Karl and Friedrich Engels. *The Communist Manifesto*. Penguin Books, 2015.

정보의 해방 : 3차 대변혁

Crew, Bec. 'NASA Just Fast-Tracked Its Mission to Explore a $10,000 Quadrillion Metal Asteroid'. *Sciencealert.com*, 25 May 2017.

Goodall, Chris. *The Switch: How Solar, Storage and New Tech Means Cheap Power for All*. Profile Books, 2016.

기하급수적 발전 : 이븐 할리칸에서 코닥까지

Brynjolfsson, Erik and Andrew McAfee. *The Second Machine Age: Work, Progress, and Prosperity in a Time of Brilliant Technologies.* W.W. Norton, 2014.

Chace, Calum. *The Economic Singularity: Artificial Intelligence and the Death of Capitalism.* Three Cs Publishing, 2016.

Moore, G. E. 'Cramming More Components onto Integrated Circuits'. *Proceedings of the IEEE*, 1998.

Pickover, Clifford. *The Math Book: From Pythagoras to the 57th Dimension, 250 Milestones in the History of Mathematics.* Sterling, 2012.

무어의 법칙은 지속될 수 있을까?

L.S. 'The End of Moore's Law'. *Economist*, 19 April 2015.

데이터 처리 그 이상

Coughlin, Tom. 'Toshiba's 3-D Magnetic Recording May Increase Hard Disk Drive Capacity', *Forbes*, 9 July 2015.

Komorowski, Matt. 'A History of Storage Cost'. *Mkomo.com*, 9 March 2014.

Service, Robert. 'DNA Could Store All of the World's Data in One Room'. *Science*, 2 March 2017.

경험의 힘

Goodall, Chris. *The Switch: How Solar, Storage and New Tech Means Cheap Power for All*. Profile Books, 2016.

'The Experience Curve'. *Economist*, 14 September 2009.

혼돈에서 유토피아로

Levy, Steven. 'Hackers at 30: "Hackers" and "Information Wants to Be Free"'. *Wired*, 21 November 2014.

Marx, Karl. *Grundrisse*. Penguin, 1993.

3_ 완전히 자동화된 화려한 공산주의란 무엇인가?

미래 충격 1858년

Cyert, Richard M. and David C. Mowery, eds. *Technology and Employment: Innovation and Growth in the US Economy.* National Academy of Sciences, 1987.

Marx, Karl. *Grundrisse*. Penguin, 1993.

공산주의 : 희소성 너머의 세상

Marx, Karl. *Capital: Volume 3*. Penguin Books, 1993.

Marx, Karl. *Critique of the Gotha Programme*. Progress Publishers, 1960.

공산주의 없는 포스트 자본주의 : 존 메이너드 케인스

Allen, Katie and Larry Elliott. 'UK Joins Greece At Bottom of Wage Growth League'. *Guardian*, 27 July 2016.

Corlett, Adam, Stephen Clarke and Torsten Bell. 'Public and Family Finances Squeezes Extended Well Into the 2020s By Grim Budget Forecasts'. *Resolution Foundation*, 9 March 2017.

Keynes, John Maynard. *Essays in Persuasion*. Cambridge University Press, 2013.

Taylor, Ciaren, Andrew Jowett and Michael Hardie. 'An Examination of Falling Real Wages, 2010 – 2013'. *Office for National Statistics*, 31 January 2014.

Turchin, Peter. 'The End of Prosperity: Why Did Real Wages Stop Growing in the 1970s?' *Evolution Institute*, 4 April 2013.

포스트 자본주의와 정보 : 피터 드러커

Drucker, Peter. *Post-Capitalist Society*. Butterworth-Heinemann, 1998.

Marx, Karl. *A Contribution To the Critique of Political Economy*. Progress Publishers, 1977.

테일러리즘과 생산성 혁명

Drucker, Peter. *Post-Capitalist Society*. Butterworth-Heinemann, 1998.

Marx, Karl. *Grundrisse*. Penguin, 1993.

정보재는 공짜가 되기를 원한다, 정말로

DeLong, J. Bradford and Lawrence Summers. 'The "New Economy": Background, Historical Perspective, Questions, and Speculations'. *Economic Review, Federal Reserve Bank of Kansas City*, 2001.

Romer, Paul. 'Endogenous Technological Change'. *Journal of Political Economy*, 1990.

2부_ 새로운 여행자들

4_ 완전한 자동화 : 노동의 희소성이 사라진 미래

자본이 노동이 될 때

'Ford Factory Workers Get 40-Hour Week'. *History.com*, 2009.

N. V. 'Difference Engine: Luddite Legacy'. *Economist*, 4 November 2011.

피크 호스

Groom, Brian. 'The Wisdom of Horse Manure'. *Financial Times*, 2 September 2013.

피크 휴먼

Bloodgate, Henry. 'CEO of Apple Partner Foxconn: "Managing One Million Animals Gives Me A Headache"'. *Business Insider*, 19 January 2012.

Coco, Federica. 'Most US Manufacturing Jobs Lost to Technology, Not Trade'. *Financial Times*, 2 December 2016.

Dasgupta, Skit and Ajith Singh. 'Will Services Be the New Engine of Indian Economic Growth?'

Development and Change, 2005.

'Industrial Metamorphosis'. *Economist*, 29 September 2005.

Kilby, Emily R. 'The Demographics of the US Equine Population'. In *The State of the Animals*. Edited by D.J. Salem and A.N. Rowan. Humane Society Press, 2007. pp. 175–205.

Markoff, John. 'New Wave of Deft Robots Is Changing Global Industry'. *New York Times*, 19 August 2012.

National Research Council. *The Long-Term Impact of Technology on Employment and Unemployment*. National Academies Press, 1983.

Perez, Bien. 'Annual Robotics Spending in China to Reach US $59b by 2020'. *South China Morning Post*, 4 April 2017.

Rifkin, Jeremy. 'Return of a Conundrum'. *Guardian*, 2 March 2004.

——. *The Zero Marginal Cost Society*. Palgrave Macmillan, 2014.

Taylor, Ciaren, Andrew Jowett and Michael Hardie. 'An Examination of Falling Real Wages, 2010 – 2013'. *Office for National Statistics*, 31 January 2014.

Wallop, Harry. 'Manufacturing Jobs to Fall to Lowest Level Since 1841'. *Telegraph*, 6 February 2009.

Zoo, Mandy. 'Rise of the Robots: 60,000 Workers Culled from Just One Factory as China's Struggling Electronics Hub Turns to Artificial Intelligence'. *South China Morning Post*, 21 May 2016.

대규모 농업의 종말

International Labour Organization. 'Employment in Industry (% of Total Employment) (Modelled ILO Estimate)'. *World Bank*, November 2017.

'Labor Force – by Occupation'. *CIA World Factbook*, 2009.

Riser, Max. 'Employment in Agriculture'. *Our World in Data*, 2018.

UN Food and Agriculture Organization (FAO). Statistics from 2018. http://www.fao.org/faostat/en/#data/countries_by_commodity/visualize

로봇의 등장

Campbell, Murray, A. Joseph Hoane Jr. and Feng-Hsiung Hsu. 'Deep Blue'. *Artificial Intelligence* 134: 1–2 (January 2002).

Jennings, Ken. 'My Puny Human Brain'. *Slate*, 16 February 2011.

Moravec, Hans. *Mind Children: The Future of Robot and Human Intelligence*. Harvard University Press, 1988.

아틀라스의 공중제비

Thomson, Iain. 'Atlas Unplugged! Darpa's Unterminator Robot Cuts the Power Cable'. *Register*, 23 January 2015.

자율 주행 자동차

Balakrishnan, Anita. 'Drivers Could Lose up to 25,000 Jobs per Month when Self-Driving Cars Hit, Goldman Sachs Says'. *CNBC*, 22 May 2017.

Bomey, Nathan. 'US Vehicle Deaths Topped 40,000 in 2017, National Safety Council Estimates'. *USA Today*, 15 February 2018.

Darter, Michael. 'DARPA's Debacle in the Desert'. *Popular Science*, 4 June 2004.

Dillow, Clay. 'Revealed: Google's Car Fleet Has Been Driving around

Unmanned for 140,000 Miles Already'. *Popular Science*, 11 October 2010.

Ford, Martin. *The Rise of the Robots: Technology and the Threat of Mass Unemployment*. Oneworld, 2017.

Marshall, Aarian. 'As Uber Flails, Its Self-driving Car Research Rolls On'. *Wired*, 23 June 2017.

Thrun, Sebastian. 'What We're Driving At'. *Official Google Blog*, 9 October 2010.

기술적 실업이 오고 있다

Ahmed, Kamal. '900,000 UK Retail Jobs Could Be Lost by 2025, Warns BRC'. *BBC*, 29 February 2016.

Amazon. 'Introducing Amazon Go and the World's Most Advanced Shopping Technology'. *YouTube.com*, 5 December 2016.

Armstrong, Ashley. 'Chinese Online Retailer JD Plans to Open Hundreds of Unmanned Shops, Ahead of Amazon'. *Telegraph*, 14 December 2017.

Chace, Calum. *The Economic Singularity: Artificial Intelligence and the Death of Capitalism*. Three Cs Publishing, 2016.

Clifford, Catherine. 'Mark Cuban: The World's First Trillionaire Will Be an Artificial Intelligence Entrepreneur.' *CNBC*, 13 March 2017.

Elliott, Larry. 'Robots Threaten 15m UK Jobs, Says Bank of England's Chief Economist'. *Guardian*, 12 November 2015.

'Future Work/Technology 2050'. *Millennium Project*, 1 December 2014.

Nasiripour, Shahien. 'White House Predicts Robots May Take Over Many Jobs That Pay $20 per Hour'. *Huffington Post*, 24 February 2016.

Statt, Nick. 'Amazon's Cashier-Free Go Stores May Only Need Six Human Employees', *The Verge*, 6 February 2017.

Taylor, Ciaren, Andrew Jowett and Michael Hardie. 'An Examination of Falling Real Wages, 2010 – 2013'. *Office for National Statistics*, 31 January 2014.

Thibodeau, Patrick. 'One in Three Jobs Will Be Taken by Software or Robots by 2025'. *Computer World*. 6 October 2014.

Thompson, Alexandra. '"Robot Surgery" Could Save Men from

Prostate Cancer'. *Daily Mail*, 24 November 2017.

Turner, Nick, Selina Wang and Spencer Soper. 'Amazon to Acquire Whole Foods for $13.7 Billion'. *Bloomberg*, 16 June 2017.

Williams-Grut, Oscar. 'Mark Carney: "Every Technological Revolution Mercilessly Destroys Jobs Well Before the New Ones Emerge"'. *Business Insider*, 6 December 2016.

실존하는 자동화

Marr, Bernard. 'First FDA Approval for Clinical Cloud-Based Deep Learning in Healthcare'. *Forbes*, 20 January 2017.

Croft, Jane. 'More than 100,000 Legal Roles to Become Automated'. *Financial Times*, 15 March 2016.

Snow, Jackie. 'A New Algorithm Can Spot Pneumonia Better than a Radiologist'. *MIT Technology Review*, 16 November 2017.

일의 미래

Brynjolfsson, Erik and Andrew McAfee. *The Second Machine Age: Work, Progress, and Prosperity in a Time of Brilliant Technologies*. W.W. Norton, 2014.

5_ 무한한 동력 : 에너지의 희소성이 사라진 미래

에너지와 대변혁

Malm, Andreas. *Fossil Capital: The Rise of Steam Power and the Roots of Global Warming*. Verso Books, 2016.

인류세가 열리다

Lynch, Patrick. 'Secrets from the Past Point to Rapid Climate Change in the Future'. *NASA*, 14 December 2011.

우리는 기후 재앙에서 살아남을 수 있을까?

Klein, Naomi. *This Changes Everything: Capitalism vs. the Climate*. Penguin Books, 2015.

Lynas, Mark. *Six Degrees: Our Future on a Hotter Planet*. Fourth Estate, 2007.

에너지는 공짜가 되기를 원한다

Goodall, Chris. *The Switch: How Solar, Storage and New Tech Means Cheap Power for All*, Profile Books, 2016.

Watts, Jonathan. 'We Have 12 Years to Limit Climate Change Catastrophe, Warns UN'. *Guardian*, 8 October 2018.

태양에너지 : 무한하고 깨끗하며 공짜인

Diamandis, Peter and Steven Kotler. *Abundance: The Future Is Better than You Think*. Free Press, 2014.

조용한 혁명

'Electricity Generation Mix by Quarter and Fuel Source (GB)'. *UK Office of Gas and Electricity Markets*, October 2018.

Goodall, Chris. *The Switch: How Solar, Storage and New Tech Means Cheap Power for All*, Profile Books, 2016.

Hanley, Steve. 'New PPA in Arizona Locks in Lowest Solar Prices in US as Demise of Navajo Station Looms'. *Clean Technica*, 11 June 2018.

McGreevy, Ronan. 'Scotland "on Target" for 100% Renewable Energy by 2020'. *Irish Times*, 4 November 2017.

'Onshore Wind Power Now as Affordable as Any Other Source, Solar to Halve by 2020'. *IRENA*, 13 January 2018.

Vaughan, Adam. 'Time to Shine: Solar Power Is Fastest-growing Source of New Energy'. *Guardian*, 4 October 2017.

미래를 향한 경주

Asthana, Anushka and Matthew Taylor. 'Britain to Ban Sale of All Diesel and Petrol Cars and Vans from 2040'. *Guardian*, 25 July 2017.

Dorrier, Jason. 'Solar Is Now the Cheapest Energy There Is in the Sunniest Parts of the World'. *Singularity Hub*, 18 May 2017.

Goodall, Chris. *The Switch: How Solar, Storage and New Tech Means Cheap Power for All*, Profile Books, 2016.

Penn, Ivan. 'Cheaper Battery Is Unveiled as a Step to a Carbon-Free Grid'. *New York Times*, 26 September 2018.

태양에너지와 글로벌 사우스

Chao, Rebecca. 'Libya Uses World's First Mobile Voter Registration System for Parliament Elections'. *Tech President*, 25 June 2014.

Goodall, Chris. *The Switch: How Solar, Storage and New Tech Means Cheap Power for All*, Profile Books, 2016.

McKibben, Bill. 'The Race to Solar-Power Africa'. *New Yorker*, 26 June 2017.

Poushter, Jacob. 'Cell Phones in Africa: Communication Lifeline'. *Pew Global Research*, 15 April 2015.

'Reducing Risks, Promoting Healthy Life'. *World Health Organization*, 2002.

T.S. 'Why Does Kenya Lead the World in Mobile Money?' *Economist*, 2 March 2015.

Tricarico, Daniele. 'Case Study: Vodafone Turkey Farmers' Club'. *GSM Association*, June 2015.

Vaughan, Adam. 'Time to Shine: Solar Power Is Fastest-growing Source of New Energy'. *Guardian*, 4 October 2017.

바람

Davies, Rob. 'Wind Turbines "Could Supply Most of UK's Electricity"'. *Guardian*, 8 November 2016.

'*The Guardian* View of Offshore Wind: Cheaper and Greener'. *Guardian*, 13 September 2017.

Harrabin, Roger. 'Offshore Wind Power Cheaper than New Nuclear'. *BBC News*, 11 September 2017.

Rifkin, Jeremy. *The Zero Marginal Cost Society*. Palgrave Macmillan, 2014.

Tamblyn, Thomas. 'Amazingly, Wind Farms Provided Double the Energy Needed to Power All of Scotland in October'. *Huffington Post*, 7 November 2017.

Vaughan, Adam. 'Nuclear Plans Should Be Rethought after Fall in Offshore Windfarm Costs'. *Guardian*, 11 September 2017.

Vaughan, Adam. 'UK Wind Power Overtakes Coal for First Time'. *Guardian*, 6 January 2017.

온기 유지하기

'Dramatic Jump in Excess Winter Deaths'. *Age UK*, 22 November 2017.

Goodall, Chris. *The Switch: How Solar, Storage and New Tech Means Cheap Power for All*, Profile Books, 2016.

Huck, Nichole. '"Passive Home" Movement a Success in Germany, but Not in Saskatchewan Where It Started'. *CBC News*, 5 August 2015.

기후변화의 해결책이 여기 있다

Rifkin, Jeremy. 'Capitalism Is Making Way for the Age of Free'. *Guardian*, 31 March 2014.

6_ 우주에서 채굴하기 : 자원의 희소성이 사라진 미래

유한한 세계

Ahmed, Nafeez. 'Exhaustion of Cheap Mineral Resources Is Terraforming Earth – Scientific Report'. *Guardian*, 4 June 2014.

Withnall, Adam. 'Britain Has Only 100 Harvests Left in Its Farm Soil as Scientists Warn of Growing "Agricultural Crisis"'. *Independent*, 20 October 2014.

소행성 채굴

Ludacer, Rob and Jessica Orwig. 'SpaceX Is about to Launch Its Monster Mars Rocket for the First Time – Here's How It Stacks Up Against Other Rockets'. *Business Insider*, 4 January 2018.

SpaceX. 'SpaceX Interplanetary Transport System'. *YouTube.com*, 27 September 2016.

민간 우주산업의 탄생

End, Rae Botsford. 'Rocket Lab: The Electron, the Rutherford, and Why Peter Beck Started It in the First Place'. *Spaceflight Insider*, 2 May 2015.

Spacevidcast. 'SpaceX Reaches Orbit with Falcon 1 – Flight 4 (Full Video Including Elon Musk Statement)'. *Youtube.com*, 28 September 2008.

SpaceX. 'Orbcomm-2 Full Launch Webcast'. *YouTube.com*, 21 December 2015.

Vance, Ashlee. *Elon Musk: How the Billionaire CEO of SpaceX and Tesla Is Shaping Our Future*. Virgin Digital, 2015.

내려가는 비용, 커가는 야망

'Apollo Program Budget Appropriations'. *NASA*.

Dorrier, Jason. 'Risk Takers Are Back in the Space Race – and That's a Good Thing'. *Singularity Hub*, 17 August 2017.

Erwin, Sandra. 'Rocket Startup Sees Big Future in Military Launch'. *Space News*, 1 July 2018.

Gush, Loren. 'Rocket Lab Will Launch Its Small Experimental Rocket Again this December'. *The Verge*, 29 November 2017.

Knapp, Alex. 'Rocket Lab Becomes A Space Unicorn with A $75 Million Funding Round'. *Forbes*, 21 March 2017.

Lo, Bernie and Nyshka Chandran. 'Rocket Lab Nears Completion of World's First Private Orbital Launch Site in New Zealand'. *CNBC*, 28 August 2016.

'Rocket Lab Reveals First Battery-Powered Rocket for Commercial Launches to Space'. *Rocket Lab USA*, 31 May 2015.

Pielke, Roger, Jr. and Radford Byerly, Jr. 'The Space Shuttle Program: Performance versus Promise'. *Space Policy Alternatives*, Westview Press, 1992.

Vance, Ashlee. 'These Giant Printers Are Meant to Make Rockets'. *Bloomberg News*, 18 October 2017.

문익스프레스

'The Global Exploration Strategy: The Framework for Coordination'. *NASA*, 31 May 2007.

Grush, Loren. 'To Mine the Moon, Private Company Moon Express Plans to Build a Fleet of Robotic Landers'. *The Verge*, 12 July 2017.

MoonExpress.com

인류의 영토

Cookson, Clive. 'Luxembourg launches plan to mine asteroids for minerals'. *Financial Times*, 2 February 2016.

Dorrier, Jason. 'Risk Takers Are Back in the Space Race – and That's a Good Thing'. *Singularity Hub*, 17 August 2017.

Fernholz, Tim. 'Space Is not a "Global Commons," Top Trump Space Official Says'. *Quartz*, 19 December 2017.

Hennigan, W. J. 'MoonEx Aims to Scour Moon for Rare Materials'. *Los Angeles Times*, 8 April 2011.

Marx, Karl. 'Chapter 44: Differential Rent Also on the Worst Cultivated Soil'. *Marxists.org*.

Orphanides, K. G. 'American Companies Could Soon Mine Asteroids for Profit'. *Wired*, 12 November 2015.

'Outer Space Treaty'. *US Department of State*.

'Reopening the American Frontier: Exploring How the Outer Space

Treaty Will Impact American Commerce and Settlement in Space'. *US Senate Committee on Commerce, Science and Transportation*, 23 May 2017.

지구의 한계를 넘어서

Chamberlin, Alan B. 'All known Near Earth Asteroids (NEA), cumulative discoveries over time'. *NASA Jet Propulsion Laboratory*, 15 January 2013.

Deepspaceindustries.com

Edwards, Jim. 'Goldman Sachs: Space-Mining for Platinum Is "More Realistic Than Perceived"'. *Business Insider*, 6 April 2017.

Herridge, Linda. 'OSIRIS-REx Prepared for Mapping, Sampling Mission to Asteroid Bennu'. *NASA*, 6 August 2017.

Lewis, John. *Mining the Sky: Untold Riches from the Asteroids, Comets, and Planets*. Basic Books, 1997.

Malik, Tariq. 'Asteroid Dust Successfully Returned by Japanese Space Probe'. *Space.com*, 16 November 2010.

Müller, T.G. et al. 'Hayabusa-2 Mission Target Asteroid 162173 Ryugu (1999 JU3): Searching for the Object's Spin-Axis Orientation'. *Astronomy & Astrophysics*, March 2017.

Planetaryresources.com

Wall, Mike. 'Asteroid Mining May Be a Reality by 2025'. *Space.com*, 11 August 2015.

Yongliao, Zou. 'China's Deep-Space Exploration to 2030'. *Chinese Journal of Space Science*, 2014.

우주 쟁탈전

Brophy, John et al. 'Asteroid Retrieval Feasibility Study'. *Keck Institute for Space Studies*, April 2012.

Edwards, Jim. 'Goldman Sachs: Space-Mining for Platinum Is "More Realistic Than Perceived"'. *Business Insider*, 6 April 2017.

가치를 뛰어넘는 풍요

'1974 NASA Authorization Hearings, Ninety-third Congress, First Session, on H.R. 4567 (superseded by H.R. 7528)'. *US Government Printing Office*, 1973.

Dorrier, Jason. 'Risk Takers Are Back in the Space Race – and That's a Good Thing'. *Singularity Hub*, 17 August 2017.

Eisenhower, Dwight D. 'Address Before the 15th General Assembly of the United Nations, New York City'. *The American Presidency Project*.

'Protocol on Environmental Protection to the Antarctic Treaty'. *Atlantic Treaty Secretariat*, 4 October 1991.

Scotti, Monique. 'NASA Plans Mission to a Metal-rich Asteroid Worth Quadrillions'. *Global News*, 12 January 2017.

7_ 운명을 편집하다 : 수명 그리고 건강의 희소성이 사라진 미래

노화하는 종

'Are You Ready? What You Need to Know About Ageing'. *World Health Organization*, 2012.

'Demographics and Markets: The Effects of Ageing'. *Financial Times*, 25 October 2016.

Lawrence, Mathew. 'Future Proof: Britain in the 2020s'. *Institute for Public Policy Research*, December 2016._

Mrsnik, Marko. 'Global Aging 2013: Rising To The Challenge'. *Standard & Poor's*, 20 March 2013.

Mrsnik, Marko. 'Global Aging 2016: 58 Shades of Gray'. *Standard & Poor's*, 28 April 2016.

'People and Possibilities in a World of 7 Billion.' *United Nations Population Fund*, 2011.

Pomeranz, Kenneth. *The Great Divergence: China, Europe, and the Making of the Modern World Economy*. Princeton University Press, 2000.

Prentice, Thomson. 'Health, History and Hard Choices: Funding Dilemmas in a Fast-Changing World'. *World Health Organization*, August 2006.

'World Population Projected to Reach 9.6 Billion by 2050'. *UN News*, 13 June 2013.

영국의 고령화 : 긴축을 넘어선 긴축

'Dementia Now Leading Cause of Death'. *BBC News*, 14 November 2016.

Gallagher, James. 'Dementia Cases "Set to Treble Worldwide" by 2050'. *BBC News*, 5 December 2013.

Lain, Douglas. *Advancing Conversations: Aubrey De Grey – Advocate for An Indefinite Human Lifespan*. Zero Books, 2016.

Marcus, Mary Brophy. 'The Top 10 Leading Causes of Death in the US'. *CBS News*, 30 June 2016.

(유전) 정보는 공짜가 되기를 원한다

'An Overview of the Human Genome Project'. *National Human Genome Research Institute*, November 8, 2012.

Buhr, Sarah. 'Illumina Wants to Sequence Your Whole Genome for $100'. *Tech Crunch*, 10 January 2017.

Nowogrodzki, Anna. 'Should Babies Have Their Genomes Sequenced?' *MIT Technology Review*, 2 July 2015.

Pennisi, Elizabeth. 'Biologists Propose to Sequence the DNA of All Life on Earth'. *Science*, 24 February 2017.

Sieh, W. 'The Role of Genome Sequencing in Personalized Breast Cancer Prevention'. *Cancer Epidemiology, Biomarkers and Prevention*, November 2014.

Singularity University Summits. 'The Biotechnology Century | Raymond McCauley | Singularity University Global Summit'. *YouTube.com*, 21 April 2017.

Venter, Craig. *A Life Decoded: My Genome, My Life*. Viking, 2007.

Yong, Ed. 'Fighting Ebola With a Palm-Sized DNA Sequencer'. *The Atlantic*, 16 September 2015.

의료의 무한 공급 : 유전자치료

Beall, Abigail. 'Genetically-modified Humans: What Is CRISPR and How Does It Work?' *Wired*, 5 February 2017.

'CRISPR Reverses Huntington's Disease in Mice'. *Genetic Engineering and Biotechnology News*, 20 June 2017.

'CRISPR Timeline'. *Broad Institute*.

Cyranoski, David. 'CRISPR Gene Editing Tested in a Person'. *Nature*, 24 November 2016. pp. 479.

Molteni, Megan. 'Everything You Need to Know About Crispr Gene Editing'. *Wired*, 5 December 2017.

Regalado, Antonio. 'First Gene-Edited Dogs Reported in China'.

MIT Technology Review, 19 October 2015.

Rosenblum, Andrew. 'A Biohacker's Plan to Upgrade Dalmatians Ends Up in the Doghouse'. *MIT Technology Review*, 1 February 2017.

Singularity University Summits. 'The Biotechnology Century | Raymond McCauley | Singularity University Global Summit'. *YouTube.com*, 21 April 2017.

Stapleton, Andrew. 'Scientists Have Used CRISPR to Slow The Spread of Cancer Cells'. *Science Alert*, 1 June 2017.

Yu, Alan. 'How a Gene Editing Tool Went from Labs to a Middle-School Classroom'. *NPR*, 27 May 2017.

엘리시움에 오신 걸 환영합니다

'Alan Kurdi | 100 Photographs | The Most Influential Images of All Time'. *Time*.

de Selding, Peter B. 'SpaceX's Reusable Falcon 9: What Are the Real Cost Savings for Customers?' *Space News*, 25 April 2016.

8_ 동물 없는 음식 : 음식의 희소성이 사라진 미래

음식과 잉여 그리고 대변혁

Pearce, Fred. 'The Sterile Banana'. *Conservation*, 26 September 2008.

Zohary, Daniel, Maria Hopf and Ehud Weiss. *Domestication of Plants in the Old World: The Origin and Spread of Domesticated Plants in Southwest Asia, Europe, and the Mediterranean Basin*. Oxford University Press, 2012.

한계에 다다른 세계

Arsenault, Chris. 'Only 60 Years of Farming Left If Soil Degradation Continues'. *Scientific American*, 5 December 2014.

Brown, Lester. *Plan B 3.0: Mobilizing to Save Civilization*. W.W. Norton, 2009.

Carrington, Damian. 'Earth's Sixth Mass Extinction Event Under Way, Scientists Warn'. *Guardian*, 10 July 2017.

Howard, Emma. 'Humans Have Already Used Up 2015's Supply of Earth's Resources – Analysis'. *Guardian*, 12 August 2015.

Jevons, William. *The Coal Question*. 1865.

Lynas, Mark. *Six Degrees: Our Future on a Hotter Planet*. Fourth Estate, 2007.

Malthus, Thomas. *An Essay on the Principle of Population*. 1798.

Myers, Ransom A. and Boris Worm. 'Rapid Worldwide Depletion of Predatory Fish Communities'. *Nature*, 15 May 2003.

Nelson, Gerald C. et al. *Food Security, Farming, and Climate Change to 2050: Scenarios, Results, Policy Options*. International Food Policy Research Institute, 2010.

'World Must Sustainably Produce 70 Percent More Food by Mid-Century – UN Report'. *UN News*, 3 December 2013.

정보가 된 음식 : 녹색혁명

'Agricultural Land (% of Land Area)'. *World Bank*, 28 September 2017.

Chambers, Ian and John Humble. *Plan for the Planet: A Business Plan for a Sustainable World*. Gower, 2012.

De Datta, S. K. et al. 'Effect of Plant Type and Nitrogen Level on the Growth Characteristics and Grain Yield of Indica Rice in the Tropics'. *Agronomy Journal*, 1968.

Ehrlich, Paul, *The Population Bomb*. Sierra Club / Ballantine Books, 1968.

'Prevalence of Undernourishment (% of Population)'. *World Bank*, 28 September 2017.

Swaminathan, M. S. 'Obituary: Norman E. Borlaug (1914–2009) Plant Scientist Who Transformed Global Food Production'. *Nature*, 2009. pp. 461.

녹색혁명의 완성

Easterbrook, Gregg. 'Forgotten Benefactor of Humanity'. *Atlantic*, January 1997.

배양육 : 동물 없는 고기

Caughill, Patrick. 'The Future of Protein: Here's How Lab-Grown Meat Is Transforming Our Future'. *Futurism*, 19 January 2017.

Cow Weight FAQ. *Pro B Farms*. http://www.probfarms.com/layout_images/fs-cowweight.pdf.

Gold, Mark. *The Global Benefits of Eating Less Meat*. Compassion in World Farming Trust, 2004.

'Rearing Cattle Produces More Greenhouse Gases than Driving Cars, UN Report Warns'. *UN News*, 29 November 2006.

Reijnders, Lucas and Sam Soret. 'Quantification of the Environmental Impact Of Different Dietary Protein Choices'. *The American Journal of Clinical Nutrition*, 1 September 2003. pp. 664S–668S.

Vidal, John. '10 Ways Vegetarianism Can Help Save The Planet'. *Guardian*, 18 July 2010.

'Water'. *Global Agriculture*.

'WHO World Water Day Report'. *World Health Organization*, 2001.

World Agriculture: Towards 2015/2030. Food and Agriculture Organization of the United Nations, 2003.

32만 5000달러짜리 햄버거

Card, Jon. 'Lab-Grown Food: "The Goal Is to Remove the Animal from Meat Production"'. *Guardian*, 24 July 2017.

Ceurstemont, Sandrine. 'Make Your Own Meat with Open-Source Cells – No Animals Necessary'. *New Scientist*, 11 January 2017.

Coyne, Andy. 'Just Planning to Launch Lab-Grown Chicken Product this Year'. *Just-Food*, 18 October 2018.

Heid, Markham. 'You Asked: Should I Be Nervous About Lab-Grown Meat?' *Time*, 14 September 2016.

'Indian-American Scientist Has Discovered a Way for Us to Eat Meat without Killing Animals'. *Huffington Post India*, 14 March 2016.

Jha, Alok. 'First Lab-Grown Hamburger Gets Full Marks for "Mouth Feel"'. *Guardian*, 6 August 2013.

'Lab-Grown Meat Would "Cut Emissions and Save Energy"'. *Phys Org*, 21 June 2011.

Mandelbaum, Ryan F. 'Behind the Hype of "Lab-Grown" Meat'. *Gizmodo*, 14 August 2017.

Memphis Meats. 'The World's First Cell-Based Meatball – Memphis Meats'. *Youtube.com*, 31 January 2016.

Schwartz, Ariel. 'The $325,000 Lab-Grown Hamburger Now Costs Less Than $12'. *Fast Company*, 1 April 2015.

Steinfeld, Henning et al. *Livestock's Long Shadow*. Food and Agriculture Organization of the United Nations, 2006.

Watson, Elaine. 'Cultured fish co. Finless Foods aims to achieve price parity with Bluefin tuna by the end of 2019'. *Food Navigator*, 21 December 2017.

'What is Cultured Meat'. *Cultured Beef.*

식물에서 얻은 고기

Chiorando, Maria. 'JUST Vegan Egg Will be Available to Buy Online Next Month'. *Plant Based News*, 17 July 2018.

Clarafoods.com

Impossibleburger.com.

'Impossible Foods Launches Production at First Large-Scale Plant'. *Business Wire*, 7 September 2017.

Simon, Matt. 'The Impossible Burger: Inside the Strange Science of the Fake Meat That "Bleeds"'. *Wired*, 20 September 2017.

Steinfeld, Henning et al. *Livestock's Long Shadow.* Food and Agriculture Organization of the United Nations, 2006.

Tetrick, Josh. 'Meat and Seafood (But Without the Animal)'. *LinkedIn*, 27 June 2017.

Van Hemert, Kyle. 'Inside Look: The Startup Lab Using Plants to Make Next-Gen Super Eggs'. *Wired*, 10 December 2013.

Watson, Elaine. 'Perfect Day in Talks With Food Industry Partners to Commercialize Animal-Free Dairy Ingredients'. *Food Navigator*, 19 December 2017.

샴페인 사회주의

Diamandis, Peter and Steven Kotler. *Abundance: The Future Is Better than You Think*. Free Press, 2014.

Dormehl, Luke. 'No Grapes Necessary — Ava Winery Makes Fine Wines Molecule by Molecule'. *Digital Trends*, 8 August 2017.

'Globetrotting Food Will Travel Farther Than Ever This Thanksgiving'. *Worldwatch Institute.*

Goldfarb, Alan. 'The Pivot to Whiskey'. *The Verge*, 23 August 2018.

Goldfield, Hannah. 'An Exclusive First Taste of Lab-Made Whiskey'. *Wall Street Journal*, 1 October 2018.

Lawrence, Felicity. 'The Supermarket Food Gamble May Be Up'. *Guardian*, 20 February 2017.

3부_ 유토피아는 어디에 있는가?

9_ 대중의 지지 : 럭셔리 포퓰리즘

엘리트 중심 기술 관료제에 반하여

Marx, Karl. *Grundrisse*. 1857.

Rancière, Jacques. 'Attacks On "Populism" Seek to Enshrine the Idea That There is No Alternative'. *Verso Books Blog*, 2 May 2017.

Rancière, Jacques. 'The People Are Not a Brutal and Ignorant Mass'. *Verso Books Blog*, 30 January 2013.

Srincek, Nick and Alex Williams. *Inventing the Future*. Verso Books, 2016.

붉은색과 녹색 정치

'Balcombe "Fracking" Village in First Solar Panel Scheme'. *BBC News*, 28 January 2015.

Brand, Stewart. 'WE ARE AS GODS'. *Whole Earth Catalog*, Fall 1968.

세계화가 아니라 국제주의로

Klein, Naomi. *This Changes Everything: Capitalism vs. the Climate*. Penguin Books, 2015.

Marx, Karl. *A Contribution to the Critique of Political Economy*. Progress Publishers, 1977.

10_ 기본 원칙 : 신자유주의와 결별

카릴리온 도산과 이스트코스트 간선철도

Bastani, Aaron. 'Britain Isn't Working'. *The New York Times*, 23 January 2018.

Boffey, Daniel. 'East Coast Mainline: Profitable and Publicly Owned – So Why Sell It?' *Guardian*, 23 October 2013.

Leach, Adam. 'UK Public Sector is World's Second-Largest Outsourcing Market'. *Chartered Institute of Procurement and Supply*, 22 March 2013.

Mason, Paul. 'Ink It Onto Your Knuckles – Carillion Is How Neoliberalism Lives and Breathes'. *Novara Media*, 15 January 2018.

McNulty, Roy. *Realising the Potential of GB Rail*. Department for Transport, May 2011.

Topham, Gwyn. 'East Coast Line Bailout Puts Rail Privatisation Back in Spotlight'. *Guardian*, 10 February 2018.

그렌펠타워 화재 참사

Osborne, Samuel and Harriet Agerholm. 'Grenfell Tower Inquiry: Refurbishment Turned Building Into "Death Trap Using Public Funds"'. *Independent*, 5 June 2018.

Stone, Jon. 'Britain Could Slash Environmental and Safety Standards "A Very Long Way" after Brexit, Tory MP Jacob Rees-Mogg Says'. *Independent*, 6 December 2016.

신자유주의를 끝장낼 방법 하나 : 프레스턴 모델

Chakrabortty, Aditya. 'In 2011 Preston hit Rock Bottom. Then it Took Back Control'. *Guardian*, 31 January 2018.

'The Cleveland Model—How the Evergreen Cooperatives are Building Community Wealth'. *Community Wealth*, February 2013.

Hanna, Thomas M., Joe Guinan and Joe Bilsborough. 'The "Preston Model" and the Modern Politics of Municipal Socialism'. *Open Democracy*, 12 June 2018.

Parveen, Nazia and Rachael Bunyan. 'Preston Named Best City to Live and Work in North-West England'. *Guardian*, 8 November 2016.

민중의 사업, 민중의 은행

Barrott, Cheryl et al. 'Alternative Models of Ownership'. *UK Labour Party*, 11 June 2017.

Clancy, John. *The Secret Wealth Garden: Re-Wiring Local Government Pension Funds back into Regional Economies*. Lulu.com, 2014.

국가의 귀환 : UBS

Moore, Henrietta L. 'Social Prosperity for the Future: A Proposal for Universal Basic Services'. *University College London Institute for Global Prosperity*, 2017.

'NHS Statistics, Facts and Figures'. *NHS Confederation*, 14 July 2017.

탈탄소화

Klein, Naomi. *This Changes Everything: Capitalism vs. the Climate*. Penguin Books, 2015.

'Softbank and Saudi Arabia Announce New Solar Generation Project'. *CNBC*, 27 March 2018.

11_ 자본주의국가 뜯어고치기

눈먼 돈

Martinelli, Luke. 'Assessing the Case for a Universal Basic Income in the UK.' *University of Bath Institute for Policy Research*, September 2017.

Van Parijs, Philippe and Yannick Vanderborght. *Basic Income: A Radical Proposal for a Free Society and a Sane Economy*. Harvard University Press, 2017.

Zamora, Daniel. 'The Case Against a Basic Income'. *Jacobin*, 28 December 2017.

중앙 설계자로서 중앙은행

Blakely, Grace. 'On Borrowed Time: Finance and the UK's Current Account Deficit'. *Institute for Public Policy Research*, 10 July 2018.

Mason, J.W. 'Socialize Finance'. *Jacobin*, 28 November 2016.

GDP의 종말

Gibbons, Kevin. 'Why Wikipedia is Top on Google: the SEO Truth No-One Wants to Hear'. *Econsulting*, 14 February 2012.

Kennedy, Robert. 'Remarks at the University of Kansas'. Speech, Lawrence, Kansas, 18 March 1968. *John F. Kennedy Presidential Library and Museum*.

Kuznets, Simon in report to the Congress, 1934. In *Globalization: Critical Perspectives*. Edited by Gernot Kohler and Emilio José Chaves, 2003.

'We'd better watch out'. *New York Times Book Review*, July 12 1987.

12_ 완전히 자동화된 화려한 공산주의 : 새로운 시작

Mims, Christopher. 'The Six Laws of Technology Everyone Should Know'. *Wall Street Journal*, 26 November 2017.

Novara Media. 'Technology and Post Capitalism'. *Youtube.com*, 25 September 2017.

연기된 미래

'How Luther Went Viral'. *Economist*, 17 December 2011.

찾아보기

자

──────── 21세기 공산주의 선언

완전히 자동화된
화려한 공산주의

펴낸날 2020년 12월 15일 초판 1쇄
엮은이 아론 바스타니(Aaron Bastani)
옮긴이 김민수 윤종은
만들어 펴낸이 정우진 강진영 김지영
꾸민이 Moon&Park(dacida@hanmail.net)
펴낸곳 (04091) 서울 마포구 토정로 222 한국출판콘텐츠센터 420호 도서출판 황소걸음
편집부 (02)3272-8863
영업부 (02)3272-8865
팩 스 (02)717-7725
이메일 bullsbook@hanmail.net / bullsbook@naver.com
등 록 제22-243호(2000년 9월 18일)
ISBN 979-11-86821-49-7 03300

황소걸음
Slow & Steady

이 도서의 국립중앙도서관 출판시도서목록(CIP)은 서지정보유통지원시스템
홈페이지(http://seoji.nl.go.kr)와 국가자료공동목록시스템(http://www.nl.go.kr/kolisnet)에서
이용하실 수 있습니다.(CIP제어번호 : CIP2020050311)